U0518192

# 好好学习

个人知识管理精进指南

成甲 著

**升级版**

中信出版集团 | 北京

图书在版编目（CIP）数据

好好学习：个人知识管理精进指南：升级版 / 成甲著 . -- 2 版 . -- 北京：中信出版社，2022.7（2025.3重印）
　ISBN 978-7-5217-4396-8

　Ⅰ.①好… Ⅱ.①成… Ⅲ.①思维科学－指南 Ⅳ.
①B0-62

　中国版本图书馆 CIP 数据核字 (2022) 第 079327 号

好好学习——个人知识管理精进指南（升级版）
著者：　　成甲
出版发行：中信出版集团股份有限公司
　　　　（北京市朝阳区东三环北路 27 号嘉铭中心　邮编　100020）
承印者：　北京通州皇家印刷厂

开本：880mm×1230mm　1/32　　　印张：10.75　　字数：223 千字
版次：2022 年 7 月第 2 版　　　　印次：2025 年 3 月第10次印刷
书号：ISBN978-7-5217-4396-8
定价：59.00 元

# 本书所获赞誉

成甲这本书，在我看来，就是一个重度学习者为识别茫茫人海中的同类而打造的一个信物、传递的一个暗号。因为只有那些热衷于研究学习方法，并且长时间持续刻意练习这些方法的人，才会理解"临界"这一概念的宝贵价值。

——脱不花　"得到"App 首席执行官

这是一本写给未来中流砥柱的书。这些人不但工作做得好，而且有创新；不在乎别人的先发优势，只研究怎么提升自我；不问目标有多难，只问自己能不能学——成甲这本书，能帮你学习怎样学习，他说的是有关知识的知识。

——万维钢　科学作家、"得到"App 专栏《精英日课》作者

我们这个时代，错在给人的机会太多，成功好像很容易，所以会有太多贪多求速的"学习者"，总以为学习就像吃兴奋剂一样，可以马上见效。这是一种时代病，但一般人不会觉得自己有病，因此陷入死循环。成甲的这本书，并不适合那些急于求成的"学习者"，倒是能给那些沉得下心来学习的人一种"方便法门"。按照这个方法，几年下来，你才会体

会到：慢慢来，比较快。

　　阅读一本书，就是和作者对话。成甲有种难得的机敏，这是传统意义上"只会好好学习的人"身上所罕见的，却又是未来社会"好好学习"的关键品质：打开自我，充满好奇，专注思考。希望你在阅读这本书时，能感知到作者的这种机敏：学习如鹰，鸟瞰全局，发现目标后俯冲而下；学习似火，不是搜集知识的柴火，而是熊熊燃烧。

　　"好好学习，天天向上"是毛主席给小朋友的八个字，伴随着每个人的学生生涯。"好好学习"四个字被成甲"借来"，让我觉得恰到好处。无论是否同意亚里士多德的因果论，我们大部分人想起来学生时代还是觉得学习是辛苦的，但为了"天天向上"，忍了。我对成甲最深的印象是从他的学习中看不出来那份惦记着"向上"的功利心。在他的书里，我们也能感受到，成甲在享受着学习。从学习中能获得快乐。我们学习的时候那份"功利心"也许该被当作饭馆老板送的甜品，别惦记，像成甲一样享受学习。

　　我爱看的书，一是有趣而无用的，二是简单且实用的，《好好学习》是后者。但只说简单实用，似乎又不足以体现其价值——成甲的文字，有提出问题，能促进行动，可用于实践。而且放一段时间，重新翻看，很可能还会读出此前没能体会到的意思，或者督促着自己做出些变化。可能功夫做到深处，才有能力归于平淡。

　　祝贺成甲老师的《好好学习》5 年后再版！持续热销已经说明了它的长期价值。这本书讲的是学会学习，这也是一土学校的核心素养之一，它回答的是"学什么"和"怎么学"的问题。书中提到的临界知识，其实就是底层且重要的思维方式，可以帮助我们快速把一个领域的知识与经验应用到另一个领域。但我同时也看到，在当下这个日新月异的时代，这些更基础、更本质的核心素养与思维方式并没有广泛地进入基础教育和高等教育，学校里教授的东西与现实世界的需求依然脱节。希望全社会共同努力，推动教育的改变，让一个人人内心幸福、终身成长的社会早日到来。

——华章　一土学校和微信公众号"奴隶社会"联合创始人

我正在与自己的硕博士一起慢读、共读《好好学习》，我感觉，任何一个想跳出"低水平勤奋陷阱"的学习者，都会感谢真诚的成甲老师带来的这份学习厚礼。毫无疑问，成甲老师在《好好学习》中所示的拿top级思想解决自己问题的术与道，就像一盏探照灯，定会照亮你的前行之路。

——黄虎　中国音乐学院教授、博士生导师

我们今日都处在知识社会，那种从5岁学习到20多岁，然后用余生去工作的时代已经成为历史。那些在整个职业生涯中都非常努力工作，却没有从日程表中抽出来时间不断学习的人，将成为新的"高危人群"。

我们这一代人注定需要终身学习，这也意味着知识管理不再是"组织"的特权，而是每个人都必须要不断精进的技能。成甲老师的《好好学习》，既是一个很好的起点，帮你避免常见的知识管理谬误，也是一个很好的指南，帮你搭建个人知识管理的框架。

希望你能借由阅读此书，开始积累自己知识的复利。

——刘少楠＆刘白光　flomo 创始人

创业赚到钱，其实是我们解决一个又一个问题之后，很自然会出现的结果。事实上，没有人能够解决所有问题，甚至新的机会出现时，我们面临的几乎都是同样的新问题，但人与人很快就会出现巨大差距：有些人无功而返，而另外一些人赚得盆满钵满，这背后很重要的差异就是学习能力的差异。

市面上有很多讲如何学习的书，但我最喜欢看的还是成甲老师这本，因为这本书让我有更强烈的共鸣和亲切感：一个普通人，如何通过持续不断的学习和实践，在获得了普世智慧后，总结分享出来。

如果你和我一样，对研究"生财之术"充满兴趣，那么我推荐你一定要先来读读这本"学习之术"，它定能在你的生财路上助你一臂之力。

——亦仁　生财有术社群主理人

我们正处在信息过载的时代，拥有快速获取重要知识并应用的能力比任何时代都重要。成甲在书中跟大家分享了他对这个问题的思考与探索，思考的角度和质量都非常棒，推荐阅读。

——战隼　知名自媒体人、100天行动发起者

我们学习的时候，难的部分不是收集，也不是整理，而是内化。内化是将信息变成知识，进而变成解决问题的能力的过程。这个过程太难了，以至于很多人读了很多书，参加了很多训练营，结果能力仍然提升不起来。怎样才能增强自己内化知识的能力？以后不用麻烦了，读成甲这本书，它会给你非常详细的解决办法和修炼步骤。

——彭小六　《让未来现在就来》作者、简书头牌作者

在这个信息过剩的时代，真正的知识才是奢侈品，那些构建底层思维、突破心智边界的元知识，是一个人可以脱颖而出的关键。什么样的"知识"才值得我们花费精力去学习？我们要将有限的精力投入何种"知识"才会发挥更大的威力？这些问题在成甲老师的这本书中有精彩的阐述。

——易仁永澄　幸福进化俱乐部创始人

# 目　录

再版序言 V

序　一　准备好，在临界点爆发 脱不花 XIX

序　二　术从简，道从心 徐金琪 XXIII

自　序 XXVII

引　言 XXXIX

## 第一章　知识管理与认知优势

知识与知识是不一样的，有些知识比其他知识的威力
更大。少数的知识能够给我们带来关键的影响，这就
是临界知识。

在海量信息即时获取时代，我们拼什么？ 3

如何提升认知深度？ 6

为什么大多数人的学习层次上不去？ 8

到底哪些知识值得学？ 14

## 第二章　掌握临界知识的底层思维与方法

对于学习临界知识而言，首先要掌握的是底层思维和方法，其次才是具体的知识和技能。

跳出"低水平勤奋陷阱"　　　　　　　　27

学习临界知识需要具备的两个心态　　　33

提升学习能力的三个底层方法　　　　　50

持续提升学习能力的三个技巧　　　　　99

## 第三章　发现和应用自己的临界知识

在掌握了理念和方法的基础上，回到核心问题：如何找到临界知识？怎样能够把临界知识真正应用起来，实现知行合一？

为什么临界知识能四两拨千斤？　　　　123

如何发现自己的临界知识？　　　　　　132

天赋与学习临界知识的关系　　　　　　141

如何应用临界知识？　　　　　　　　　147

用临界知识构建自己的"能力圈"　　　　173

第四章　案例：核心临界知识及其应用

每个人都应当有自己的框架来安排自己的临界知识，不过，确实有一些重要的临界知识是通用的。

复利效应　　　　　　　　　　　　　　　　185

概率论　　　　　　　　　　　　　　　　　195

黄金思维圈　　　　　　　　　　　　　　　209

进化论　　　　　　　　　　　　　　　　　222

系统思考　　　　　　　　　　　　　　　　232

二八法则　　　　　　　　　　　　　　　　245

安全空间　　　　　　　　　　　　　　　　258

临界知识的综合应用　　　　　　　　　　　270


结　语　认知优势的未来　　　　　　　　　283

附　录　推荐阅读书单　　　　　　　　　　287

致　谢　　　　　　　　　　　　　　　　　289

　　《好好学习》一转眼已出版 5 年，能再版，是一件非常幸运的事。

　　我想这个幸运，来自以下几方面。

　　一、越来越多的人关注如何学习。

　　早年市场、人口等红利很多的时候，人们对提升个人学习效率的需求没那么大——敢拼，敢闯，抓住机会才是成长的关键。

　　近年来，随着外部红利的消退，人们对自我效能提升的需求越来越大，因此越来越多的人开始关注如何提升自己的能力，而学习能力又是能力提升的基础。

　　我自己因为大学刚毕业白手创业，进入了对学习能力和知识密度要求很高的文旅咨询行业，不得不硬着头皮思考如何有效提升自我和团队学习力的问题，这让我无意中在知识管理和学习成长这个领域比同龄人早走了几步。

　　我在探索学习方法的过程中，总会有一些心得体会，就随手记录下来，分享给朋友们。不少朋友看了觉得颇受启发，就鼓励和支持我写成书。

因此，《好好学习》就有了两个特点：

一是，书中核心内容是我在学习、实践的路上发现的，都是对自己特别有启发，对生活改变帮助很大的知识和方法；

二是，我用像和朋友聊天一样的方式，把这些感受、心得、方法和工具写成了文字。其实，这些想法也不一定对，但是和朋友聊天嘛，就是有啥说啥，如实交底，如此而已。

幸运的是，本书出版后，不断有读者反馈，他们读了《好好学习》后获得很多启发，有很多共鸣，甚至有些人的生活也因此发生了很大的变化。

我在高兴之余，也冷静地思考：为什么读者会有这么积极的反馈呢？

大概还是因为书中的这些方法本质上并不属于我，而是源自历史上无数伟大头脑的探索与积累——这一点从本书附录的书单中就可以看出来。

因此，这本书的畅销，更多的是沾了前辈智者的光。在越来越多的人关注如何学习这个主题时，有一本梳理总结前人学习方法的书，作者还把自己在实践中踩过的坑和收获的心得分享了出来，这对想找到自己学习方法的人而言，总是能起到点儿作用的。

二、在正确的时间，遇到了对的人。

在出版《好好学习》之前，我一直在做文旅景区的咨询与规划设计工作，对如何出版一本书完全没有概念。那时候，一位"热心网友"听了我在"得到"的说书节目后，关注了我的公众号并给我留言，我们因此相识。但我从未想过，后来这位网友会成为出版《好好学习》这本书的路上最重要的伙伴，她就是吴燕恬。

我认识燕恬的时候，她从未涉足过图书出版领域，但我从她的身上能感受到一种对书籍价值的深度认同，对读者需求的敏锐把握，以及在营销创意上的灵感与洞察力。因此，我极力邀请这位出版领域的素人负责我这本书的营销策划。

在此后的合作中，燕恬的表现远超我的预期，她不仅促成我和中信出版社的团队建立了重要的信任、开展了卓有成效的合作，而且让我有机会从她和一路遇见的各位老师身上学习如何成为一个领域杰出的专家。

遇到吴燕恬老师并得到中信出版社的信赖和大力支持，是我和《好好学习》这本书第二个特别幸运的地方。

三、我有幸遇到了很多志趣相投的朋友。

作为一个图书领域的新人，我并没有什么读者意识。具体的表现就是从头到尾我都未做过图书的市场调研。我只是在很单纯地分享我在学习过程中收获的经验和感受。

这就不可避免地让这本书充满了个人的经验和偏好。比如，我喜欢曾国藩"拙诚"的人生态度，喜欢他"结硬寨，打呆仗"的做事方法，就把这些融入我"以慢为快"的学习理念里；我喜欢查理·芒格说的"你的能力要配得上你的欲望"，在理性决策时要用"跨学科的多元思维模型"思考问题，就以此为基础，提出了以思维模型（书中称之为"临界知识"）为基础的学习方法。

此外，我从小也受父母和爷爷、姥姥的影响，把"吃亏是福""与人为善"等做人做事的态度融入了对学习理念的价值判断中。这些经历和理念都影响了我写作的状态和分享内容的基调，是这些力量共同塑造了《好好学习》这本书中呈现的思想与方法。

可想而知，我这种极其主观的写作方式，能否得到读者的认可，没人能保证。但是，再一次，我非常幸运，经由这本书遇到了很多与我产生共鸣的读者，让我认识了很多新朋友，改变了我的生活。

比如，天天动听的创始人、时任暴风魔镜 CEO 黄晓杰读了本书后，把它推荐给李善友老师，这使得我有机会在混沌学园开设思维模型课程，并向那里的各位优秀老师学习。

比如，时任华为中国区副总裁董明先生，也在读过此书后邀请我去华为交流，我的生活中也因此多了一位时时给我关照和提携的大哥。

类似的故事在过去 5 年里发生了很多次，我无法一一列举感谢。但最有标志性的事件，还应该数我能够有机会当面请教巴菲特先生的合伙人——查理·芒格先生。

读过《好好学习》的人都知道，我这本书中的很多思想都受芒格先生《穷查理宝典》的启发，某种程度上，《好好学习》这本书是《穷查理宝典》中一部分思想的生活实践版。我当然非常希望有机会能当面向芒格先生致谢，但是，芒格先生是全球顶级投资大师，我只是他众多读者中非常普通的一员，这种想法看起来非常不现实。

然而，因为《好好学习》的出版，我有机会结识了《穷查理宝典》的出版人施宏俊先生。在他的推动和各方的支持下，我有幸应邀赴美参加巴菲特和芒格先生的伯克希尔–哈撒韦公司股东大会，并向芒格先生请教了两个小时。这段经历对我意义重大，尤其是我因此结识了芒格先生的合伙人李录先生及其团队。

在此后几年我和李先生及其团队的学习交流中，他们做人做事的态度与方法，对我产生了重大影响。这种影响之大，让我常常觉得我能够感受到曾国藩改名"涤生"时的心情。

5 年时间，转瞬即逝。我开始思考：《好好学习》再版的时候要做什么改进，才能够更好地服务读者呢？有一次我在重读《穷查理宝典》时，看到编者在鸣谢中有一句话：

> 查尔斯·赫尔曼·利亚曾经说："一般人们都会承认，对一切图书的真正考验在于它们给读者的生活和行为带来了怎样的影响。"

我想，作为一本分享学习方法的书，能够帮助更多人的生活和行为发生积极的改变，才是本书值得存在的关键。

我在《好好学习》开篇就提到：只有能改变你行动的信息才是知识。

那什么是人的改变呢？

这个题目很大，单从学习改变行动的角度谈，我觉得大概有两种模式的改变，一种是修眉毛式的改变，一种是修气质式的变化。

所谓修眉毛，是指"学以致用"式的学习：我们有明确的问题、目标要去解决、实现，学习的目的就是去解决这个问题。

而修气质，是指"无用之用"式的学习：我们可能没有明确的任务和问题，只是享受着在纯粹满足好奇心的过程中，塑造和改变自己。

修气质式的学习，听起来没什么功利性目的，但其实它也在改变我们的行为。只不过，它的发力点是我们行动背后的基石——内在的价值观、精神气质等。所谓"腹有诗书气自华"，大概就是这个意思。

我个人在学习探索的过程中，经历了从修眉毛到修气质的转变过程。

刚开始，我主要追求学以致用的学习，一点点积累解决问题的能力、经验和方法，获得了很大的成长和改变。只是，在这个基础上再想进一步成长时，我遇到了瓶颈——我发现，有很多问题，道理我是知道的，但自己就是很难去解决和应对。

我逐步发现，我遇到的这个困难，可能不是知识层面的问题，而是和自己性格以及过去生活中形成的行为模式等内在因素密切相关的。我如果要进一步突破，就面临着两个选择：一个是为了完成任务，改变自己的性格和行为模式；另一个是尊重自己的性格和特点，找到适合自己的学习成长路径。

哪条路是正确的呢？我没有深入研究过这个问题。但是，我选择了后者。因为我能够感受到，当按照自己的性格特点去学习、生活时，我反而可以更轻松地完成过去很费力的任务，在一步步实践反思中，自己的性格和行为风格也得到了发展和改变。

修个眉毛，能立竿见影地改进问题，提升自己；而修养气质，能由内而外地塑造一个全新的自我。但显然，后者比前者要花更长的时间才能见到效果。

回到今天，我再看修眉毛和修气质的关系，发现二者之间不是非此即彼的关系，而是一个内外兼修的过程。修眉毛并不影响我们提升修养，相反，从修眉毛入手，就多了一份实践、经验、能力和自我认识的积累，这既是为提升修养做准备，本身也是一个提升修养的过程。

其实，无论是修眉毛还是修气质，只要我们开始行动，投入足够多的时间、精力，在实践中不断迭代，就能逐步积累足够多正确的知识、拓展可靠的能力圈、赢得越来越多人的信任，此后，这些积累还会彼此发生化学反应，突破临界值，产生芒格所说的"lollapalooza effect"（叠加放大效应）。我把这个过程称为"复利人生"。

因此，我意识到，其实《好好学习》的再版，最需要的不是加入新的内容，而是促使大家行动、实践、积累、不断成长与改变。

那这本书怎么用，才能更好地帮助读者行动与改变呢？

我从自己的生活经验中发现，能有效帮助自己改变的因素可能有三点：

### 1. 单点突破：真正成长快的人，不贪多求全，而是从力所能及的事情入手

过去我读到一本好书，总希望把书中给自己启发的观点全都

消化掉。如果这是一本和自己认知范围差不多的书，这种想法或许还可能实现。但是如果这本书的作者认识实践积累远高于我，这种念想反而成了一种阻力——因为自己与作者的差距太大了，要做的工作太多了，以至于自己都不想做了。

后来我发现，我们真正能够消化、实践的知识，往往是我们能力圈边缘的知识，也就是所谓跳一跳就够得着的知识。一方面，这个新知识的背景和相关领域是我们过去有一定认知或实践积累的；另一方面，这个知识还引入了一部分新的增量启发，让我们有动力尝试新的做法。这个时候，我们最容易把新、旧知识联系在一起，促成新的行动闭环。

换句话说，我们不需要学习所有知识，而是要学习能让自己前进一步的知识。我们在做读者调研的时候也发现，"少即是多"这个原理在持续起作用。比如，有的读者受到了"低水平勤奋陷阱"的触动，从而改变了考评员工的方式，提升了公司产值；有的读者被人脉蜂窝理论激发，找到了自己创业成功的钥匙；还有学生在高中读了临界知识的概念，受到启发改变了学习方法，高考数学考了 148 分的高分……

在这些案例中，他们并没有执着于把整本书都拿来用，而是在受到书中的一篇文章，甚至一个观点的启发和触动后，想办法将其应用到实践中。这样的人，反而比看了全书，记了满满当当的思维导图和笔记，却没有行动的人，生活有更大的改变。

所以，读《好好学习》这本书，我觉得你有时间读完当然好，没时间读完也没关系，拿出 10 分钟时间，随便翻翻，哪一页对你有启发，就停在哪一页，想想怎么用到生活里。这个方法，被我称为"不读书法"（在《好好思考》一书中我详细介绍了这个方法，你也可以在我的公众号回复"不读书法"加以了解）。

为了让大家更好地使用本书，我们负责读者调研的小伙伴们从读者反馈中，总结出了给大家生活带来最多改变的 13 个知识点，分别是：

①绿灯思维；②划小圈；③以慢为快；④反思；⑤寻找天赋；⑥黄金思维圈；⑦复利效应；⑧以教为学；⑨刻意练习；⑩概率论；⑪人脉价值；⑫临界知识；⑬能力圈。

大家的这些经验供你参考。或者说，在你读书的时候，这些概念可能值得你留意，因为它们真实地改变了很多人的生活。

### 2. 研究案例：对成功背后的过程了解得越多，越能启迪我们改变

很多时候，我们能够成功改变的原因来自积极模仿。这好像和今天很多人提到的"成功源自创新"的观点不一致。其实，成功的根本原因是符合事物发展的规律，至于是模仿还是创新，都是手段。

我们的世界里，确实有些问题复杂到需要我们做出前所未有的创新探索去解决，但是，对我们绝大多数人的具体生活而言，遇到的问题并不新鲜，甚至身边就有很多人有成功的解决办法。我们要做的是主动求教，深入了解别人成功的原因，并结合自己的情况积极地实践和改进。

曾经有一个朋友和我说，2000年左右，他们所在的小城市几个名不见经传学校毕业的学生中，有一大拨人做淘宝卖货的网络创业，还都赚到了钱。而省城里更有名大学毕业的学生，按理说能力更强，却没有抓住这个红利。为什么呢？他的解释是，这是因为当时小县城里那几个学校挨得很近，最早做淘宝创业的学生赚到钱后，其他人觉得"他能成，那我也可以试试"。就这样，一个人带动了一批人。而省城的学生觉得淘宝创业离自己很远，就没这个想法。

这让我想起来，李笑来曾经提到过类似的问题："为什么牛人是一拨一拨的，而且是一个小圈子的？"他的解释是"见过猪跑"。也就是说，对别人如何做成一件事情的过程知根知底，这种了解有助于我们消除很多不切实际的假设，反而会激发"他可以，那我也可以"的心态，这就激励了我们改变想法和行动。

查理·芒格先生很喜欢读历史人物传记，我想这背后的一个原因也是我们可以通过成功或失败人物背后的经历、故事，来了解改变究竟如何发生，以及什么是有效的，什么是无效的。芒格的做法也给了我很多启迪。

这一点，我在这次读者调研的过程中再次感受到了。

《好好学习》的读者调研工作，是由学习社群"万物皆可盘我心"中的同学承担的。本来大家的想法很简单，就是了解一下那些在读了《好好学习》后发生大变化的读者，看看他们改变的原因和过程究竟是什么。但是，在调研完成后，参与调研的同学却表示，他们从这次调研中获得了很多启发，受到了很大触动，要尝试动起来。

为什么调研别人的改变，会促进自己的改变呢？我想，背后的原因是：虽然了解一个道理有助于我们发生改变，但如果我们能够知道这个道理让一个人发生改变的具体细节，那它对我们的启发和激励作用会更大。

在《好好学习》中，我虽然介绍了一些自己的经验，但我的经验毕竟是有限的。在广大的读者朋友中，有很多人的故事都极为精彩，具有启发意义，这种学习改变的案例如果能积累更多并分享给大家，就能够启迪和帮助更多读者，产生实践改变的动力。因此，我们也在推动把调研中很有代表性的读者故事整理并分享出来，以启迪更多人。

这个工作还在组织推进中，有些内容涉及读者的个人隐私，我们还要征求相关的许可。如果你想要了解这部分进展，可以在我的公众号中回复"读者案例"。如果你有精彩的故事，也欢迎联系我们，分享给更多读者。


### 3. 师友加持：和对的人在一起，一路示范何为正确

前一段时间，"万物皆可盘我心"社群里，有人问我："怎么样才能更好地成长？"

我说，每个人适合的成长方式不一样，我现在对成长的理解，以及配套的一些原则是：


①成长就是不断愿意去挑战让自己觉得开心好玩的事情。

②　如果做什么事情让自己觉得特别愉快、有收获，就继续做。

③　如果觉得和谁在一起很舒服，有成长和被滋养的感觉，就多和他在一起。

④　做事的时候想一想：如果我能怎么样做这个事情，那就太好了。我愿意为此努力尝试，哪怕做一点儿很小的推动也很值得。

比如：我喜欢曾国藩，就会主动向研究曾国藩的张宏杰老师学习；我喜欢芒格，就主动研究和学习芒格团队的信息；我喜欢保持生活的乐趣，就和生活中活出想象力的朋友们多交流；我喜欢看不同的世界，就参与或组织跨领域的交流和学习……

因为这些人是我喜欢的，所以我愿意投入时间和精力和他们在一起，也就能够从他们那里获得更多的反馈；我收获的反馈越多，就越知道这个领域中什么是真正美好的，就越能够找到值得学习的老师和榜样，这进一步促进了我的改变。

前一段时间，我和深入研究瑞·达利欧《原则》一书的谭昊老师通过视频号直播对谈做了一次交流，当时他给我分享了哈佛大学罗伯特·凯根研究的成长公式：进步 = 痛苦 + 反思 + 高质量的社群。高质量的社群就能集中一批良师益友，给我们提供高质量反馈。

我在《好好学习》中引用了《一分钟经理人》一书中的一个观点：人之所以会改变，是因为他得到了反馈。做让自己开心的事情，能够和身边的人增进信任、友谊和成就感的事情，都能够给我们积极的反馈。我把这种感受总结为一句话："和对的人在一起，一路示范何为正确。"曾国藩曾在家书中对自己的大儿子有过类似的表达，他说："择友为人生第一要义。"

搜狗输入法创始人马占凯曾把两人组队学习的方式称为"双子星学习法"。我也建议读者寻找一些志同道合、聊得来的朋友组队学习，结合前两个方法，一起交流探讨，学习效果会很显著。

一个人的成长，当然会受很多因素影响，但是上面三点是我感受到的。我也希望自己能够和一帮志同道合的良师益友共同学习，因此从 2021 年开始，我和朋友们发起了"万物皆可盘我心"社群，一起学习，并力所能及地支持更多人更好地行动与成长。

比如，我们希望更多人能感受到从身边力所能及的事情入手的快乐，享受耐心地把一个一个知识阻塞打通的成就感，就在社群中发起了每周共学一个概念的"知识快闪"、复盘一部电影的"视频挖宝"、"积小胜，打胜仗"活动……

再比如，我们又发现，榜样的力量是无穷的，一个灵魂能唤醒、点燃另一个灵魂，于是我们发起了真人图书馆项目，挖掘人们成长背后的故事，把那些活得有想象力的朋友聚集起来，在年底的时候组织"破壁节"，激励大家战胜自己，活得更有想象力……

我们还尝试把《好好学习》中对大家最有帮助的 13 个知识点

拿出来共学，用"游戏挖宝"的方式，挖掘大家的经验财富……

类似的事情，还在持续探索和发展中。

当你看到这本书时，可能这些活动已经演化出全新的样子了。不过没关系，你可以在我的公众号回复"最近忙啥?"，了解最新进展，欢迎大家一起加入促进自我改变的游戏中来。

（上面提到的这些工作，绝大多数是在社群成员的支持甚至主导下开展的，我非常享受这个和大家一起创造、生长的过程，对此我无比感激。）

最后，感谢读者朋友，5 年来你们对《好好学习》的认可和支持，使得这本书在出版 5 年后还有生命力。希望我们这些新的尝试和努力，能够给读者提供一些绵薄的回馈。期待和大家一起走过下一个 5 年。

再次感谢。

# 准备好，在临界点爆发

**脱不花**
"得到"App 首席执行官

我喜欢的作家史铁生曾经写过一句"政治特别不正确"的话："人与人之间的差别，大于人与猪的差别。"任何一个人和任何一头猪之间的基因差异，是恒定的、可量化的，但是，人与人之间的差异则会大到完全超乎你的想象，乃至无法预测。

人与人之间，会因种族、文化、性格、价值观等等产生诸多区别，但是我更愿意把这些区别都归因于一点：认知差异。因为认知的不同，事实上人们活在各自的平行世界里。《人类简史》的作者赫拉利提出了"想象的共同体"的概念，它在本质上也是"认知的共同体"：认知水平趋同的人，更有可能结成虚拟"社区"，在生活方式、个人成就和社交关系中表现得更为接近。

成甲所著的《好好学习》这本书，在我看来，就是一个重度学习者为识别茫茫人海中的同类而打造的一个信物、传递的一个暗号。因为只有那些热衷于研究学习方法，并且长时间持续刻意练习这些方法的人，才会理解"临界"这一概念的宝贵价值。

自从加入罗辑思维以来，我时时刻刻都感受到"人比人得死"这句真理的压力，因为身边都是认知水平极高的"神人"。罗胖（罗振宇，"得到"App创始人）就不用说了，他是以为别人提供知识服务为业的。像我们的朋友张泉灵，她长期以来保持着一个分享习惯，我给它起名叫"一秒钟系列"，就是她能教给别人一些本事，可以帮助你一秒钟分辨、判断那些原本非常容易混淆和模糊的事物。这种学习能力和分享能力是惊人的，所以她从央视主持人转型为风险投资人，几乎不需要过渡期，入行就是专家，一年时间就打造出了业绩非常好的紫牛基金。再比如《浪潮之巅》的作者吴军老师，他目前在于斯坦福讲课、专业做投资、输出专业级的摄影作品、定期周游世界、每天坚持运动之余，还保持着每天给"得到"App的用户写一封长信的纪录。每当我想要从他们身上获得一些"秘籍"时，他们总是会很谦虚地说："不过就是掌握了一些学习方法，没什么特别的。"

天哪，还有比这更特别的吗？

我们为什么要学习"学习方法"本身呢？因为这个世界太大，而我们的智慧有限。只有掌握了更有效率的学习方法，才能在极为有限的时间里，把自己的认知水平比别人多推进一厘米。

认识成甲，是在罗辑思维筹备"得到"期间。我们当时想要做这样一个产品的原因，就是强烈地感受到了"生有涯而学无涯"的焦虑，希望能够为更多用户提供节省时间、提高效率的知识服务。成甲是作为一位研究学习方法的专家被介绍给我的，一聊之下，我发觉他最有价值之处在于不仅仅有一套自己相对完整的学习方法论,而且他本人长期在使用这套方法论进行知识产出。所以，我就非常迫切地邀请他正式成为"得到"App 的内容合作者，把他的产出分享给更多人。

一年以来，成甲在"得到"App 出品的《成甲说书》这一知识产品，收到了大量积极的反馈，很多年轻的用户不仅是他的听众，而且也受他带动，养成了写作读书笔记、绘制思维导图、在社交圈中分享好书的习惯。

现在回想成甲一年前对我提到的"临界知识"这一概念，虽然至今我仍然觉得这个概念可能在传播上会因为比较冷门而略显吃亏，但是，运营"得到"这样一个终身学习工具满一年后，我对这一概念产生了强烈的认同感。出版业、传媒业、教育业、互联网，每天都在以海量的规模产出各种各样的知识。但是，"知道这么多道理依然过不好这一生"，就是因为 99.99% 的道理都不能通往行动，而只有那些极少数的能够启动人们去做、去行动的知识，才能达到"临界值"，继而引爆你的小宇宙。

很多掌握了高级学习方法的人，并没有时间或者意愿把他们的秘密透露给更多人，幸运的是，成甲愿意。

所以，就让我们摩拳擦掌，跟着成甲一起在通往获取"临界知识"的道路上好好学习，随时准备在这条道路上撒欢儿和奔跑吧！

2016 年 12 月 14 日

# 术从简，道从心

**徐金琪**

多角度沙龙创始人，中央电视台记者组前组长

这本书发端于 2013 年的那三次追课。

我和成甲老师的初见是在他的一堂知识管理分享课上，也许他会很惊讶为什么在以 20 多岁为主的学员中会出现一位 40 多岁的大叔。这次偶然让我对这位年轻的分享者产生了兴趣，下课后我们拍了第一张合影。他的第二次分享课我又如约而至，我想看看他的分享又有什么不同，结果他拿出了一套新的体系。参照第一次的情景，我们又合了影。

当我第三次出现在他的分享课上时，我相信他内心是有些崩溃的，因为一个中年大叔粉丝其实没有那么好对付。是的，我不仅对知识管理感兴趣，更主要的是想看一看，这个把知识管理讲得如此有趣的年轻人到底能有多少料，他是不是在用一个模式重复。成甲老师再次没有让我失望，他三次课程都不同，给了我不一样的收获。按照惯例，我们第三次合了影。从那之后，我们就成了好朋友。

三次追课之后，我写下这样的评语：

结缘第九课堂后，到目前为止，最喜欢的就是成甲老师讲授的知识管理课程。这个课程道术结合，自成体系。成甲老师对知识管理方面的研究非常到位且烂熟于心，娓娓道来、酣畅淋漓、风格幽默且充满正能量，将知识管理上升为哲学思考，以更高的思维格局统领整个课程。在他的指导下，学员们可以将繁杂无序的知识迅速地梳理盘活，有效地将其系统化、立体化，最终实现知识的内化和外化。听成甲老师的课，真是件特别享受的事：阳光一样的好课，阳光一样的帅哥！

我想，如果要让这样的好课如阳光一样惠及更多的人，出版图书应该算是一条好的途径。于是我向成甲老师提出建议，希望他能够出书。成甲老师同意了，然而，看到这本书的时候已经是三年之后。千万别误会，成甲老师没有拖延症，但是，注意效率的成甲老师同时追求完美。在这 1 000 多个日子里，我们这些好友都见证了他的精进，他的努力！他对这本书的呕心沥血，让这本书超出了我的预期，更是当初成甲老师知识管理课程的更高版本。

后来，我创立了公益沙龙——"多角度沙龙"，一个具有媒体属性的跨界演讲沙龙，定期邀请各领域大咖前来交流分享。成甲老师自然作为分享嘉宾成为沙龙的常客。这不仅是因为我们之间亲密的关系，更是因为理念的相合。"有意思、有意义"的多角度沙龙，不仅要传播知识、分享经验，更是要用一种快乐的方式来让大家接受。成甲老师做的就是我们希望的那样。如果不是他精彩的分享，我会一直认为知识管理是一门非常"涩"的学问。

此外，还有一个重要原因：我们都在做"跨界"的事情。在一个领域内做到专业很不容易，能把经验用合适的方式分享出来就更难，而要在转变一个领域后还能做得很好，那就是难上加难的事情了。成甲创办的景区规划设计公司做得很成功，做知识管理的分享有干货，这些都是我知道的。我没想到的是，他居然能把新媒体节目《成甲说书》也做得有模有样。

"跨界"是一种多角度观察的能力、多角度学习的能力。成甲无疑是有这种能力的，而这种能力的背后是一整套的学习方法论。所以，成甲在《好好学习：个人知识管理精进指南》这本书里，把他多年来管理知识、提升自我的方法彻底奉献了出来。这些方法来自他自己的学习和感悟，是他已经证明行之有效的；这些方法又很简单，每个人只要用心都能掌握。

"术从简"，是成甲讲述方法论的一个特点，没有高深复杂的套路，都是简单易行的方法。然而，要做到简单，往往是最难的。

作为一名从业多年的媒体人，我已经习惯在自己的作品中注入"灵魂"。无论是写一篇文章，还是做一档新闻属性的专题片，或是做一场分享沙龙，又或者是设计一场演讲，我都会努力地让受众透过作品的表面去感受背后的温度与力量。这一点，也是我与成甲老师的共识。在阅读《好好学习》这本书的过程中，我在充满墨香的纸张背后触摸到了一颗火热跳动的心。成甲是懂得感恩的人，他对读者的回馈绝不仅仅是表面的方法论，他也在用一本书来告诉大家让知识产生力量的"道"，一种走"心"的"道"。

对读者而言，一本讲方法论的书，他们往往期待其有术又有道，然而能达到"术从简，道从心"的境界实为不易。我理解成甲的这本书能够与读者见面有多么不容易：这本融合了他经验与感悟的书，是用生活的磨难与思考写成的。当我们看到他一次次成功跨界的时候，也一定知道这背后会有许多不为人知的心酸往事。我们都在为美好拼搏，我们都在努力提升、超越自我，我们无须站在巨人的肩膀上，只要吸收如成甲老师这样生活在我们周围的人的经验，便也能找到前行的方向，"未来多角度，答案在风中"。

《好好学习》是成甲老师知识管理课程的升级版，而我创办的多角度沙龙经过三年的历练，也实现了升级。我以媒体人的身份去观察这个"个人崛起"的时代，于是，我组织举办了一场话剧式跨年演讲，近距离面对和剖析这个时代下快速崛起的个人。在这场演讲会上，成甲老师作为嘉宾之一，也将走上东方梅地亚M剧场，向更多的人分享他成长背后的思考。

互联网赋予了一个人无限的可能，让个人力量增强，个人价值释放。相信《好好学习》这本书，会带着成甲老师的热情、能量和智慧，让更多的人重视知识管理，让更多的人在这个互联网时代实现"个人崛起"！

2016 年 12 月 5 日

我是从 2008 年开始接触知识管理的。主要的原因是自己在几次创业过程中，迫切地感受到需要尽快地提升自我认知能力。那时候，对于"知识管理"这个词，大家还都很陌生。关于"知识管理"这个话题的书籍和资料也寥寥无几，已有的书籍、课程一般都是关于具体方法和工具的介绍，比如思维导图、速记、沟通技能等等。

可是，在参加了很多培训和课程之后，我反而更加困惑了：感觉学了很多东西，好像当时课上听懂了，可是课后也没怎么用上，隔一段时间就都忘了。有没有一种课程，是教你学习"怎么学习"的呢？

从那时候开始，我就从各个地方学习关于"怎么学习"的知识，开始慢慢地把从不同领域获取的信息整合起来，尝试着改变自己的学习方式。

第一个转折发生在 2010 年。在我坚持记反思日记的第三个月，我感觉自己有点儿坚持不下去了——因为似乎没什么用。这时候，我无意中看到了《美国之梦：富兰克林自己的故事》，一本关于富兰克林的传记。在这本传记中有这样一段：

> 富兰克林要培养自己养成 13 个道德准则，采用了"集中精力一次实践一项，待一种习惯养成之后，再实践另一项"的方法。为了监督自己，他便每日自省，把道德要求和自己的行为做比较，持之以恒。

这个做法给了我极大的启发：我一直困扰于学了新知识记不住、用不上，如果富兰克林可以通过每天自省这个习惯来锻炼自己，我是否也可以用这个方法来掌握学习到的新知识呢？从此之后，我的日记开始变成每日的自省，后来又演化成我独特的"晨修"工作，通过反思晨修，将学到的知识内化，形成战斗力。这是我对知识管理理解的入门，而这个过程也为我打下了重要的基本功。到今天（2016 年）[①]，这个习惯已经持续了近 7 年，我从中受益良多。

第二个转折是在 2012 年。在两年多的反思晨修中，我逐渐发现一个问题：我学到的知识越多，越觉得不对劲。虽然我掌握了很多方法，可是每项知识都是单独解决特定问题的；有时候我

---

① 本书第一版出版于 2017 年。

觉得一些方法之间似乎既有些联系又有些冲突，就好像几股真气在体内互相冲撞、无法融合。可是问题究竟是什么，我一直没想明白，直到看到查理·芒格的演讲录《穷查理宝典》后，才茅塞顿开。芒格在普世智慧演讲中提到的第一个关键原则就是："如果你只是孤立地记住一些事物，试图把它们硬凑起来，那你无法真正理解任何事情……你必须依靠模型组成的框架来安排你的经验。"

原来，过去看似复杂的知识和道理，可以通过基本的模型和框架来统一安排，而这些模型和框架，就是芒格说的"普世智慧"。

受到芒格的巨大启发，我开始投入到学习和构建自己框架体系的过程中。从 2012 年到 2016 年，在 4 年多的时间里，我慢慢地形成了自己对知识管理的独特认知。

在我看来，一切的学习和努力无非面向三个目标：一是解释问题，二是解决问题，三是预测问题。应该说，没有哪个人的学习会超过这个范畴，而评价学习是否有效的标准就很明确了，那就是：学习之后，你的行为或认知是否发生了改变。如果你上了一年 MBA（工商管理硕士）课程，可回到公司之后，自己的管理方式完全没有改变，那么你的学习显然是无效的。

所以，以这样一个认知作为基础，我们对知识管理的理解也就清晰了：知识管理就是通过对外部信息进行加工，提高我们改变认知或行动的速度。在这个理解的基础上再去看现在形形色色的学习方法和管理技巧，就能看出大家对知识管理的认识大概存在着三个维度。

第一个是数据管理的维度。在这个维度上，我们所谈论的知识管理更多是具体的数据层面的技巧。比如：下载的文件怎么保存，学到的知识点怎么归类，如何快速搜索文件，如何给文件贴标签，怎样整理文件夹，在哪里找到合适的书单，等等。

第二个是信息管理的维度。在这个维度上，我们关注的是怎样更好地理解、消化和应用获得的各个知识点。有很多非常有用的方法可以组织起来强化这一过程。比如：如何做读书笔记，如何用思维导图增强理解，如何区别精读和泛读，行动学习法，刻意练习，等等。而能够有效利用这些方法，也是一个学习者进阶的标志——能够有效地把学到的知识用于解决问题。

第三个是底层规律的维度。在这个维度上，我们关心的不仅仅是具体的方法和技巧，更关心自己的认知深度：我们必须在大量具体知识积淀的基础上，形成更宏观和抽象的理解，在深层次上掌握普遍规律，从而将之前学到的繁杂的知识用一根线穿起来，在具体知识之外找到新的答案，将有形化为无形，又将无形用于有形。

2012 年，我第一次利用查理·芒格提到的方法做了一次实验，实验结果让我十分震惊。

我应邀在一个学习型网站上开设个人知识管理课程。由于我自己既不是职业培训师，也没有什么知名度，所以如何让大家对我的课程感兴趣并愿意付费购买就成了一个难题。当时，我能够展示、销售自己的地方主要是课程介绍页面。换句话说，我需要在一个课程页面内通过文案来营销自己。而写营销文案是我此前完全没有接触过的事情。

我并没有着急去搜索如何写一篇营销文案这样的技巧，而是第一次开始利用芒格提到的方法：深刻理解问题的实质，然后用能够解决这些问题的规律去解决问题。撰写营销文案，本质上是一个建立信任的过程；那么关于建立信任这件事情，心理学上就有很多方法来构建和增进认同。我找到心理学书籍中构建信任和认同的内容，并且以一个做营销多年的朋友写过的文案为参照对象，仔细分析其中用到的心理学原理，然后按照自己的理解应用这些心理学成果来写我的文案。

我原本以为，自己这么一个文案新手，第一次就得写需要进行实际销售的产品，而这个产品还是一个默默无闻的非职业培训师的培训课程，难度也太大了，所以并没有抱太大的希望。可结果却出乎我的意料：同期上线的那一批课程中，我的课程付费人数快速增长，不到3天，名额就全部售出，而当时还有其他老师的课程销量为0。甚至在我的课程停止报名之后，还有用户不断咨询怎么能补报名，为了加塞儿还愿意多出钱。

那是我第一次深刻感受到，当我们掌握底层规律并以此分析问题时，即使是一个新手，也能瞬间超越众多按部就班地工作很久的"职业"专家。这种经历太奇妙了！

那次经历成为一个契机，我越来越多地尝试和应用这样的方法，激励着自己不断寻找解决问题的底层规律。我慢慢地理解，为什么"少即是多"，为什么有些知识会比另一些知识有着更强大的力量。就是在这个过程中，我逐步形成了"临界知识"这一概念。这一概念脱胎于查理·芒格的"普世智慧",或者应该说,芒格提到的普世智慧都属于临界知识,只是有些不那么"普世",但仍然能够在一个专业领域或者较为广泛的领域中具有普遍指导意义,同样具有临界效应。因此,我将这些规律一并纳入"临界知识"的关注范围中。

探索到知识管理底层规律这一层次上时,我们对学习的理解就慢慢不一样了。过去我们认为,学习主要是输入和消化的过程:我们通过阅读更多的书,参加更多的课程和培训,让自己有更多的输入。而在我们理解了底层规律在知识管理体系中的价值后,学习就变成了一个生长和创造的过程:知识不再是一个个孤立的点,而是彼此联系、相互接触的,甚至能在一次次的相互作用中,不断产生新的启发和认识。知识开始了自己的生长!

在我看来,只有让自己对学习的理解达到这个层面,才能真正在无涯学海中找到一叶扁舟。在这个层次上,我常常讲,对于学习这件事情,自己是最好的老师。理解了底层规律,自己就是一个"炼丹炉":外部输入的东西,经过加工形成全新而又熟悉的认知;而反过来,这种认知又进一步增进你对外部输入的理解,甚至可能会让你超出作者本身的认知来看问题。

可是,现在人们的学习大都集中在第一个层次,有一部分人达到了第二个层次。而在第三个层次上,至少我身边认识的人中,真正能融会贯通,把底层规律用到自己工作生活中的屈指可数。学习改变底层认知,对每个人都有巨大意义和价值,在现实生活中也确实非常稀缺。我自己从中受益匪浅。如果能够让更多人从这个层面认识学习和知识管理，那无论是对于个人的素养提升还是各行业高层次人才的储备，都有积极意义。

而这也成了我写这本书的初衷之一。

"什么曾经拯救过你，你最好就用它来更好地拯救这个世界。"我自己曾经在学习"学习"的过程中，有过太多困惑和迷茫，只能从不同角落里收集只言片语来咀嚼思考。然而，我发现我过去遇到的问题，到今天还有很多人在不断经历着，所以我希望把我现在的一些感悟和认识分享出来——这些认知可能会有偏差甚至错误，但是我相信，它们对大家提升自己的学习效能还是会有启发的。

第二，写这本书也是自我实现的一部分。我从 2007 年就开始不断地寻找自己生命的热情所在。后来我发现，激励我充满热情，每天像打了"鸡血"一样生活的原因是：我享受这种激发别人潜能、帮助别人的成就感。2009 年，我第四次创业。当时，我在公司的一个重要作用就是激励团队成员的成长，这也是我的巨大热情所在。在繁忙的创业中，我仍然尽量抽出时间准备各种单从物质回报上看"性价比"极低的沙龙与课程：从在第九课堂进行个人知识管理的课程分享，到在罗辑思维"得到"上开设《成甲说书》节目。这些看似不相关的事情，其实都来自我"享受激励、帮助别人的成就感"这一原始动力。而这一点，也是我在生活中践行黄金思维圈，从"why"(为什么)出发的一部分。所以，这本书也是我对这种生活哲学的应用。

第三，写书也是我的承诺和责任。促成我写这本书的重要原因，是我生活中的老师——中央电视台记者组前组长、现多角度沙龙联盟主席徐金琪大哥。徐大哥亦师亦友。当年他参加我在第九课堂的个人知识管理课程，我们因此结缘；而他连续三次报名参加同一门课，后来又多次鼓励和支持我将自己对知识管理的认识结集成书。而在这个过程中，又有众筹出书的众多认识或者不认识的朋友支持……大家的信任和支持，都是我写作本书的动力。

从内容上说，本书共分为四部分，分别是"知识管理与认知优势""掌握临界知识的底层思维与方法""发现和应用自己的临界知识""案例：核心临界知识及其应用"。

第一部分，我会介绍为什么知识和知识是不一样的，有些知识比其他知识的威力更大。少数的知识能够给我们带来关键的影响，这就是临界知识。

第二部分，对学习临界知识而言，要掌握的首先是底层思维和方法，其次才是具体的知识和技能。

第三部分，在掌握了理念和方法的基础上，回到核心问题：如何找到有价值的临界知识并把它应用到生活中。

第四部分，每个人都应当有自己的框架来安排自己的临界知识，当然，有一些临界知识是通用的。我在介绍这些知识的同时也提供了应用的案例供大家参考。

我认为，这本书的特色在于：不同于传统的按照组织结构或者学习方法来讲学习或知识管理的书，我更多地注重底层方法、思考逻辑和案例展示，希望用问题的结构而非信息的结构来展开全书。在这个过程中，既有我对学习和知识是什么的宏观思考，也有实际应用的具体案例。对不了解什么是知识管理或者还看不到宏观层面和底层认知的学习者而言，这可能会为他们提供一个全新的视角去理解"学习"这件事情，甚至对已经有多年知识管理经验的人而言，这本书也可以提供启发和借鉴。

此外，在过去 6 年里，我坚持每年阅读不少于 100 本书，同时还保持着每天进行两小时反思晨修的习惯。这对我理解知识管理的高效输入有极大帮助。与此同时，我又是一个"好为人师"、不断寻求在输出中加深认识的人。从 2009 年开始我就组织"知行社"进行分享（2012 年停办）；2012 年在第九课堂开设"个人知识管理"课程，学员评分的满分为 10 分，而我的课程平均评分高达 9.95 分，成为第九课堂评分最高的课程；再后来，我在罗辑思维"得到"上开设《成甲说书》，开始以每周一本书的高强度进行知识输出。这些知识输出的经验，又让我对理解知识管理核心要点有了更多自己的认识。同时，我不是一个职业培训师，并不以知识管理培训讲课为生，因此我写书和讲课也不担心泄露课程核心内容；相反，我一边在自己的公司中大量实践和改进我所讲的方法，一边期待看到更多人加入这一事业，一起推动我们对知识管理的进一步深入认识。我想，我的这些经历和背景让我能够把学习"学习"这件事情从不同的角度讲清楚，并用实战的方式让大家理解。这种形式，能让更多人有机会在生活、工作、创业中亲身感受认知变化带来的积极影响，就像我第一次用这个方法写文案时感受到的神奇一样。

最后，本书中提到的方法和理念并不一定适合每个人，因为方法本身也是基于价值观的。比如"坚持小的习惯和努力，累积大的突变""构建底层认知是理解复杂现象的关键，而底层认知本身要步步为营，偷不得懒"……这些价值观和当今时代一些人追求一切"唯快不破"的想法是不一致的，尤其是还希望在学习底层认知这件事情上也要有速成法的想法，这一点我是帮不上忙的。说来惭愧，我在"得到"上曾经上线过一期节目《如何工作三年获得十年经验》，题目本身就利用了这种"速成"心态，结果节目销量颇佳。可是答案可能和追求速成的人想象的不一样——坚持从底层思考，把这样的习惯培养训练三年，你就会比有十年工作经验的人成长得都要快。从这一点上说，本书也是一种速成法，一种以慢为快的速成法。

当然，本书也有局限。

首先，前面提到了知识管理的三个层次，分别是数据、信息和底层规律。本书更多地讨论了第三个层次，第一个、第二个层次涉及的内容较少。

其次，本书对跨学科临界知识的理解也有局限。毕竟我在学习"学习"这条道路上的探索也不过 6 年时间，对"临界知识"的学习与思考也才 3 年。3 年时间里，我对这些跨学科的临界知识从自己应用的角度进行了粗浅的理解，可能会有偏差甚至错误，也希望广大读者在阅读过程中不吝赐教。

关于本书的一切建议，欢迎通过我的微信公众号留言。扫描左侧二维码，关注我的公众号"成甲"（搜索：pkm100）。

最后，无论如何，这本书是我对自己这一阶段关于知识管理的所有认知的一个毫无保留的展示。也许因为我的能力、认知的局限，这本书还有很多不足的地方；但是你至少可以相信，我是用了十二分的认真和努力完成这本书的。10 万字初稿完成后，经过半年多时间，自己对知识管理又有了新的认识，再加上图书编辑对初稿提出了很多有价值的建议，第二稿的 10 万字几乎全部重写。

但是，正是这些努力和付出，才让我能够找回自己：我不是在写书，我是在享受尽力帮助别人的乐趣与成就感。

今天，我"好为人师"的这一部分终于告一段落。至少我的用心，让我可以安心入睡。剩下的工作，就是读者的任务了。

如果这本书的内容对你有所启发和帮助，请让我知道。这是我最大的成就。

是为序。

## 什么是知识?

在谈临界知识之前，先要弄清楚：什么是知识?

我们学了很多年知识，可什么是知识，似乎一下子说不清楚。比如："回"字有四种写法是知识吗? 朋友圈里吐槽春晚的文章是知识吗? 罗辑思维"得到"App 中的课程音频是知识吗?

这些内容是不是知识，答案可能仁者见仁，智者见智。不过，有一点我们可以达成共识：它们都是信息。

在我的定义里，只有能够改变你行动的信息才是知识。也就是说，上述三种信息是不是知识不是一个客观存在，这取决于了解这些信息的人能否使用这些信息改变自己的行为，产生新的结果。

如果你看了一篇文章之后点头称是，然后生活照旧，那么这篇文章和其他所有类似文章一样，都只是信息。只有你在看完一篇文章、了解一个观点之后，受到启发，改进了思考问题的方式或者做事的方法，信息才是知识。

换一种角度看，衡量你的学习是否有效的重要标准是：学习之后，你解决问题的思路和方法是否得到了改变。如果你学习之后和学习之前，思考和行动都一样，那么显然这样的学习是无效的。"知乎"上的文章，如果你不去阅读，它们就只是一些数据，而当你阅读了内容之后，它们就成了信息，但只有你知道了如何改变你的行动，信息才变成了你的知识。

因此，本书对知识的定义就是：那些能够改变你行动的信息。


## 什么是临界知识？

但是，知识与知识也是不一样的。有些知识要比另一些知识能够更加深刻地改变我们的行为。比如，你知道从山顶上滚下的石头速度会越来越快，因此你懂得利用这一信息，当遇到泥石流时往山体两侧跑，而不是试图顺着山谷与石头比赛。

石头会越滚越快，这对你便是一个有用的知识。

不过，如果你懂得牛顿第二定律 $F=ma$，你就不仅仅能够解释为什么下落的物体速度越来越快，甚至有可能想办法造出火箭。

像牛顿第二定律 $F=ma$ 这样能够更广泛、更普遍地指导我们行动的重要而基本的规律，被我称为"临界知识"。

临界知识套用了核物理学中的一个名词——临界质量。临界质量是指产生核爆炸需要的裂变材料质量，只有突破这一临界值，才能产生惊人的核爆炸。与此相似，有些知识也能够发生裂变，可以对我们生活的很多方面进行指导。而当你储备的临界知识达到一定量的时候，就会产生惊人的威力（查理·芒格称之为叠加放大效应）。这便是应用临界知识系统产生的巨大威力。

作为一名旅游景区规划设计的咨询师和创业者，我要接触各种人，寻找大量的信息和数据，协助客户更好地解决形形色色的问题。在不断高强度解决问题的过程中，我逐渐发现，人们犯下的很多错误，往往源自其漠视一些重要而基本的规律。而对这些规律的熟练应用，能让我们在面对全新的问题时有更准确的判断，进而使我们的解决方式往往比大多数人要好。这些重要而基本的规律便是可以发生裂变的临界知识。此后，我对如何发现这些临界知识并将其应用到生活中产生了浓厚的兴趣。

我在探索这一主题的过程中慢慢发现：通过正确的训练，我们能够洞察一些规律；而通过对这些规律的应用，我们甚至能够预测与控制未来，进而创造惊人的结果！这并不是宣扬超能力的迷信，而是人情练达、洞明世事之后的智慧结果，我甚至还找到了一位运用这一方法取得巨大成就的榜样：查理·芒格。

查理·芒格是"股神"巴菲特的合伙人，某种程度上甚至是巴菲特的导师。白手起家的查理·芒格凭借着不断总结那些重要而基本的规律——临界知识（查理·芒格称之为"普世智慧"），成长为对世界有影响力的亿万富翁。他本人也不断地向世人介绍这一理念：在查理·芒格的演讲录《穷查理宝典》中，你甚至能够找到他总结出来的模型与技巧。

然而，即使查理·芒格公布了他关于临界知识的"答案"，这对我们而言也很难有直接的帮助。只有真正理解为什么有些知识的影响比其他知识更有决定性作用，这些知识要在怎样的场景里才能发挥作用，我们才算得上掌握了一项临界知识。也只有有能力自己发现和总结出属于我们自己的临界知识，我们才能让这一能力对我们的生活产生巨大的帮助。

如何发现和应用临界知识，正是本书想要和大家分享的核心内容。

# 第一章

# 知识管理与认知优势

知识与知识是不一样的，

有些知识比其他知识的威力更大。

少数的知识能够给我们带来关键的影响，

这就是临界知识。

# 在海量信息即时获取时代，
# 我们拼什么？

我自己有这么一个总结——中国过去 30 年的社会发展，从认知优势的构建角度看，大概有三个阶段：

**第一个阶段：知识数量构建认知优势**

这个阶段是从 20 世纪 90 年代到 2000 年左右。这一阶段的特点是，经济体制从计划经济转向市场经济。在这个过程中，知识在商业竞争中的重要性越来越凸显。过去在制度转型中凭借大胆"下海"获得红利的企业家，在市场逐步规范的过程中渐渐隐退。而 20 世纪 90 年代到 2000 年，大学生是非常吃香的人才，学院派加入市场进一步提升了企业竞争对知识的需求。代表性事件是这一阶段以各种咨询企业、广告公司等为代表的知识密集型行业蓬勃发展。

**第二个阶段：知识获取速度构建认知优势**

从 2000 年开始差不多持续到现在，是知识获取速度构建认知优势的时代。在这一阶段，国内互联网日新月异的发展打破了知识获取范围的边界，过去只在少数圈子里传播的专业知识现在可以非常方便地被我们获取。因此由知识数量构建的优势被瓦解，相反以更快的速度获得最新知识成为新的竞争优势来源。

由于互联网行业被改造得最彻底，这一情形在互联网中的表现也最典型。在2000年之后相当长的时间里，国内互联网企业的发展基本就是越来越快地学习国外产品的过程：从门户网站开始，到搜索引擎、SNS（社交网络服务）、微博、在线视频的发展，无一不是如此。其中典型代表就是现任美团网首席执行官王兴，他的校内网、饭否和美团，无一不是第一时间引入美国快速兴起的产品——Facebook（脸书）、Twitter（推特）、Groupon（美国团购网鼻祖）。这种依靠知识获取速度构建的优势，成为知识改变命运的重要力量。

**第三个阶段：知识深度构建认知优势**

第三个阶段是我认为现在可能已经慢慢到来的、知识深度带来认知优势的时代。随着移动互联网的发展和像TED（一家致力于传播创意的非营利性机构）、译言网、智能网页翻译技术的发展，国外新的思想理念引入国内的速度大大提升；同时，众多行业的媒体在激烈竞争中基本都把报道国际最新发展动态作为基础内容，使得优先获得国外信息这一方法带来的先发优势越来越弱化。比如，在"得到"上面，你可以只花199元订阅《前哨·王煜全》，第一时间获得过去只有少数人才了解的全球科技创新风口；或者订阅万维钢的《精英日课》，把西方经济、社会、科技、哲学界思想的新突破第一时间收入囊中。这种以极低成本第一时间获取资讯的现象，使得速度优势被极大瓦解。

在这种情况下很多产品和创业方向可能会越来越同质化，对热点、风口的追逐也越来越密集。这也是近年来所谓的"风口"转换速度越来越快，而每次风口的能量也越来越大的一个重要原因。于是，在知识数量和知识获取速度相似的情况下，我们的产品和策略能否在竞争中脱颖而出，可能越来越取决于知识的深度。

对同一个产品和项目，理解深度的不同决定了结果不同。王兴的美团能够在"千团大战"中胜出，不仅是因为他第一时间看准了团购这个方向，更重要的是他在众多竞争者中是看得最深刻的。介绍王兴十年创业经历的书《九败一胜》中提到，在其他团购网站大打广告战时，美团坚持不加入广告大战，而是坚信决定团购事业的关键是"高效率，低成本；高科技，低毛利"。他把别人用于广告的钱，投入系统开发和效率提升。最后美团的胜出成就了"新美大"这个互联网新巨头，这可以说是认知深度的胜利。

有意思的是，美团在"千团大战"中脱颖而出后，王兴说了这么一句话："多数人为了逃避真正的思考愿意做任何事情。"

我们都对"知识改变命运"这句话耳熟能详，然而改变命运的已不再是知识数量这一维度，更重要的是认知的深度。在知识大爆炸的时代，我们必须对知识进行管理，而管理知识最重要的并不是大多数人以为的对知识进行收集、分类、保存。知识管理的核心实际上是通过管理知识提升我们的认知深度，进而改变我们的行为模式。因此，对我们最重要的问题便是：如何提升我们的认知深度？

# 如何提升认知深度?

怎样才能提升认知深度? 要回答这个问题, 首先要弄明白, 什么才算深度认知。

让我们先看几个例子。比如, 有人问: 为什么北京房价那么高? 有两种答案。第一个回答: 都是炒房团搞的! 第二个回答: 北京的土地供应稀缺, 而高购买力人群又过度集中, 所以推高了价格。

再比如, 有人问: 怎么增加团队的认同感? 第一个回答: 领导要经常开会强调! 第二个回答: 人的认同感来自全力以赴完成一个共同的目标, 其中付出努力的程度以及共同参与的仪式感都很重要。

这些回答里, 你有没有发现第二个回答似乎比第一个回答更有深度? 如果把第二个回答称为有深度的回答, 那么第一个回答就可以被称为简单的回答。这两者有什么差别呢? 在我看来, 至少有以下三方面的差别:

1. 从形式上看, 简单的回答往往是对具体的问题或事情本身做出回答；而有深度的回答却是在分析具体现象之后找出抽象规律。

2. 从回答的思考方式看，简单的回答往往是根据自己的直观感受、情绪与经验做出回答；而有深度的回答往往依托于有实验验证或者数据分析支持的结论。

3. 从答案的效果上看，简单的回答往往只能用于解决一个特定的问题；而有深度的回答能够更普遍地解决类似问题，启发我们由此及彼、由表及里地思考问题。

所以，有深度的认知能力是这样的：在分析问题的时候，能够跳出问题本身，思考更普遍的情况；在寻求答案的时候，能够根据理由可信度判断是否接受这个结论。

理解了什么是深度认知，让我们再进一步思考什么是临界知识。通过深度认知得出的结论，往往能解释相似情境中的很多问题。在这些结论中，有些结论经过了更为广泛、长期的验证，也在更普遍的领域具有指导意义和应用价值。那么，这些结论就是我们说的临界知识。

所谓临界知识，便是我们经过深度思考后发现的具有普遍指导意义的规律或定律。掌握临界知识，我们便能开启学习的"少即是多""四两拨千斤"模式，从而极大地提升学习效率。

# 为什么大多数人的学习层次上不去？

提高学习效率，可能是每个读书人都在追求的。可是能不能很好地做到，就是另一码事了。关于这个问题，让我们先看一个典型的案例。

2015 年突然冒出来一个营销公众号，叫作"李叫兽"。你就算没关注这个公众号，多半也看到过李叫兽的文章，比如《为什么你会写自嗨型文案？》《做市场的人，不一定知道什么才是"市场"》《为什么你有十年经验，但成不了专家？》等等。这些文章在朋友圈传播极广，分分钟"10W+"（阅读量超过 10 万）。

如果只是传播广也就罢了，他的每篇文章还都很有深度，很多做了多年营销的从业人员也在认真研读。

如果只是传播广、有深度也就罢了，最让人吃惊的是，作者还是个"90 后"！

我看到的第一篇李叫兽出品的文章是《为什么你会写自嗨型文案？》。当时看了这篇文章后我的第一反应是：小马宋的文章咋没火？因为此前小马宋讲过同一个原理，他用的不是"自嗨型文案"这个措辞,而是更有视觉冲击力的一个词:"镶金边的狗屎"。为什么讲同一个概念,李叫兽的文章会更火爆?于是我就查了一下作者的背景。结果我发现,李叫兽,本名李靖,2010年才参加高考,考入武汉大学市场营销专业,2014年大学毕业。你也知道,大学本科学习的市场营销知识,多数人毕业后是没法直接运用到工作中的,可是李叫兽2015年就开始给做营销工作多年的"老司机"指路了。

这也太不可思议了!你想想,同样是混营销圈的达人,小马宋老师也挺有名,可是小马宋老师是"70后"啊,而且人家是从报纸开始到4A(美国广告代理协会)广告公司一路干过来的。小马宋老师比咱牛,那是应该的;可是刚毕业的"90后"就比咱厉害,和谁讲理去呢?


## 问题出在哪里?


我们与其关心为什么李叫兽能够快速成功,倒不如问一个更加普遍的问题:为什么大多数人的学习层次上不去?为什么那些在营销行业工作了十来年的"老司机",会说一个"90后"的专业文章好呢?问题出在哪里呢?

在我看来,问题不是我们不够努力,不是我们不够聪明,而是我们的努力有一个重大的误区:我们一直把时间花在想办法提升"技术效率"上,而忽略了真正重要的"认知效率"。

**什么是"技术效率"？什么是"认知效率"？**

让我们先来看看，李叫兽的文章究竟讲了什么。以《为什么你会写自嗨型文案?》为例，文章定义了两种类型的文案：X 型与 Y 型。

李叫兽认为，X 型文案是指把本来平实无华的表达写得更加有修辞性，用词对仗，词汇高级。比如把"工作辛苦，不如去旅行"这个简单的表达写成"乐享生活，畅意人生"。而 Y 型文案不一样，其文案往往并不华丽，有时甚至只不过是简单地描绘出用户心中的情境。比如，同样是表达"工作辛苦，不如去旅行"，Y 型文案会写成：

> 你写 PPT（幻灯片）时，阿拉斯加的鳕鱼正跃出水面；你看报表时，梅里雪山的金丝猴刚好爬上树尖；你挤进地铁时，西藏的山鹰一直盘旋云端；你在会议中吵架时，尼泊尔的背包客一起端起酒杯坐在火堆旁。有一些穿高跟鞋走不到的路，有一些喷着香水闻不到的空气，有一些在写字楼里永远遇不见的人。

李叫兽这篇文章在结语处告诉我们：有些人写文案是为了感动自己，而优秀的文案是感动用户。

看完文章，很多人"疯"了："哇！说得太棒了!""太深刻了。"李叫兽在他的年终总结里还专门引用过一个用户对这篇文章的评论："振聋发聩!! 此文对品牌和广告业的典型意义几乎是里程碑式的，值得一读再读，接着反复读！！！"

用户评价如此高，当然是因为大家从中受益了。不过这个问题真的是里程碑式的，第一次被李叫兽发现吗？其实，关于这个问题，此前有无数人讨论过。比如在奥美创始人奥格威的经典著作《一个广告人的自白》中，奥格威就说过："不要用最高级形容词、一般化字眼和陈词滥调。讲事实，但要把事实讲得引人入胜。"

再比如，另一个广告界达人克劳德·霍普金斯也说过："高雅的文字对广告是明显的不利因素。精雕细刻的笔法也如此。它们喧宾夺主地把人们对广告主题的注意力攫走了。"70年前的声音，换个说法，放在今天仍然是微信公众号的10W+。

事实上，任何一个广告/文案从业人员都知道洞察与言之有物是最最基本的入门准则。但是，我们看到李叫兽的文章，仍然像发现新大陆一样，为什么？

想一想，下面我列举的概念你是不是都知道：市场均衡、用户视角、看不见的手、认知偏差、复利效应、边际成本、规模效应……

然后呢？你每天在工作生活里是只有看到它们时才能想起它们，还是你遇到问题时它们就会主动出来？如果你真的明白用户视角，那么对于李叫兽、奥格威和霍普金斯说的，你就都不会觉得意外——他们只是在印证一个你知道的道理罢了。

但是，对大多数人而言，我们知道的，只是我们以为自己知道了。

## 老鼠赛道和快车道

我们买来专业经典著作，报名参加培训，参加行业沙龙，向经理学习业务知识，给客户分析专业知识，掌握了 PowerPoint（微软公司的演示文稿软件）的最新功能。我们努力学会了越来越多的业务套路，对我们的工作越来越驾轻就熟，但也有越来越多的新问题涌入：我们需要继续看新的书籍、新的文章，学习新的软件、新的套路。

如果我们的学习是在不断掌握应对具体工作场景和问题的方法，那就是在努力提升技术效率。在这种模式下，我们遇到每个新问题都要学习新知识。

如果我们的学习是在了解问题本质，了解解决方案的底层规律，能够让我们认清楚问题表象背后的实质，那我们就是在提升认知效率。

在这种模式下，我们会发现，很多看似全新的问题，其实只不过是狡猾的旧问题换了一身装扮再次出现而已，就像"自嗨型文案"只是换了一个说法的基本道理而已。

然而，我们大多数人的学习层次一直无法提升，就是因为我们掉进了追逐技术效率的游戏圈套：我们越努力，跑得越快，要学习的新知识就越多。而这，让我们陷入了学习的"老鼠赛道"。在老鼠赛道中，我们看起来一直在努力，可是其实是在原地打转。

　　要想从老鼠赛道中跳出来，我们就要努力提升认知效率，而要提升认知效率，就要找到撬动效能的杠杆点——临界知识。20% 的知识比 80% 的知识更有用，我们要做的是把 80% 的时间，用在这 20% 的关键问题上，而不是平均地把时间花在掌握各种知识上。

　　可是问题来了：我们在工作、生活中究竟该学习什么知识，才能提升认知深度和认知效率呢？

# 到底哪些知识值得学？

知识是不是学得越多越好？这个问题并不好回答。不过，我觉得有一个热点词和这个问题密切相关，那就是"斜杠青年"。

"斜杠"这个词来源于英文"slash"，是《纽约时报》专栏作家马尔齐·阿尔博（Marci Alboher）撰写的《双重职业》（*One Person/Multiple Careers*）一书中提出的概念，意思是拥有多重职业和身份，过着多元生活，斜杠青年可能有份朝九晚五的工作，而在工作之余会利用才艺优势做一些喜欢的事情，并获得额外的收入。例如，小王，记者 / 歌手 / 摄影师，就是典型的斜杠青年。《第一财经日报》为此还专门发文介绍了一个斜杠青年，文章题目叫《身兼八职的女"斜杠"：一个活经常能赚到一年的钱》。

成为斜杠青年，意味着"自己有能力赚多份钱"，所以这个身份特别受刚入职场的年轻人青睐。在互动百科里，关于"斜杠青年"的词条引用了这样的调查数据："在对国内 18~25 岁人群的调查中，有 82.6% 的年轻人想成为'斜杠青年'。"有八成多的年轻人想要成为斜杠青年，这真是一个激励人心的数字啊！

可是，怎样才能成为一个斜杠青年呢？


## 斜杠 = 兼职?

我翻了一遍网上关于斜杠青年的介绍：在大多数报道里，成为斜杠青年的方式是兼职接活儿。比如《北京晚报》在介绍斜杠青年时用的案例是，一个做会计的姑娘，喜欢摆弄花，去酒店时看到婚庆公司在布置婚礼现场，与工作人员聊了之后，发现那边缺花艺师，于是她就成了兼职婚庆花艺师。后来又有人介绍她写剧本赚外快，她就学习写剧本，又接了兼职剧作家的活儿。所以她就成了斜杠青年典范：会计/花艺师/剧作家。

这让我想起我上大学时，虽然没有"斜杠青年"这个词，但是有一个哥们儿放在今天应该完全符合斜杠青年的标准：他在学校旁边租居民楼房间做日租房，还在校园里代理售卖移动电话充值卡，同时也在学校推销招商银行、建设银行的信用卡。我记得有一次，他被邀请去一个活动演讲，他的自我介绍内容包括：目前经营的业务横跨房地产、通信和金融三大领域。放到今天，这哥们儿应该是斜杠青年吧？

可是如果有多个兼职就算斜杠青年的话，我觉得他们都比不过我们村东头的王大爷。王大爷，更确切地说，应该是斜杠老年：搬运工/瓦工/烧炭工/除草匠/街头棋手/门卫/环卫工……如果有必要，我还能列举出大爷更多的"斜杠"。

如果我们把追求多元的职业体验/兼职收入作为斜杠青年的努力方向的话，我觉得这可能会是很多人的大坑。

有人可能会不同意我的说法：尝试各种职业，既能学到各种知识开阔眼界，又能锻炼自己的能力，还能增加收入，有什么不好呢？而且你看人家特斯拉 CEO 马斯克就是一个斜杠青年啊！他既是工程师、慈善家，又创立了特斯拉、支付巨头 PayPal、太空探索公司 SpaceX，还有研发家用光伏发电产品的 SolarCity 等四家不同类型的企业，你能说斜杠青年不对吗？！

呃，你说得都对，但是我不同意。为什么呢？

在有多个兼职的情况下，所谓的学习知识、锻炼能力，增加的往往只是一个"能力假象"罢了。你更多的只是经历了一下而已，认知深度并没有明显提升。

我承认，对于没怎么接触过社会的人而言，接触一下社会各行业是有好处的，毕竟直接的生活经验很重要。但是，正如十个麻雀在一起也比不上一只雄鹰，多元的经历如果不能帮助我们提升认知深度，从长期来看，那也是低效的。我并不是反对成为斜杠青年，我只是说，我们因果倒置了——斜杠青年应该更加深入地探索，而不是简单追求多元的结果。


## 斜杠是结果，不是原因

如果盲目地要做斜杠青年，东学一点儿，西学一点儿，追求所谓的多元生活，那我们很可能在追求成功的路上绕了一个大弯。

想一想，在今天这个人才高度流动、社会分工不断细化的时代，竞争越来越激烈，你必须在一个领域做到极致，对它的认识足够深刻，才有可能获得真正的话语权。不明白这一点，盲目追求多元学习、兼职变现，表面上看是在提升能力，其实都是肤浅地拿时间直接变现而已。在这一点上，我们和村里兼职的王大爷没有一点儿差别。你说他又干保安，又干保洁，难道就没有增强能力吗？可是，这样的能力带来的认知变现水平，又能有多高呢？

作为受过高等教育的青年，你把宝贵的时间用在肤浅的兼职变现上，那并不是多元与提升能力，只不过是自己控制不住虚荣心和金钱诱惑罢了。事实上，很多事情表面上看是好事，往深里想，可能是坏事。

---

一开始就能带来直接利益和诱惑的事情，很可能要拿未来的机会做代价。

---

以斜杠青年的代表马斯克为例。表面上看，马斯克是跨界涉猎了多元的领域，但实质上，这是马斯克看问题看得足够深刻的结果。在一次访谈中，埃隆·马斯克说，他一直在做的事情，只是用第一性原理思考问题罢了。你有没有发现，他其实没有认为自己在跨界，他比别人能更深刻地看到自己做事情背后的

规律：用最基础的原理来改变一个行业。正因为埃隆·马斯克以这种认知深度作为前提，我们才能见到看起来风马牛不相及的 SpaceX 和特斯拉均由同一个人创办。事实上，在马斯克眼里，它们都是一回事。

想想我们上文提到的"90后"网红李叫兽吧。如果他也单纯追求斜杠，早早做各种兼职，你觉得他会有今天的成就吗？换个角度看，正是李叫兽的专注、不断提升认知深度才造就了他今天的成就，反而让他有了斜杠身份：培训师/咨询师/企业家/网红。

你看出这两者的差别了吗？

斜杠是提升认知深度的结果，而不是追求多元的结果。


## 一个人，活成一支队伍

你可能会觉得："哦，这么说我还是心无旁骛，专心学习专业知识好了，其他的事情我就不管了，我要专注到极致。"如果你这么理解，那又错了。

提升认知深度，不是仅仅学习专业领域的知识就可以了，相反，你要多元跨界。

"啊？等等，刚才你不是反对多元跨界吗？怎么一转眼又变了？"

别误会，我没有反对多元，我反对的是盲目的多元。我说的多元跨界，更形象地说，叫：一个人，活成一支队伍。

这句话，我最早是从罗辑思维"得到"的主编筱颖那里听来的。筱颖是我在"得到"App 上《成甲说书》节目的主编，也是万维钢《精英日课》的主编。这姑娘雷厉风行，常常凌晨三四点还在给我回邮件。我想，这可能就是由她负责身在美国的万维钢节目的原因——不用倒时差。我对筱颖说："你提前过上了美国人的生活。"

如果没有和罗辑思维"得到"合作过，你就不会知道这个团队的人工作起来有多疯狂。人少，活儿多，要求高——看来，这不仅仅是我们设计行业的痛苦，也是"得到"团队工作的真实写照。

可是，在我看来很多无法完成的工作，筱颖都出色地完成了。用她的话说就是："在这里，我们必须一个人活成一支队伍。"

筱颖这一个人，活成了什么样的队伍呢？她一个人要负责主题策划、音频录制、音频剪辑、内容审核、留言审查、新作者挖掘、老作者维护、新内容开发、宣传文案策划……当她全力投入，把一个人活成一个能够随时完成"侦察""设伏""狙击""围点打援"等各项工作的队伍之后，她自然就成了斜杠青年。（当然，我觉得筱颖得注意身体，要不然就要成为"省略号青年"了……）

所以，想要做到极致，不是说只学某个专业的知识就够了，也不是简单地这也学学，那也学学，而是要学习与解决某一类问题相关的所有核心能力。这一点，一定是突破专业限制的。

我们所谓的专业，比如市场营销、法律、政治、历史、文学，其实都只是人为制造的分类标签罢了，但是，这个世界并不是按照你划分的标签在各个专业领域之内单独运行的。一个市场营销的问题，背后往往涉及法律、政治、历史和文化等因素。可是我们所谓的专业，并不管这些：你学好 4P（产品、价格、渠道、促销）、市场细分等概念，就可以毕业了。这种认识，会极大地阻碍我们学习真正应该学的知识。

我的公众号里，有一个叫"安"的网友留言说：

> 很多人不理解地跟我说："你一个'创业狗'，不好好跑你的客户，做你的技术，学什么'认知革命'？"我要把你的文章转到朋友圈，给予他们有力的回答！

安遭遇到的身边人的不理解，恰恰反映了我们大多数人的认知现状：我们被标签框定了自己的可能性，因而，我们要学习就学习标签内的东西。

我想说的是：在这个世界上，想要做到极致，恰恰要学习"无用之用"！

无用之用，方为大用。

## 哪些"无用"对你有用？

英国有一家保险公司，要在非洲的热带平原上修建一座写字楼。在这个气温白天高达 40 摄氏度而晚上可以下降到 5 摄氏度以下的地方，公司对建筑设计师提出的要求是：建筑外貌迷人、功能一应俱全，但是不准使用空调设备！

在热带建写字楼不允许用空调？！

这件事情对于绝大多数专业建筑师而言几乎都是不可能的。但是，建筑业的解决方案最终来自生态学。一个懂生态学的建筑师联想到了热带地区的白蚁能够常年将蚁穴的温度精确地控制在30摄氏度上下，结果，他不仅完成了这个建筑任务，还开创了建设设计的全新领域——"自然拟态工程"，成为这个领域的佼佼者。所以，想要做到极致，恰恰要学习"无用之用"。

你可能会困惑："无用"的事情那么多，到底应该学习哪些"无用"的知识呢？

在我看来，各种表面上看起来"无用"的、不相干的知识，最后都会在底层联系起来。而一旦理解了这一点，你就找到了知识一通百通的突破口。比如：你对历史感兴趣，一定会研究地理和人类文化；而研究人类文化，就一定会进入心理学和传播学领域；而如果对外语感兴趣，你也会从语法学习延伸到研究语言的产生、文化变迁等。一旦你的研究深度达到底层规律的层面，表面上看起来不相干的问题都会在底层盘根错节地联系起来。而将这些"不相干"的事情联系起来的，正是我们说的临界知识。

如果从这个角度理解能力，我们一生就需要学习三个级别的课程：（1）公共基础课：执行能力；（2）专业必修课：专业能力；（3）通用必修课：结构能力。

所谓公共基础课，就是我们每个人每天都要用到的执行能力，比如时间管理、资料保存、商务礼仪、沟通谈判等等。市面上有海量的书在介绍这些知识，我们学习和掌握起来都比较方便。

在这个层面，我们的学习就像士兵训练踢正步、瞄准和射击这样的军事基础技术一样。

专业必修课，就是我们选定的专业方向。正如前面说的，这个专业不是指学校划分的专业，而是指能够打完整场战役、解决系统问题的能力。在这个领域里，你要跨学科地思考、解决问题，一个人活成一支队伍。而这种能系统解决问题的知识往往是内隐的，需要我们在不断实践、思考的过程中，领悟到跨领域知识交汇的微妙之处，从而灵活地随时调用多个学科之间的知识，打赢一场战役。在这个阶段，我们的思想认知更像是一个指挥官，要精准恰当地调动步兵、炮兵、空军、坦克、侦察兵和狙击手，让不同知识在正确的时机，出现在正确的位置，胜利完成任务。

而学习通用必修课，就是要掌握临界知识，认知事物更加底层的结构与规律。我们经营的领域是如何产生的？影响这个领域发展的基本动力是什么？有哪些规律会普遍地影响这些事物？这其实需要我们透过事物表面的现象，来思考和分析这些现象背后更基础的力量是什么。这种思维方式和系统思考的关系很紧密，即把我们遇到的问题视为更大系统的一小部分来寻找解决问题的突破口。这种看问题的方式有利于我们从看似不同的现象里，找到相似的模型规律，从而能够把 A 处的规律迁移到 B 处解决问题。

我认为这是每个人都应训练的通用必修能力，可市面上关于如何在日常生活中应用这种思考方式的书却并不多，我们人为划分的专业课程也不讲这些内容。既然没有，那就自己写一点儿吧——

这也是我写这本书的动力。

从临界知识的角度再看我们该学哪些知识，就会发现：这些看起来"无用"的知识，可能会在战略层面上为我们发挥"大用"。

我自己从这种训练中受益良多。前一段时间，有一家上市公司请了各个领域的专家，为集团新的业务板块发展提供咨询，我也应邀在列。参加这个会议的专家很多都有很大的名头，国人皆知的几家大公司的领导也都在。在主办方发言人介绍完项目背景和项目具体情况之后，大家就对这个项目的具体发展提出了各种具体的意见：关于政策支持的、基础工程的、营销整合的等等。在我看来，这些专家的意见更多集中在他们自己熟悉的专业领域，正所谓："拿着锤头的人，看所有的问题都是钉子。"因为熟悉一个领域，所以解决方案都来自他熟悉的领域。

轮到我发言的时候，我没有直接谈我的想法，而是先后自问自答了三个问题：（1）集团为什么要进入这个新业务板块？初始动机和商业模式构想是什么？（2）要实现这种构想，最关键的影响因素是什么？推动这一目标的结构动力是什么？（3）现在的态势与我们的关键目标是否匹配？从内部构架到用户需求之间要做哪些工作？发展的节奏是什么？

会议结束后，我正准备离开，集团董事长上前叫住了我，当下决定邀请我们公司与他们合作，为他们提供咨询和规划服务。

其实，我在会上所说的内容，只是我认为分析任何一个战略格局都需要思考的基本问题而已。可是我们却很容易陷入自己所谓的"专业"和标签里面,忘记最基本的规律。所以我坚信:掌握临界知识,深刻理解底层通用规律,是每个人都应该学习的必修课——这对每个人都有巨大的价值。

这个例子也回答了这一小节的主旨:我们应该学什么?

执行能力、专业能力和结构能力都应该学。但是,我们大多数人会投入 80% 的时间学习执行能力,投入 20% 的时间不完全地学习专业能力,而几乎没有投入时间提升结构能力。然而,二八定律告诉我们:20% 的知识决定 80% 的结果,你应该把更多的时间用在结构能力和专业能力的学习上,通过掌握临界知识做到游刃有余。

不过,如果我们下决心学习临界知识,具体该怎么操作呢?

让我们先从学习的基础工具——底层思维和方法说起。

# 第二章
# 掌握临界知识的底层
# 思维与方法

对于学习临界知识而言，
首先要掌握的是底层思维和方法，
其次才是具体的知识和技能。

# 跳出"低水平勤奋陷阱"

要学习临界知识，就要从具体的知识输入开始。读书，自然是最基本而又重要的方式。可是为什么很多人即使读了很多书，也没有发现和掌握临界知识呢？在我看来，一个很可能的原因是：我们的读书方法有问题。

## "低水平勤奋陷阱"：摘记更多的知识

过去，我也读过不少书，可是这些书现在再拿出来看的时候，我发现过去基本是白读了。今天能从书中看到的价值，过去看不到；过去在书中看到的东西，今天基本记不得。可是，我过去读书真的很勤奋，为自己制订了年度读书计划——一年要读完 100 本书，为此安排每天至少要读完 20 页，哪怕自己已经很累很困了，为了完成目标，都要在上床前读完书。两年来读了 200 多本书。

我不是说这段读书的经历没用，而是现在看来，我觉得痛心、可惜——付出这么多时间和精力，获得的却是一点儿都不成比例的收获。那时，我陷入了"低水平勤奋陷阱"。

当然，我们在今天读一本书和过去相比看到了不同的内容，可能与我们的经验和阅历发生了变化有关。可是，我更加清楚，如果我能够重来一次，在过去的两年里采用新的读书方法，即使我的阅历没有变化，我也能只花一半的时间就获得翻倍的收获，就像我现在做的一样。

那么，为什么我会陷入"低水平勤奋陷阱"呢？我又是如何跳出来的呢？我掉入陷阱最直接的原因是：读书的方法太原始。

从上学开始，老师教给我们的读书方法似乎就是，把一本书从头读到尾，遇到有启发的句子就画线或者摘抄。我们读书的过程就是不断记录新知识的过程。

可那些摘抄下来的名言警句，让我深刻地理解了什么是"听过了无数大道理，却仍然过不好这一生"。

在原始方法的基础上进行努力，就是低水平的勤奋。


## 读书方法的升级：在新旧知识间建立联系

可怕的是，我一直都不知道自己读书的方法是低效落后的。我以为读完书记不住，是我记忆力的问题。而且，我发现身边的朋友基本上也都有这样的情况。大家说："读书之后都忘掉是正常的，我们把知识内化成能力了。"

现在看来，这个结论多么荒谬：我记不住书中的每个字不要紧，可是我连书里说了什么也不记得啊！我连自己读了什么都不记得，还能内化成能力？

事实上，内化成能力的知识，是最忘不掉的。那么，为什么我们"经典"的读书方法是低效的呢？原因很简单：阅读＋画线／摘抄的读书方法是把一本书拆分成了一个个孤立的知识点。在这种方法的引导下，我们读书的目的，就成了理解和记住这些孤立的知识点。而理解和记忆一个个孤立的信息，不是我们大脑擅长的高效行为。

事实上，大脑的记忆，靠的是将信息与旧经验联系起来。英国莱斯特大学曾做过一个实验来研究人们如何记住事情：他们让实验对象观看一些名人的照片，比如成龙、张信哲、刘德华，并在这个时候监测他们大脑中哪些神经细胞受到了刺激，再把这些名人在不同地方的照片拿给测试者观看。科学家发现，当实验对象看到同一个人出现在另一张照片里的时候，相同的神经细胞会受到刺激。也就是说，我们的大脑在看到新照片时，没有为它单独开辟空间，而是调用以前的回忆，形成新的记忆。换句话说，我们记住新知识更好的办法是将其和已有的知识进行联系。

将这一原理应用到极致的是记忆宫殿法。记忆宫殿法，可能是目前人类发明的最为强大的记忆方法。它的基本原理是构想一个我们熟悉的场景，把需要记忆的事情放到已经熟悉的场景当中。比如，你想记住"B6"，最好的办法不是直接背"B6"，而是动用生物本能，想象一位大胸（像 B）、有 6 块腹肌的美女。

英剧《神探夏洛克》里，福尔摩斯就是靠记忆宫殿法训练自己超强的记忆力。当然，读书并不等于背书。然而，大脑这种通过已有知识学习新知识的特性，除了能够帮助我们记忆之外，还有一个更重要的作用：我们可以将新、旧知识构建成知识网络。通过在新、旧知识间建立联系网，我们便能够从不同角度和领域对同一个知识进行分析，从而加深我们的理解和认识。

由此，我们可以看到，原始的读书方法让我们花很多时间去阅读一本新书，去记录新的名言警句，却从不花时间去加工这些信息，将其和已有的知识建立联系。我们看似节约了很多加工整合的时间和精力，以便能够读更多的新书，实际却是买椟还珠，捡了芝麻丢了西瓜，把最有价值的工作放弃了。

## 放慢速度，让读书事半功倍

读书一定要花时间、耐心和思考力，将获得的新知识和已有的知识进行网络状的联系。只有在这个过程中，我们才有可能内化知识，形成对新行为的暗示。

于是，我读书不再追求速度；相反，我会刻意放慢速度，花时间记录读书笔记——不是仅仅摘记名言，而是描述读书后受到的启发，以及这些启发和我过去的哪些经验相关。在记录和寻找新、旧知识之间联系的过程中，我常常会惊喜地发现一些过去不曾注意的规律，也发现了很多能够直接改进工作方法的办法。我的读书成效进入了一种产生复利效应的状态。也就是说，我读过的所有书都将为我未来获取新的知识提供帮助。

为什么这个简单的读书方法却很少有人践行？或许是因为大脑的习惯是寻求新刺激——快速把书读完吧……我们都希望读完书获得新知识，因此不断快步向前去获取更多、更多……

但古人早就说过："温故而知新，可以为师矣。"

## 从读书到发现临界知识

那么，读书时将新知识和哪些已有的知识进行联系会更有成效呢？

答案便是那些在生活中各个领域起基本而重要作用的规律，也就是本书提到的临界知识。每一种临界知识，都是我们思考问题、认识世界的重要工具。因此，这些临界知识可以频繁地应用于不同的领域和场景。

经常阅读我的公众号文章的读者会发现，我在不同的文章中讨论不同问题时常常会运用复利、概率论、边际收益等概念与模型。这其实就是我在思考问题的时候，有意识地将新问题和已有的模型进行联系，看看它们背后是不是有关联。这样一思考，常常会发现过去没看到的规律。

因此，现在的我，在读书时既不追求数量，也不要求读完。我的做法是，当我要解决某个问题的时候，主动去寻找可能会讨论这个问题的文章和书籍，并且去观察：作者用什么样的思路解决问题？在这个解决方案背后，是否有我熟悉的知识？我还能把这个解决方案的原理，应用在什么领域？

当把这些问题想明白之后，可能我并没有读完一本书，但是我对这个问题的理解和认识，比读完 10 遍的人都要深入。这种状态，呈现出来的便是举一反三的能力。在别人眼里，你更容易用跨界的知识解决问题。因此读书不在于多少，而在于你有没有通过读书重新认识这个世界，发现临界知识并把它运用到自己的生活当中。

生命有限，不要把有限的生命浪费在那些"低水平勤奋陷阱"里。

# 学习临界知识
# 需要具备的两个心态

前面讲了改进读书方法有助于我们掌握临界知识。

然而，要实现学习效率的小幅提升，可能只需要掌握或改进一个新方法、新技巧就可以了；但如果想要有大幅度的提升或质变，一定会涉及对自己底层认知的改变。而这种改变就触及一些更本质的问题，比如：你相信什么？你如何看待你与这个世界的关系？

因此，对于学习临界知识而言，首先是心态、方法和习惯的养成，其次才是具体的知识和技能。让我们先从学习的底层心态谈起吧。

## 底层心态之一：绿灯思维

春节回老家过年，酒席间一位年长我几岁的亲戚大哥和我聊到学习这个话题。这位大哥说："我们家的人就是没有读书的基因。我当年读书就不行，我儿子现在也不行，还是你们这种有读书天赋的人厉害。"

我刚说到读书学习这种事情跟天赋、基因关系不是很大的时候，大哥就放下举起的酒杯，立刻反驳道："你看，电视上《最强大脑》里面的那些人，看一遍就记住那么多，问人家天南海北的事情都知道，人家看一遍就全记在脑子里了。我们这种人，看了电视剧过几天就忘了演的啥了。"

我对这段对话一直印象深刻。我们相信什么，我们如何看待自己与这个世界的关系，深深地影响着我们的学习效能。

我和大哥的这段对话，对我们理解如何培养良好的学习心态有一个重要启示：更高效的学习，来自更合理的学习方法假设。

关于学习方法，维茨金在他的《学习之道》一书中提出，人们大致有两种观点，一种是整体理论，一种是渐进理论。整体理论将学习的成败归结于一种与生俱来、无法改变的能力水平。比如我的这位大哥认为，自己天生不擅长读书，儿子也不擅长，而电视上《最强大脑》中的人恰恰相反。他把自己的综合智力或技能水平看成是一个固定的、无法继续演变的整体，所以，决定学习效能的因素，主要就是天赋了。而渐进理论则不同，它更倾向于认为"世上无难事，只怕有心人"。只要通过努力，一步一步，循序渐进，采用正确的训练方法，新手也能成为大师。

如果大哥在此之前了解到这两种关于学习的理论，可能会有助于他做出新的选择。不过，如果在春节的酒席上我拿出这套理论告诉他"你这个观点不对，学习是一个通过训练提升能力的过程"，你觉得他会欣然接受，改变观点，从此发奋图强吗？我想，这种情况多半不会发生，更可能的情况是，他拿出更多的例证来反驳我，说明为什么人是天生有差别的！

为什么会这样呢？这就涉及影响学习效能的另一个层面的问题：当我们遇到与自己过去的认知不一致的新观点时，就会触发我们的习惯性防卫。

什么是习惯性防卫？这是一种非常常见的心理现象。当我们感觉到自己的观点、尊严可能会受到挑战的时候，我们的第一反应不是思考对方的挑战和质疑是否合理，而是"有人敢反对我，和他干！"。这时候，我们的习惯性防卫就产生了。

还拿我和大哥的对话为例。即使我告诉他一个可能更合理的理论假设，他此时考虑的也不是我的观点是否合理，而是他的尊严是否受到了挑战！如果他承认了我提出的观点，那么就意味着，他过去一直对外宣称的理由"自己学习不好是因为基因问题"站不住脚了，这会让他的处境更难堪。为了避免陷入这种窘境，他的大脑会开始说："警报，警报，准备战斗！"

这种情况不只发生在我的这位大哥身上，我们每个人每时每刻都可能面临这样的挑战。我曾经在公司开会时留心观察过，当同事之间观点不同的时候，有些人还没听完对方的意见，就急着反驳。说来说去，无非是证明自己当初得出这个结论的原因是有道理的，而对方更合理的解决意见反而没怎么花时间讨论。有时候，大家争执了半天才发现，讨论的都不是一个问题，只不过是因为在讨论中觉得自己受到威胁了，就赶紧开始反驳了。

在我看来，如果自己一直陷入习惯性防卫而不自知，那么学习再多的新方法、新观点又有什么用呢？所以，要提升学习效能，第一步就要打破习惯性防卫。

不过，要打破习惯性防卫，就要先弄明白一个问题：我们为什么会有习惯性防卫？

## 我们为什么会有习惯性防卫？

假设你和客户约定好开会，第一天客户迟到了，第二天、第三天客户又迟到了。这个时候你就会想，这个客户怎么这么不守时、老迟到啊？！但假设约定的三天时间里都是你迟到了，你会说第一天路上堵车了，第二天家里有急事，第三天早上闹钟没有响。

我们可以发现，当一个问题出现在别人身上的时候，我们习惯把这个问题归因于别人，认为是那个人自身有问题。而当同样的问题发生在自己身上的时候，我们就不这么想了，反而会把问题归因于外部因素。这在心理学中被称为"基本归因偏差"。别人出事儿，都是人品问题；自己出事儿，就是外部环境问题。这个现象反过来也成立。比如，当别人取得成就的时候，我们就觉得这小子又走狗屎运了；而当我们自己取得成就的时候，我们肯定心想："这可是我辛苦努力应得的结果！说我走狗屎运的，都是诽谤！"

明白了我们有这样一些心理基础，就比较好理解我们为什么会习惯性地进行防卫了，这是因为在遭受挑战的时候，我们会下意识地向外部找原因。当我们把外部原因当真之后，别人针对我们的意见就显得更不合理了。

当年互联网第一波热潮出现的时候，有一家互联网公司如日中天。老板膨胀得很，开会的时候，但凡下面有不同的意见，就会一顿狠批。结果很多能干的人都走了，留下来一帮善于察言观色的人。所以，习惯性防卫的问题人人都有，只不过程度不同罢了。

其实，习惯性防卫是人类在进化过程中发展出的一种自我保护机制。但是，在知识而非体力占主导的社会中，这种根深蒂固的防卫习惯会不知不觉地阻碍我们成长。

关于这一点，《第五项修炼》一书曾引用行为科学的奠基人阿吉里斯（Chris Argyris）的观点：

> 习惯性防卫的根源是惧怕暴露出我们想法背后的思维。……防卫性的心理使我们失去检讨自己想法背后的思维是否正确的机会。对多数人而言，暴露自己心中真正的想法是一种威胁，因为我们害怕别人会发现它的错误。

如果把进步的过程比喻成往杯子里倒水的话，习惯性防卫就是盖在杯口的盖子，会阻挡我们进步。其实有习惯性防卫也不可怕，可怕的是有习惯性防卫而不自知——那就会使我们陷入无法自我提升的境地。

**如何减少习惯性防卫的不利影响？**

那怎样才能打破这种防卫呢？答案是：建立绿灯思维。什么是绿灯思维？让我们先看看和绿灯思维相对的概念——红灯思维。

红灯思维就是一听到不同的观点就消极处理，准备防卫——"你不了解情况""你先听我说"，这是在红灯思维下大脑所处的状态。比如，一个习惯了粗暴沟通的老板，听到了咨询顾问给的建议："你和员工沟通的时候，要先倾听，理解员工意见之后再发表你的观点。不要没听完就做判断……"这时候，老板多数情况下的第一反应是："你懂啥？你根本不了解我们公司的情况！""我时间很紧张，哪有那么多时间听？""你根本不知道，如果你不强硬，这帮人就不动，根本无法推动工作！""去去去，别拿书本上的东西说教，不接地气！"

类似的场景你见过吗？这就是典型的红灯思维：遇到与自己不一致的观点，第一反应是找理由反驳。

而绿灯思维是，当我们遇到新观点或不同的意见时，第一反应是："哇，这个观点一定有用！我应该怎么用它来帮助自己？"比如，同样是这个老板，他听完咨询顾问的意见后，可以这么想："嗯，这个观点虽然和我过去的做法不一样，但是仔细想想，一定有有用的地方。比如，如果我能够先倾听再沟通，就能让员工充分表达意见，可能产生新的创意；而且，充分沟通，也能避免我们讨论了半天才发现大家说的不是一回事儿；还有，理解和倾听，也是和员工建立信任的过程，能够增加团队的凝聚力。"

如果领导能多考虑新观点的优点和用途，那么他就拥有了绿灯思维。他可以在理解新观点的用途和价值之后，再去分析这个观点可能的不足，想办法完善它。这样，他的进步速度是不是会快很多？

这件事情说起来很简单，但是要真正建立绿灯思维却不容易——我们还必须建立一个更基础的认识，那就是区分"我"和"我的观点/行为"。

其实，我们之所以会习惯性防卫，还有一个很重要的因素：我们会把别人对我们观点的质疑，理解为别人对我们自己的否定。换句话说，我们常常不自觉地把"我"和"我的观点/行为"绑定在一起。比如，别人同我开会讨论时说："成甲，你上个项目做得太烂了。"此时，我的第一反应可能不是去思考我的项目是不是很烂，他说得对不对；相反，我觉得他是在针对我、指责我。我就会回击："胡说，你做的项目才烂！"这样，我就把别人对自己观点/行为的质疑理解为别人对我这个人的质疑，从而激发自己的习惯性防卫。要改变这种状况，我们就要明确"我"和"我的观点/行为"是不一样的——我们的成长来自"我的观点/行为"的改进和提升，而别人对"我的观点/行为"提出意见，正是我们能够从不同角度获得启发和成长的机会。

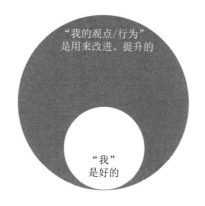

"我的观点/行为"
是用来改进、提升的

"我"
是好的

李敖曾在一期节目中说："我不仅骂你是王八蛋，我还能证明你是王八蛋。"我们可以看到李敖非常清晰地区分了人和人的行为。只不过他的论断是，如果你做了王八蛋的行为，就证明你本人是王八蛋。

如果你参加《奇葩说》就这个题目辩论，你便可以告诉李敖："有王八蛋行为，只能说明他过去有不恰当的行为，并不能说明他本人一直是王八蛋；只有那些做了王八蛋行为而不愧疚、不改进的人才是王八蛋。"你看，区分了"我"和"我的观点/行为"，哪怕做了王八蛋的事情，也有能力坦诚面对。

乔布斯生前说过一句很著名的话："我特别喜欢和聪明人在一起工作，因为最大的好处是不用考虑他们的尊严。"难道聪明人没有尊严？不是，是聪明人知道尊严不是在别人驳倒自己时去维护自己的面子。真正的尊严是发现改进和成长的机会，成为更好的自己。

总结一下：想要通过接触新的观点和知识快速成长，就要面对与自己传统认知不一样的地方。而这种情况很容易激起我们的自我防卫。要改变这一点，就要培养第一个底层心态——绿灯思维，积极地考虑新观点里有价值的地方。但是，要做到这一点，首先要有更底层的认识：区分"我"和"我的观点/行为"，不再把对自己观点的质疑与自己这个人绑定起来。这样下次我们再面对挑战时，就可以从容地问自己：我的观点是不是可以在别人的意见里进化得更好？

## 底层心态之二：以慢为快

我们在遇到新观点时能够用绿灯思维来积极面对，就为快速成长打下了第一个心态基础。可是，想要快速成长，仅仅有积极的态度还不够，还要解决另一个问题：具体执行中的心态。

我们之所以想要快速成长，就是因为我们这个社会变化得越来越快，对人的要求也越来越高。如果想在这个快速变化的社会里建立竞争优势，学习和成长的速度就很重要。所以，很多互联网创业公司的口号都是"天下武功，唯快不破"。是啊！你看Facebook 从无到有，再到红遍全球才几天时间；抖音从无到有，再到成为火遍全球的短视频平台，也才几天……这样的案例越来越多。身边昨天还是一个普通人的创业者，今天就拿到几个亿的投资，摇身一变成了首席执行官。我们能不焦虑吗？能不想让自己再快点儿吗？再不快点儿，黄花菜都凉了！我有一个北大的好朋友，他特别优秀，他的一个观点就是：必须每步都足够快。一步慢，步步慢啊！

是啊，在这个时代，太慢的话你是要被淘汰的。问题是，你怎样才能快起来。更快地读书？报名上"10分钟讲透创业原理""21天打造无敌团队"这样的课程？你看，在朋友圈里，各种短期集训营特别多。借着内容创业的风口，个人成长、读书、创业等学习社群一夜之间风起云涌。每个人都告诉你："加入我们，快速掌握新技能！"我们想要什么，商人就能卖什么。你想要长生不老，就会有人卖给你人参果。可是，追求快是这么个方式吗？

快是结果，不是原因。想要能力提升得更快，不是说学习过程就要很快。相反，越是想快速提升能力，反而越需要下慢功夫。这一点，可能是大多数追求快速成长的学习者都没有意识到的。所以，我讲的就是这个层面的心态：真正的快，是"以慢为快"。

什么是以慢为快？首先，你得有一个心理准备。快速学习的前提是要能够做到"结硬寨，打呆仗"。

## "结硬寨，打呆仗"

"结硬寨，打呆仗"这六个字是曾国藩带领湘军打败规模数倍于己的太平天国军的要领。所谓"结硬寨"，是指湘军到了一个新地方以后就马上扎营。选好关键要地后，无论寒暑，都要立即修墙挖壕，且限一个时辰内完成。而且在战争中，不论敌人看起来有什么漏洞，有什么可以追击的诱惑，曾国藩都不为所动，一定会让部队死死守住关键要地。"打呆仗"是指湘军每到一个城市边上，并不与太平军开打，而是就地挖壕，而且每驻扎一天就挖一天壕沟，把整个城市都用壕沟隔断联通，城内断粮断水，生生把敌人拖死。结果，湘军与太平军纠缠13年，除了攻武昌等少数几次战役有超过3 000人的伤亡，其他时候几乎都是以极小的伤亡获得胜利。

为什么我认为学习首先要有"结硬寨，打呆仗"的心态呢？那是因为真正高效的学习，其实是知识融会贯通的结果。有了对重要的核心知识的深刻理解，我们运用起知识来才能游刃有余。然而，对我们大多数人而言，阻碍我们融会贯通的原因，恰恰是我们在学习中遇到了一个"阻塞"，却没有"结硬寨，打呆仗"地把它攻克。这导致我们一直有"自以为知道，其实不知道"的知识阻塞，也就没办法实现融会贯通的效果。

所以，我们要想快速提高，努力的方向应该是花大力气打通那些知识阻塞，而不是追求看起来很花哨的新方法、新技巧。底层堵住了，新方法和新技巧学得再多，也都是表面上的花拳绣腿。这就好比我们想要快速学会骑自行车，就要把精力放在掌握平衡上，反复寻找平衡的感觉。可是，现在大多数人却在追求两分钟学会21种踩脚蹬子的技巧……

我们求快，渴望能够四两拨千斤，能够找到捷径，可惜，却忘了流传几千年的真正捷径：书山有路勤为径。以读书为例，好学的人，总是想要读得快一点儿，也就不由自主地希望多读些。我以前也有这个心态：读书的时候，特别希望自己阅读量很大。2009年、2010年的时候，我基本上一年要读150~200本书。这样高强度的读书，不能说没有帮助——我确实收获很多，但是，今天回过头来看，我还是有些后悔和遗憾：在应该慢的地方没慢下来。读书快，仿佛成了我的惯性——我是为了快而快。结果，很多知识阻塞留了下来，这给我后来的学习带来很多麻烦，因此几年以后，我还要重新回头补课，浪费了不少时间。

现在的我，学习的心态和以前不一样，方法也就大不相同。我现在一个月要购入 10~20 本新书，算下来，一年买的书也有 200 多本吧。很多书都是大部头，要把这些书读完，恐怕一年什么都不干，时间也很紧张。

可是，我现在不追求读完书了。为什么要读完？

我读书的目的是：打通知识阻塞，实现融会贯通。

最近我在看罗伯特·麦基的《故事：材质、结构、风格和银幕剧作的原理》。这本书有近 500 页，主要讲述影视制作和讲故事的方法。如果要你来读这本书，你会怎么读？

给自己订一个计划，比如每天读 50 页，10 天读完，从第一页开始，读到最后一页吗？这基本上是我以前的读书方法。

我现在的方法是：结硬寨，打呆仗。

首先，我要找到这本书对我而言的紧要之处。比如，我看完目录之后对作者提出的"结构图谱"觉得困惑——四个字都认识，放一起是啥意思就不知道了。于是，我翻开相关章节略读，研究分析"结构图谱"这个概念的意义和作用。我发现，我必须把这一章 20 多页的小标题连起来看，才能理解结构图谱的意思。而其中第一部分"'结构'是什么"短短 300 字的章节，便让我看了两个多小时，做了几千字的读书笔记。

读300字，要两个小时的时间吗？你可能觉得这也太慢了吧。学了速读法，可能10秒钟都用不了。而我，单单为弄明白"结构图谱"这个概念是什么意思，就断断续续花了五六天的时间。

可是，在这期间我打通了很多阻塞：为什么一些诗歌很短而有冲击力？艺术表现的隐喻是如何实现的？我下次的演讲可以如何优化节奏？在写作中关注哪个要素就能让冲突意义放大？在最短的时间内构思一个震撼人心的故事应该从哪里入手？

不懂得"结硬寨，打呆仗"的奥妙，你要花多少时间学习技巧，才能在这么多领域间建立联系呢？

我现在有自己的咨询公司，业务很繁忙，还要保持在罗辑思维"得到"上每周一期的《成甲说书》节目，以及写书、更新我的公众号文章。不要说这些事情加在一起，单单是每周读完一本书，理解并讲出来，制作成音频节目，要坚持下去就很难了。

有人问我："你怎么读书这么快呢？"我想说："不是我读书快，而是我读书慢。"

所谓厚积薄发：你只有在此前花真功夫死磕了很多基本的道理，打通了那些知识阻塞，才能在之后的阅读中读出作者想写而没写的，作者没写而应该写的——在哪些观点上，作者比前人有突破？哪些理念其实是换了一个样子的包装？在哪些问题上，其实别人有更好的解决方案？也只有这样，才能把同一本书读出不同的感觉。而这，也是《成甲说书》存在的意义：借助我此前积累的基础，帮助其他人从更多的角度理解一本书。否则，别人为什么要听你说书？

所以，在学习的执行过程中，要有以慢为快的认识，第一个心态便是要能够"结硬寨，打呆仗"。

那照这么说，是不是读书只要一页一页慢慢来就好了？那也不是。如果这么学，到最后就真的黄花菜都凉了。

## 把慢功夫花在真问题上

这就涉及对以慢为快的第二个认识：把慢功夫花在真问题上。

其实还是二八原理。我们要以慢为快，其实是把 80% 的时间，花在 20% 的重要问题上面。如果我们把时间平均地、慢慢地花在每一页上，那才是真的效率很低，赶不上这个时代的变化。比如前面我提到的，在阅读《故事》这本书的时候，找自己不明白但重要的问题阅读，就是一个把慢功夫花在真问题上的例子。

同样，把时间花在重要的基本概念、有启发性的观点和自己没想明白的问题上，都是非常值得的。比如，我前一段时间在读塔勒布的《反脆弱》，其中有一个很核心的概念：非线性。对于这个概念，我总觉得自己的理解有一点儿模模糊糊的，有点儿说不透。有天晚上有时间，我就把书拿出来，仔细琢磨这个问题。结果我在反复查阅推敲的时候豁然开朗，立刻明白了查理·芒格说的"寻找错误定价的机会"和巴菲特说的"投资的 20 个孔"这些概念之间的联系。这种突然通透的激动、兴奋和成就感真的难以言表，就像发现了一个新大陆！我再赶紧拿出芒格的演讲和巴菲特著作的相关章节看，果然前后理顺了，而且立刻对《反脆弱》整本书的理论体系和推演逻辑有了新的认识。

这就是把慢功夫花在真问题上的收获。可能没有这样经历的人，无法理解我的喜悦。但是，如果你坚持这样做，一定能体会到这种喜悦而激动的感受。

其实，这种以慢为快、把慢功夫花在真问题上的方法，不限于读书，在学习的各个领域都是相通的。此前我在罗辑思维录节目的时候，看到他们书架上放着一本书——《六个月学会任何外语》。我很好奇作者是怎么解决这个问题的：在很短的时间内，学会通常人们认为要很长时间才能掌握的技能。当时我没时间看，便顺手下单买了一本。买回来一看，这本书里面的核心方法基本也就是把慢功夫花在真问题上。在作者计划的 6 个月时间里，不会一上来就学习什么语法、修辞之类的，反而要在开始时花大量的时间去练习那些真正会用到的语言内容，并把所有不重要的"假问题"全都抛开。比如，作者认为学习一门外语，就应该花不成比例地多的时间研究最基础、最核心的环节：什么在影响你的沟通？然后在这个环节下硬功夫死磕。一旦这么做，你很快就会发现，把最基本的环节打通之后，新知识就能在这个基础上生长——只要把新知识中的阻塞打通，新知识就能够和原来的知识融会贯通，最后，经过 6 个月的时间，你就能完成绝大多数的日常外语交流了。

所以，想要真正学习得快，反而要让自己慢下来。这个道理讲透了，其实很容易理解，就是一个常识。但是，可能即使我讲了这么多道理，很多人践行起来还是很难。为什么？因为在某种程度上，知道、明白一个道理，与相信、践行一个道理是两码事。

真正阻碍我们的是我们的不确定和恐惧。我们担心："我这样放慢了学习速度，真的就能够学得快吗？还有那么多东西要学，能来得及吗？万一我的慢功夫用错了地方怎么办？"

你在有这些担心的同时，又在想："我之前的方法也挺有效的，而且大家都是这样学习的，应该也比较保险。你的以慢为快虽然好，但是身边人貌似很少用啊，可能不一定有用。"

好吧，其实你这么想也挺好，因为这样想的人越多，这个方法的优势就越明显。有一幅漫画，非常深刻地描述了这种现象：

赶着快的人，选择的是同一条路；有勇气慢下来的人，很少，反而在快速成长的路上不拥挤。

写这篇文章的时候，李叫兽正好在组织他的第二期"14 天改变计划"。这个活动一天卖了 200 万元。小马宋发朋友圈评论说：

> 现在，能够好好读书并吃透理论本质的人越来越少。所以那些能做到的人就有机会赚钱。比如李叫兽的活动一天售罄，掘金 200 万。别说读书无用，是你不认真，没读好。

总结一下：掌握临界知识，首先要在学习新知识时有绿灯思维，而在具体学习时，又要有以慢为快的心态，把慢功夫用在真问题上，比如学习掌握临界知识。

说完了影响掌握临界知识的心态之后，接下来就让我们进入具体的方法层面。

# 提升学习能力的三个底层方法

## 学习的本质是什么？

学习临界知识的过程，本身就是深度思考的过程。有一篇在朋友圈很流行的文章，叫《深度思考比勤奋更重要》。这篇文章提到一个观点：人们"不能深度思考的根本原因是见识少，知识积累量不够"。这个观点就有意思了——你的见识多了，知识积累量多了，就能够自动深度思考了吗？

在我看来，见识的多少和知识量的积累与能否深度思考，关系并没有那么大，至少谈不上是"根本原因"，因为深度思考根本不是"肤浅思考"积累的结果——它们根本就是完全不同的认知方式。在肤浅思考的认知前提下，只通过增长见识和扩大知识量，一个人的思考不大可能变得深刻。

我们上学时，班里可能都有这样一位同学：每天班里看书最刻苦、放学回家最晚的是他，而考试成绩靠后的人里也总有他。

我们常常把学习当作一件很正式的事情：要端正地读书，最好是在课堂上，有老师讲解。事实上，学习本质上是一个改变我们假设的过程，因为我们的所有决策都是在自己的假设下做出的。

这里有一个本书中会反复出现的重要概念：假设。我们的所有观点、结论，本质上都是一个假设。观点和结论的好坏，取决于我们的假设与事实相符的程度。

思考肤浅，也是在某个错误假设指导下行动的结果。而学习，就是不断调整、改变我们的假设，让我们在正确的假设下做出合理的判断和决策。

所以，学习临界知识其实也就是用更合理的假设来代替我们过去相对不合理的假设，从而让我们的决策质量更高。

如果从这个角度看，我们就会发现学习临界知识最方便的教材，其实是复盘我们每天的生活：复盘每一天的决策都是在什么样的假设下做出的，又产生了什么样的结果。我们要追问问题的过程，而不仅仅是自己事后解释为什么。只有这样做，我们才能够知道自己过去的假设是否正确，并考虑应该如何改进，以便在未来以更正确的假设指导自己的决策和行为。

比如，我们要想让自己的公众号更加受欢迎，就不能只是天天报名参加各种培训，看"10W+文章技巧"，而不沉下心研究，并问自己："昨天的文章为什么访问量低，有哪些可能原因？在哪个环节做出改变，下次可能会有效果？"这样不断复盘、反思，才能更好地理解我们学习的那些知识。

有时候，向外求，不如向内求。我们越是想要提升自己，越是订阅各种公众号、看讲技巧的文章、买畅销书、参加牛人分享，反而就越少关注自己本身，临到自己，生活似乎照旧。就像韩寒说的，听过太多大道理，仍然过不好这一生。

让自己安静，向内求。在每天快结束的时候，静静地坐下来回顾这一天："今天，有什么事情让我开心？为什么？今天，我有什么事情没处理好？为什么？假如我没有这么做会怎样？我还有其他的做法吗？"

大多数人根本没有花时间反思。我们自以为知道关于自己的一切，但是很可能我们最不了解的就是我们自己。知乎上甚至有人这样说："回顾自己的过去，总的来说是个坏习惯。"就像我们小时候看自己的日记一样，好像没有什么用处。是啊，过去的事情，再看还有什么意义呢？今天的活儿还没做完呢。可是，如果这样下去，我们就是一直拿过去的假设来过今天的日子，却在期待未来全新的不同。这可能吗？

在我看来，我们过去的经历是一篇篇写满了我们的弱点和优势、我们的错误假设和生活灵感的文章。只不过，只有通过精心的筛选和仔细的加工，这些经历才能变成我们生活的宝典，指引我们之后的道路，而这个加工的过程，就是我们加速改变旧假设、发现新假设的过程。这种能力的培养就是在提升我们的学习能力。

那具体应该怎么提升我们的学习能力呢？我最常用的方法有三个：反思、以教为学和刻意练习。

## 反思：提升知识掌握的层次

前面提到，要真正快速学习，不能一上来就求快，而是先放慢，练内功。内功的基础，便是反思。

反思，是一种非常重要的技能。可是我们的教育中对这一能力的训练却非常欠缺。我们知道，如果想要成为一个肌肉男，那么就要坚持不懈地进行力量训练。与此类似，如果想训练思想的肌肉，让自己看问题深刻而准确，要坚持的基础训练之一便是反思。然而，由于我们的教育经历中缺少对反思这一重要能力的训练，我们大多数人常常把总结当成反思。

反思不是总结，至少两者的侧重点非常不同。总结是对结果的好坏进行分析；而反思是对产生结果的原因进行分析。或者，换个说法：反思的实质是对假设进行校正。

从应用的角度看：

做事的顺序：做出假设 →采取行动→产生结果

反思的顺序：观察结果（现象）→研究原先假设→反思校正假设

我们经常会推测现象背后的假设，但我们总把自己的假设当作事实。没有能力区分假设与事实，我们也就无从对自己的假设进行改进。比如，古人会把产生雷电的假设之一——由雷公、电母主宰——当作事实，进一步产生祭祀和崇拜行为。现代人也一样。2015 年有一则新闻是"夫妻幻想中 500 万元彩票大奖,讨论中分配不均打架报警",这算是把假设当成事实的经典案例了吧!

日常生活中,我们从对社会问题的讨论中,也可以看到不同人在问题产生后进行的反思所达到的深度不同。北京大学经济学家汪丁丁教授在博客中讨论过"高铁新城建设为什么会失败"这样一个问题。这些年高铁快速发展,很多城市都新建了高铁站。经常外出乘坐火车的人就会发现,绝大多数高铁站都建在距离城区较远的郊区。为什么会这样?原来,规划高铁站的专家认为,将高铁火车站布置在郊区,可能会带动这一区域的经济发展。用一句更专业的话来说就是:"高铁站点建设将加速城市产业升级和极化布局,提升周边土地价值,引发城市空间格局的转变。"(此为做出假设。)然而,媒体调查的结果是"绝大多数想依靠高铁火车站的建设带动城区拓展的努力都失败了"——从规划到现在,这些城市的高铁新城几乎都失败了。对于这一点,我这样一个在全国各地进行旅游项目考察的人感受深刻:高铁新城高楼林立,但是商业萧条,人们都是从高铁上下来就直接回城区(产生结果)。那么问题来了:为什么当初专家认为将高铁站建在郊区能够带动新城发展,在投入巨资建设完成后,却没有实现新城的发展呢?

让我们慢下来,回顾一下这个过程。做事的顺序是:

1.做出假设:在郊区建设高铁站将带动新城发展

2. 采取行动：投入巨资建设高铁新城

3. 产生结果：高铁新城发展不利，多数新城萧条

为什么现在的结果和原先的假设相差这么远？关于这一问题，很多专家指出是规划缺陷所致：高铁站点建设没有和周围的土地开发相结合，而且存在土地利用总体规划等问题。因此，他们开出的"药方"就是在新一轮的高铁建设中，必须做到高铁沿线土地综合开发规划、城市总体规划和土地利用总体规划的融合。这里，专家给出了自己对问题产生原因的假设：相关规划不合理（专家反思形成的假设1）。

依据此假设，专家提出了新的行动建议：将高铁的建设和相关规划进行更合理的结合。

而汪丁丁教授对于这种建议的观点是："在我看来则是回避了问题的根本原因，如果据此开出药方，那还是避免不了高铁新城萧条的窘境……一个最根本的问题是，中国绝大多数城市都是人口流出地，而非人口流入地。人口流出这个现象意味着高铁的开通会方便这些城市的人口往外迁移，这也意味着对绝大多数城市而言，高铁新城注定是一座空城。"（汪教授反思形成的假设2：城市人口在流出。）

现在对高铁新城失败的原因，有了两个不同的假设：

假设1：相关规划不合理（具体原因）

假设2：城市人口净流出（供求关系）

你认为哪个假设更值得参考呢？为什么？对我而言，汪教授的假设给我的启发更大，我认为他的假设更深刻。为什么？因为汪教授的假设运用了更为基础的规律——供需关系，所以他的假设有以下优点：（1）不仅能够解释这件事情；（2）而且能够解释更多相关的事情；（3）从而让我们在看似孤立的事情之间建立了可能的联系；（4）也让我们有可能用这个假设指导其他领域的行动。

在我看来，汪丁丁教授给出的假设是从"供需规律"这个根本因素出发的。城市的发展来自人口聚集的需求，那么研究城市的发展，就要考虑人口的聚集需求变化的趋势。从城市吸引力角度看，汪教授发现了人口迁徙的规律——中小城市的人口在快速向大城市流动。由于人们在小城市聚集的需求度这一城市发展的根本动力在相对下降，高铁新城的失败就几乎是定局。新城没有留住人的根本原因不是高铁站本身，而是在城市竞争中，中小城市本身丧失了吸引力。缺乏新增的城市人口，高铁新城的发展又从何谈起呢？

这一假设不仅可以解释高铁新城萧条这一现象，还可以解释其他相关事情，例如为什么中小城市的房价比大城市的房价更容易下跌。更重要的是，我们可以根据这一假设得出很多有意义的跨领域行动启发，比如：

1. 想要增加高铁新城发展好的成功率，可以利用供需规律的假设，强化高铁新城和周边农村的联系，吸引更小村镇的人口到相对大一点的城镇聚居。所以，我们要做的不一定是把各种相关规划都更改，也可能是新建通往农村的道路、建设配套公交系统，以及实施农转非户籍政策。

2.借助这一假设，我们可以通过研究某一城市人口聚集需求的变化程度，判断这个城市所有和人口聚集度相关的商业经济发展趋势。

由此可得，我们对同一件事情得出的假设质量不同，意味着我们的认知深度差别很大。要想让我们假设的质量得到提升，最核心的步骤就是反思。

事实上，反思在学习的过程中至少起着三方面的作用：（1）发现知识误区；（2）促进已有知识产生新知识；（3）检验学习的新知识是否用了起来。

让我们逐一看看。


## 1. 反思帮助我们发现知识的误区：跳跃性假设

在心理学著作《影响力》中，作者西奥迪尼提出过一个观点："人就像录音机一样，一按按钮就播放。"

我最初听到这个观点的时候，完全不以为意：人是智慧生物，通过理性做出各种独立的选择，怎么会像录音机一样机械地做出反应呢？然而后来我慢慢发现，在日常的工作和生活中，我确实会出现"一按按钮就播放"的情况——总是在相似的情境下，做出相似的行动。

我印象最深的例子是，我读大学时，每当遇到比自己能力更优秀、职级更高或影响力更大的人，我的第一反应都是往后退，而不愿意靠近和接触这样的人。虽然事情过后，内心有些自责，希望下次自己能够和这样的人多接触学习，但是下一次再遇到这样的情况时，我又会不由自主地后退逃避。

我突然意识到自己真的是台录音机——出现相似的场景，就好似按下录音机按钮，我会自动采取相似的行动。

这种面对某些问题，不假思索就做出某种行为的情况，每个人都有。从生物学的角度来看，不需要对每一件事情都进行大量的思考就做出决策，能让我们生活得更加轻松。不过，为什么我们会不假思索就采取某些行动？

"不假思索"是指没有通过思考便得出结论。尽管这种结论的得出没有经过思考（至少没有结合这次情况来思考），但它的产生一定是有原因的。比如：我们的直觉；小时候看到父母或者其他人这样处理过，我们后来跟随模仿，将其变成自己的处理方式；或者我们曾经有相似的经历，当时采取了这样的行为，后来便延续下来了。

这种未经理性思考、面对某种场景就立刻得出的结论，我称之为"跳跃性假设"——跳过理性思考的环节做出的假设。

这里再次涉及"假设"这个词。上大学的时候，我的人类文化学老师说过的一个观点让我印象深刻，大意是"我们生活的真实世界，是我们认为的真实世界"。也就是说，我们对这个世界的认知，都是一种假设，而我们的假设是大脑对事实进行解读之后形成的。

**事实→大脑解读→假设→行为**

我们成长的过程，便是让我们的假设更加接近事实的过程。而跳跃性假设，由于省略了理性思考的过程，往往不是最合理的假设。

就拿我面对名人时不自觉地选择退却这件事来说，其实我应当去思考：名人之所以能够取得这样的地位，往往是因为他更加谦逊，且能更好地处理人际关系，我主动接触他得到善意回应的概率要远远大于我在路边接近一个陌生人得到善意回应的概率。而且，纵然对方没有给出积极的回应，结果也不会比我选择逃避更糟糕。所以对我而言，更合理的做法应该是主动尝试接近。然而我的跳跃性假设却告诉我：那是名人，赶快后退！

很多时候，我们都不曾意识到是跳跃性假设帮我们选择了思考路径。而缺乏深入思考的过程，又让我们进一步失去了发现新的思考方式或解决办法的机会。如果我们一直被跳跃性假设绑架而不自知，就会永远播放同样的磁带。如何发现跳跃性假设，让我们产生新的解决思路呢？答案很简单：放慢思考速度，找到更合理的方案。

世界象棋冠军和世界太极拳王维茨金在他所著的《学习之道》一书中谈道，他早期在学习象棋的时候，常常会凭借直觉或者说不清楚的理由走出一步棋，教练布鲁斯为了帮助他发现问题，便"通过提问的方式让我放慢速度。每当我要做一个重要决定时，无论好坏，他都会要求我解释自己思考的整个过程。要达到这个目标有没有别的办法？我是否意识到了对手的威胁？有没有考虑过不同的布局顺序呢?"。

我们在生活中做出决定和在下棋时做出决定没什么两样。如果我们能够通过放慢思考的速度来审视"做出决策的过程合理吗""要实现目标还有其他方法吗""考虑的因素全面吗"等问题,我们就更可能发现新的思维方式和解决方案。其实这个过程就是反思,反思能帮助我们找到自己错误应用的知识。这种反思练习可以在每天的日常生活中进行,比如在记日记的时候,回顾一天的生活,看看我们做了哪些决定,放慢自己的思考过程,重新审视自己的决定。

为了更直观地展示这个过程,我拿出我在 2012 年 6 月 9 日的一篇反思日记供大家参考:

---

2012 年 6 月 9 日　星期六

**每日精进**:昨天我做得不好的事情是什么?我当时是怎么考虑的?如果我重新来做会有哪些改进?坚持每天按照这个标准,对照我的行为!

**日记**:昨天客户说项目要加快进度,三天内完成。我当时想的都是"客户不了解情况""现在任务这么多,根本不可能完成"。

现在想想,我这样的心态是积极处世的心态吗?

我一直以来都觉得自己很积极,但是往往停留在自己想

---

要积极的事情上面；而对一些自己一时不太认可但是又必须去做的事情，第一反应常常是自己应该如何反驳而不是如何积极面对。

成甲你自己说得好："大多数人看到问题就是问题；心态积极的人，看到问题全是机遇。"自己明明知道这句话，但是根本没有把它作为生活的原则去应用，而仅仅是选择性地应用。你就是一个表里不一的家伙，这样怎么能进步呢？

我们有选择的自由，无论外界的因素如何困难复杂，我们都可以选择自己面对它的方式。决定我们行为的不是外部的条件，而是我们内在的态度。

所以，当客户说要加快执行的时候，我要思考的不是困难多多——困难当然存在，但是这不正是需要我去解决的吗？我要看到如果这个问题解决了，能给我带来多大的成长。这不正是自己的机会吗？我们的价值，不就是挑战过去无法完成的事情吗？

这就是稻盛和夫说的未来的能力："如果凡事都以目前的能力来评断能与不能，那么任何新的、困难的事物，无论再过多久，也不会有完成的一天。"

我们京都风景要为自己设置自己都觉得不可能完成的高目标，不要有丝毫胆怯，勇往直前努力到底，这样才能让我们的能力展现出连自己都不敢置信的惊人进步。

　　只有这样，才是真正积极处世的心态！只有遇到困难不抱怨，拼尽全力解决问题才能进步！

　　像这样放慢思考的速度去想事情，似乎很花费时间。但是你不这么做，未来因此浪费的时间恐怕要数倍于此。

　　事实上，在某一阶段，对自己工作生活影响重大的跳跃性假设的数量是非常有限的，但是它们重复出现在不同的时间和场合，影响着我们的决策。一旦发现并改进了这一跳跃性假设，我们便能极大地改善生活中很多问题的处理方法。

　　这真是一种很奇妙的感觉——四两拨千斤。就像我在这篇日记中发现了"我遇到困难第一时间是进行负面思考"的思维习惯后，才有机会让"积极处世"的新思维习惯发芽成长。当我用新的思维习惯代替了旧的思维习惯之后，我解决问题的能力就提升到了一个新的层次——这种新思维方式带给我的不仅是时间的节约，还有心性的修炼成长以及别人对我做事态度和能力的信任。

　　而这一切，源自反思帮助我们发现错误、矫正行为。

## 2. 反思可以促进已有知识产生新知识

　　反思不仅仅能帮助我们发现用错知识的地方，而且能让已有的知识产生新知识。要做到这一点，我们就要在反思的时候主动地进行知识的联想与联结。

之前，我们公司的合同条款里面有这么一条：

> 乙方提交最终成果方案文本 4 套。如甲方需要额外增加文本数量，由甲方承担费用，乙方可以代为打印，具体费用以实际打印结算单为准。

按理说，这个条款对甲乙双方都算公平，签合同时甲方一般也没有异议。可是，实际操作中一直有一个困难，就是当真的需要多印的时候，客户就会觉得不舒服："我已经出了这么贵的服务费了，多打印些文本这点儿小钱还要另外付费？"而我们的项目经理有时候为了照顾客户情绪，就把这份费用免单了。

虽然这个问题不大，但是我一直觉得哪里不对劲儿。直到有一天看到心理学中的损失规避效应时，我才恍然大悟。

损失规避效应是指我们面对损失时的痛苦感要大大超过面对获得时的快感。比如你今天丢了 1 000 元，会觉得很痛苦，即使晚上又捡到 1 000 元，你捡到 1 000 元的快乐也不能抵消你丢失 1 000 元的不愉快。我意识到，自己没注意到损失规避效应是这个合同条款设计的问题所在。这一条款其实是设计了一个"面对损失"的场景：我已经付费了，现在又要花钱。人对痛苦是更敏感的。

怎么办呢？既然人对痛苦敏感，我们把"损失"的感受改造成"收获"的感受不就可以了吗？

于是，调整后的方案大致是：如果合同总价是 100 万元，就调整为 101 万元，然后告诉客户，如果客户选择自行打印文本，我们就优惠 1 万元，并且赠送 4 套免费文本。在这套方案下，其实客户花的钱是差不多的，但是感受却完全不一样。这就进一步让我想到前一段时间装修时，大多数淘宝店大件物品的送货政策是：如果要送货上门，再加运费 200 元。其实，如果改成自提优惠 200 元，可能更容易令人接受。

这种在反思一件事情的时候通过联想和联结，将其与生活中其他经历和经验串联起来，重新认识和审视自己过往经历的办法，能够将自己分散的生活经验进行重新组织，从而产生新的知识。而要做到这一点，其实就是要多问问自己：

"我过去遇到过类似的事情吗？"

"我听说过其他犯过类似的错或者做得更好的人吗？"

"有什么相关的方法可以应用到这件事情中吗？"

坚持这样做，迟早会有大的收获。

### 3. 反思可以督促我们检查学到的新知识是否用了起来

在把反思作为应用新知识的工具方面，本杰明·富兰克林的成绩尤为突出。富兰克林是美国《独立宣言》的起草人之一，以前 100 美元的正面的头像就是他。富兰克林一生取得的成就影响了美国的发展进程。可是，富兰克林的成长机会都是通过自己的努力获得的。他出身非常平凡——家境贫寒，只上过两年学，第一份工作是印刷工。那么他是如何不断进步，让自己最终取得惊人成就的呢？

在《美国之梦：富兰克林自己的故事》一书中，他描述了自己希望不犯错误、快速进步的过程：

我希望我一生中在任何时候都不犯任何错误，我要克服所有缺点，不管它们是由天生的爱好、习惯还是交友不慎所引起的……

光是抽象地相信完善的品德是于我们有利的，还不足以防止过失的发生……因此我想出了下面的方法。

……我提出了十三种德行，这是当时我认为必需的或是相宜的全部德行，在每一项之后我加了一些简单的阐释，充分地说明了我认为该词含义应有的范围。

这些德行和它们的含义如下：

一、节制。食不过饱，饮酒不醉。

二、沉默寡言。言必于人于己有益，避免无益的聊天。

三、生活秩序。每一样东西应有其安放的地方，做每件日常事务当有一定的时间。

四、决心。当做必做，决心要做的事应坚持不懈。

五、俭朴。用钱必须于人或于己有益，换言之，切戒浪费。

六、勤勉。不浪费时间；每时每刻做些有用的事，戒掉一切不必要的行为。

七、诚恳。不欺骗人；思想要纯洁公正，说话也要如此。

八、公正。不做不利于人的事，不要忘记履行对人有益而又是你应尽的义务。

九、中庸适度。避免极端；人若给你应得处罚，你当容忍之。

十、清洁。身体、衣服和住所力求清洁。

十一、镇静。勿因小事或普通的不可避免的事故而惊慌失措。

十二、贞节。除了为了健康或生育后代起见，不常举行房事，切戒房事过度，伤害身体或损害你自己或他人的安宁或名誉。

十三、谦虚。仿效耶稣和苏格拉底。


你看完之后，印象最深刻的是什么？是不是他的十三个品德？

至少我第一次读完后，关注到的是他的这十三个品德看起来也没什么。然而，后来重读富兰克林自传的这一段时，我突然注意到，富兰克林真正提出的重要观点是：

"我想出了下面的方法。"

这个方法是什么呢？那就是：提前设定一个期望的标准，然后每天反思，与之比较并寻找差距！

多么简单的办法啊！我发现富兰克林提出的方法，其实就是我之前学过的企业管理中的"对标管理"！教科书上说，对标管理由美国施乐公司于1979年首创，是现代西方发达国家企业管理活动中支持企业不断改进和获得竞争优势的最重要的管理方式之一，被称为20世纪90年代三大管理方法之一。我以前学过这个知识，可是从来没想到这个新知识应怎么用在生活里。我知道对标管理，却没有一天在自己反思的时候提前设定好要实现的目标，每天与之比较。

是反思，让我发现自己其实并没有学会"对标管理"这个新知识，因为我根本不知道它可以用在哪些地方！

当我在 2012 年意识到这一点之后，我就把反思日记的内容做了一个大的改进：将"高效能人士的七个习惯"作为自己的对标标准。很多人都读过《高效能人士的七个习惯》这本书，但是真正能够做到每天践行的人微乎其微。那时的我也一样，看完了《高效能人士的七个习惯》之后，生活照旧。因此，当我开始每天把高效能人士的习惯要求和我自己的行为进行对比时，我才发现自己要改进的地方太多！

什么是"以终为始"？

怎么样才算"积极主动"？

我在冲突中想到"双赢思维"了吗？

此后的日子里，我每天都将《高效能人士的七个习惯》的要求一一与自己对比，进行反思，并根据自己的情况增加到八个习惯。

2012 年 5 月、6 月

每日反思之八个习惯

1. 积极处世：我们有选择的自由

   □ 越是在逆境的时候越需要积极

☐ 只有了解事实才有真正的积极

2. 先有目标后有行动：以终为始

   ☐ 要让自己看到目标实现的样子，要谈论目标最终的样子

3. 要事第一

   ☐ 保持思考想要取得的目标才能知道什么重要

   ☐ 学会拒绝才有时间做要事

   ☐ 拖延或者委托不重要的事情

4. 双赢思维

   ☐ 只有坦诚，才能建立双赢的基础——信任

   ☐ 不被自己的观点和直觉反应控制，才能耐心地理解对方

   ☐ 双赢的前提是信任，信任的前提是沟通事实、描述愿景、共同为目标努力

5. 先理解别人再争取别人理解自己

   ☐ 只有自己先有空杯心态，悬挂假设，才能增进理解

6. 协作增效——第三种选择

   ☐ 让别人参与到解决问题的过程中来，共同找到解决方案

7. 不断更新

□ "刻意练习"理论对我的启迪就是要用新的方法训练自己、培养团队

8. 请教达人，知识迁移

□ 举一反三，就是学习、记录、思考、实践、反思、总结、链接、实践的过程

（2012年我的每日反思日记：对标高效能人士的七个习惯，侧重提升团队管理能力）

经过几年的训练，我做事的思路和方法产生了质的变化，时至今日我都享受着这些习惯给我带来的巨大益处。我深深地感受到，如果没有反思让我重新发现对标管理这个方法，我的成长收获不可能这么大。

既然提到了对标，我顺便说一下我的三个小经验：

（1）每日反思对标，其实是一个"打卡"的过程。记录每天对标的结果，能够让我们看到自己的进步，从而更加积极地坚持反思、提升自我，这是一个正反馈的过程。因此，坚持对标记录，能够通过正反馈，加速习惯的养成。

（2）每天反思对标同样的内容，是一个自我催眠的过程。就像心理学中讲的，我们可以通过自说自话来与潜意识对话，影响

我们的思考和认知。

（3）参考现代企业管理中对标管理的方法，我们也可以把这个对标的过程标准化为"对标—对表—对照"三个步骤，让反思日记在对表环节，更加精细和易于比较。

上面这些内容就是反思这一方法帮助我提升学习能力的三个方面：发现误区、从旧知识中产生新知识以及检验是否掌握了新知识。

## 训练反思能力的三个方法

不过，反思这件事情有点儿特殊。一方面，反思是一种方法，你可以拿来执行；但是，从另一个角度看，反思也是一种能力，是需要不断培养的。

在我自己的实践和在我们公司推行这个方法的过程中，我发现学会反思，本身需要一些方法来支持。

我自己总结，提升反思能力大概有三个方法：（1）从小事反思，深入突破；（2）把生活案例化处理；（3）培养记反思日记的习惯。

### 1. 从小事反思，深入突破

我对公司所有员工都有一个硬性技能要求：高水平的反思能力。

什么是高水平的反思能力？即能够持续地从日常工作、他人经历和书籍案例中找到提升自己的方法、改进客户服务的方法、提高工作效率的方法，有能力通过反思让自己处于持续的改进状态。

为了培养员工的反思能力，我要求新员工从入职的第一天开始就坚持做一件事情：每日写反思日志。大多数新员工都没有坚持写反思日志的经验，因此，他们在刚开始写的时候便会遇到一个大问题：写几天后就觉得没有什么可反思的内容了——生活似乎每天都过得差不多嘛。这是因为很多人总觉得，必须发生了大事才值得写反思日志。然而生活中哪能天天都有大事？没有大事的日子是多数，如此该怎么办？

从小事突破，深入思考。要培养坚持反思的习惯，首先要解决反思日志写什么的问题，要不然就会因为没什么可写，硬逼自己写，然后写成流水账。这样的话，每日反思这件事情就很难坚持下去，毕竟谁也不是傻瓜，会一直做没意义的事情。认为只有发生大事，才值得进行反思，这是一个严重的误区。

比较重要的大事发生后，当然应该反思，但是，决定你在关键时刻表现的，却是一件件小事的积累——临场的发挥、沟通的技巧、心态的调整。因此，要想在关键时刻有更好的表现，我们就应该通过对日常生活中一个个细节的反思来改进提升自己。这些细节就包括前文提到的习惯性防卫和跳跃性假设，也包括我们其他不好的小习惯。

几年前，我看到一个观点：一个人的信誉要从履行每一个小的承诺做起，而我们大多数人很容易忽略自己在日常生活中随口承诺的事情。你答应了别人，哪怕在你看来是很小的一件事情，别人也很可能记在心上。如果你忘记处理，别人虽嘴上不说什么，心里对你的评价却会变差一点儿。当时，这个观点给我最大的触动是，我过去从来没有把日常随口答应的事情看作"承诺"。在我过去的认知里，承诺是很慎重、恨不得要签字画押的事情。但是，这个观点触动了我——原来自己随口答应别人的"好的""行"，都是自己的承诺啊！可自己真正认真对待、用心去做的有多少？

想到这里，我就汗颜。于是，我在反思内容中增加了一条：检查承诺。我要求自己每天回忆昨天答应过别人什么事情，并通过检查自己的短信、电话、邮件、日记来帮助回忆。开始这样做后，我发现，自己常常会在忙碌中把答应过别人的事情忘掉。于是，我在日记中提醒自己注意两件事情：

1. 答应别人的事情，尽可能第一时间记录下来，避免遗忘。
2. 不轻易给出承诺。确信自己有能力做到后，再答应。

一天晚上，我在公司加班开会的时候收到一条短信，是朋友小S需要找某电商的渠道负责人，让我帮忙问一下。我当时想了想，好像朋友N在那个公司，便回复"好的，我问问"，就继续工作了。

第二天，我看到短信里的这个承诺后，就联系朋友N询问情况，结果他已经离职。尽管如此，人家还是答应再帮我联系他的前同事问问，只是要过一天才能给答复。

第三天，我再问的时候，朋友N说确实没有人认识那边的负责人。

我又问了几个可能有这方面资源的朋友，结果第四天他们都回复我说不认识。

我只好给小S回复短信说："不好意思，我答应帮你问的人没问到。但是，有朋友有另一个电商的渠道资源，不知道你们是否需要，如果需要我帮你再联系。"结果我发完短信没多久，就接到了小S的电话，他说他群发了几百条短信，我是唯一一个过了这么久仍然在帮他关心这件事情的人。

这件事情也给我很大的感触——我们把生活的点滴细节管理好，就是在管理我们自己的人生。

因此，反思日志不一定要记录大事，从日常的小事、小习惯入手，从思考问题的过程入手，我们就能找到改进的办法。

在我们公司，培训员工记录反思日志，还有一个建议，那就是要记录自己的情绪和思考的过程，而不是仅仅记录事情的结果。

这一点特别重要，也是我在坚持记录反思日记后才发现的。只有把思考过程，甚至身体反应和当时发生的事情结合起来记录，再回过头来看的时候，才会有更多的启发和触动。

为了更好地说明这个问题，我在征得同事Bean的同意后，将他刚加入公司时写的反思日志和现在写的日志放在一起，我们可以发现明显的不同。①

Bean刚入职不久写的日志：

①　我们公司的在线办公系统会保留每个人每一天的日志，而且公司所有人都可以互相查阅、评论。这样做一方面能促进知识、经验在团队内部的流动，另一方面大家也可以从过往的日志中看到自己和别人思考能力进步的过程。

第三天全力聚焦在××乐园的规划设计和项目构思上，在这个过程中再一次验证了设计流程之重要性：先弄清楚 why（为什么），再搞 if（如果），然后是 how（如何）1，how2，最后是 what（什么）。

而我往常的设计习惯，是自己大概弄清了 why 和 if 后，直接就去 how 和 what 了。但是在团队中，必须引导每一个成员彻底弄清楚 why 和 if，不然大家在去想 what 的时候会很吃力。

Bean 训练反思能力之后的日志：

1. 今天遇到了什么问题？

（1）表面问题：搞不清"做一个规划方案"和"帮助客户系统地解决问题"有什么区别。

（2）实际问题：如何从客户的角度探讨问题解决的可能性？

场景还原：在××项目的前期构思讨论中，我对项目推进的思路是"做一个规划方案"，而准确的思路应该是"帮助客户系统地解决问题"。

（3）我的错误假设：

a. 认为"做一个规划方案"就是在"帮助客户系统地解

决问题"。

b. 如果有区别，那就是"帮助客户系统地解决问题"是把"做好的规划方案"整理成"客户可理解的方案"。

2. 为什么会产生这个问题？

我之所以会模糊两个概念，一是没有以客户思维去审视整个项目的情况，二是在沟通的过程中，没有仔细地听项目总监介绍这两个概念背后的区别。

在本次讨论中，张总提出她担心如果用"做一个规划方案"的思路去推进，会导致不能全面地帮助客户解决问题，至少在帮助客户看清解决问题的方向和行动计划层面，可能会有遗漏。

3. 在这样一个出现矛盾、解决矛盾的过程中，我的心理表现怎样？

（1）会感觉因为自己的误解和理解慢，增加了团队的沟通成本，有亏欠感。

（2）内心会着急，开始自我防卫，言语上有攻击人的冲动。

（3）会觉得团队里经验丰富的人很多，他们会帮我把问题分析清楚。

意识到这些问题之后，我觉得我的亏欠感、自我防卫和依赖性导致上午的沟通效果不好。

4. 怎样解决？有什么启示？

（1）调理情绪、回到终点。利用中午休息的时间，自我调理情绪。我觉得那些心理变化以后再出现时，不必恐慌。只要思考终点的样子，思考从目前的状况到终点之间需要现在的我做什么就可以了，这样就不会被情绪左右了。

（2）审视矛盾。把上午的冲突理了一遍，我认为大家都是在往终点推进，但不在一个层次上。我上午没有把同事的担心和我自己的问题关联上。

（3）找共同点。想明白后，我试着按照"帮助客户系统地解决问题"的思路梳理，发现之前自己的思路真的遗漏了很多。这时，我跟张总就项目的思路达成了某种程度上的共识。并且我发现在这种思路的影响下，我在向张总阐述想法时，会把她当成甲方，不自觉地用一些语气和词语来表达我们是在帮你系统地解决问题，这会让思维很连贯。

可以看到，在刚加入公司的时候，Bean 的反思日志其实侧重于描述结果以及自己的一些感想。而经过训练后，他的反思能力已经非常强了，对沟通不太顺畅这件事，他能够从表面的冲突看到背后的原因，并探寻这个过程中自己是如何思考、如何表现的，自己的假设是什么，最后落脚到如何改进和完善。坚持这样的训练，我们就能够见微知著，逐步提升反思能力。

## 2. 把生活案例化处理

我们读书就是读别人的生活经历和感悟。而最好的书，其实是我们自己的生活经历和感悟。如果我们能把自己的生活变成一本书，自己就可以是自己最好的老师。可是，对于自己的生活，我们常常是有经验、没反思。如果我们只有经验，没有反思，我们的经验就可能让自己在错误的假设下越走越远……

有一次，我听到一个朋友说："教育的根本定义是改变自己，改变自己对经验的解读方式。"

我很喜欢这个定义。教育，不是简简单单告诉你多少新知识，而是让你学会如何重新解读旧经历，产生新行为。想一想，既然我们愿意花钱去读商学院，学习别人的案例来改变自己的管理行为，那么，为什么不能把自己的生活编辑成案例，来改变自己的行为呢？

人能够改变自己，一定是有原因的。我很钦佩兰迪·波什（Randy Pausch），他在得知自己身患胰腺癌只有 6 个月的生命时，仍然选择快乐与乐观，完成了后来风靡全球的"最后的演讲"。如果你还没有听过这个演讲，推荐你搜索听一听。

兰迪·波什是一个有热情和梦想的人。他在自己的演讲中推荐了一本书——《一分钟经理人》。这本书非常薄，但是里面有一个观点却非常吸引我："人之所以会改变，是因为他得到了反馈。"很简单的一句话，却触及了最关键的问题——我们之所以不改变，常常是因为我们没有得到正确而及时的反馈。

生活每天都在生产未经加工的经验素材。我们的判断来源于经验，而有效的经验来源于对判断的反思。反思，让我们对生活的素材重新解读，成为洞见。

在《穷查理宝典》中，查理·芒格展示了他是如何对生活经历进行解读的：

从前有个人卖的鱼肉叫卡奈森鱼肉，而另一个知名公司也叫卡奈森（这有点儿类似百度和百度烤鱼的关系）。卡奈森公司为了维护自己的品牌形象，就想要收购这个鱼肉品牌。每次卡奈森公司的人跑过去跟那个家伙说他们愿意给他20万美元，他就说他要40万。4年之后他们说给他100万，他说他要200万……他们就这样一直讨价还价，卡奈森公司一直没有把那个商标买下来。

最后，卡奈森公司的人无奈地跟那个卖鱼肉的人说："我们打算派我们的质量检查员到你的鱼肉厂，以确保你生产的鱼肉都是完美的，所有的费用我们自己出。"

那个人非常高兴，很快就点头同意了，他的鱼肉厂就此得到了卡奈森公司免费提供的质量管理服务。

这是查理·芒格了解到的一段生活经历。类似的事情我们在生活中也常常会遇到，真正重要的是我们如何解读这件事情，而这决定了人和人的差别：同样一件事情，不同的解读深度，就形成了认知差别。

就这个故事，你可以停下来想想，自己从中收获了什么。

○

○

○

○

○

—督促你停下来思考的分割线—

○

○

○

○

○

让我们看看查理·芒格从这个生活经历中学到了什么。查理·芒格对这个案例是这样解读的：

> 这段历史让我明白，如果你给某人一个他能够保护的商标，你就创造了巨大的激励机制。这种激励机制对文明社会来说是非常有用的，正如你看到的，卡奈森公司为了顾惜自己的声誉，甚至不惜去保护那些不属于它的产品。

你有没有发现，查理·芒格从这段经历中抽象出一个规律。他没有就事论事，而是尝试构建了一个模型：如果你给某个人或某个公司一个他（它）能够保护的声誉，这本身就是激励机制。

换句话说，激励一个人（公司），不一定需要给钱，你也可以给他（它）一个名誉，这便能成为激励他（它）的动力。

如果这个假设模型是正确的，那么我们便获得了一个激励别人的新工具。而且我们可以在生活的其他场景中观察到这一现象，并且也能想到如何把它应用在我们自己的生活场景中。比如，战争中"尖刀连""英雄连"称号的授予，公司颁发的"流动红旗"，都是在给予一个"可以保护的名誉"，从而激励别人的行为。就我而言，为了维持公众号原创质量的声誉，我也会一大早爬起来写文章。

我们可以发现，查理·芒格从这个看似普通的生活案例中抽象升华，提出了一个更广泛的应用假设。这就是我所说的"拆生活"的能力。

生活就是一本书，我们每天经历的事情，都是一个个埋藏着启发的案例，关键是我们必须有能力解读它。首先，我们要把生活中重要的部分选择出来，然后才能从中发现更有价值的启发。而这个过程，就是在锻炼反思的能力。

## 3. 培养记反思日记的习惯

训练反思，我每天都用的方法是及时记录反思日记。不过经常有朋友问我怎么才能养成写反思日记的习惯，他总感觉写几天之后，很容易放弃。

是啊，任何事情都是这样——做一天很容易，可坚持做一年就很难。坚持反思和复盘，它就会成为持续产生复利效应的工具；

不坚持，就什么都不是。只有坚持，才能有惊人的威力。我仔细回忆了一下，我训练反思能力、坚持写反思日记的过程，也不是一帆风顺。那我就把自己对这个过程的总结分享给大家，或许会对你有所启发。

**流水账阶段**

小学、初中的时候，我也写日记。只不过，那时候是为了完成老师布置的任务，回过头来看，那些日记都是令人看不下去的流水账，真是没有什么用。所以，我一直觉得写日记这件事情费力不讨好。

转变的契机发生在 2010 年。因为创业，事情越来越多，我开始学习时间管理的 GTD 方法 [1]。GTD 方法中，有一个要求是进行回顾，那么，回顾就需要有记录。恰巧，那个时候我正在看《顾准日记》，顾准在日记中的思考内容也给了我很多感触。我想，或许可以尝试继续写一写日记。

于是我就重新开始写日记。但我尝试了两三个月后，回过头来看着自己记下的东西，感觉还是挺"水"的——写的都是自己知道的事情，有什么用？

所以，当时我有点儿动摇：每天花时间写日记，到底有没有用？

---

[1] GTD 是英文 getting things done（把需要做的事处理好）的缩写，是一种行为管理的方法，也是戴维·艾伦写的一本书《搞定》的英文书名。GTD 的主要原则在于，个人需要通过记录的方式把头脑中的各种任务移出来。通过这样的方式，头脑可以不用塞满各种需要完成的事情，从而集中精力于正在进行的事情。

**假设与初步反思**

现在回过头来看，这个阶段是最容易放弃的时候。我当时的一个选择对后来的结果影响很大。过去，如果我做一件事情没效果，我会认为这件事情没用。而这一次，我做出一个全新的假设：反思日记一定是有用的，只是我没有做对。

这个假设的重要改变在于：过去，我把责任归于外部——事情是不对的，我是没问题的；而这次，我把问题归因于自己——事情是没错的，是我的方法有问题。

这个假设的改变极其重要，它成为我日后遇到问题时进行思考的一个基准模型。

于是，我开始反思自己写日记的方式。如果我现在写的日记看起来没有用，那我怎样写才能让我的日记有用处，而不是干巴巴的、难以给自己带来实质性的提升呢？

我想，如果我把当时的感受、情绪和思考写下来，而不是单纯地记录事情的结果，或许会好得多。于是我开始尝试在写日记的时候，记下当时的情绪和感受。而这样做之后，再回头看自己过去的日记，我会发现，原来自己遇到相似的情景时，会产生相似的情绪反应。

我忽然发现了其中的趣味——原来反思还能有这样的效果。

**通过分类让自己思考生活**

我找到了写日记的乐趣，于是又坚持写了一段时间。这时，我又发现了问题——日记的内容其实有很多是"水货"。在回顾的时候，我要看很久才能发现有所启发的内容。

我忽然想，顾准写日记为什么能坚持那么久？虽然早已看完《顾准日记》，然而由于当时想到这个问题，便很好奇，又专门把书找出来，想看看有没有什么线索。这时，我突然发现，顾准的日记有个很明显的特点，而我以前一直没留意——原来，他不是把生活像记流水账一样记下来，而是将每天的日记分成不同板块，每个板块都有一个关键词或小标题。

顾准在每个板块下都要写他的感受和思考。

我瞬间受到了启发：原来日记中不仅仅要写感受，我还应当把一天中遇到的事情进行分类，然后依照不同的分类进行思考。有了这个想法之后，我发现自己的日记不再是流水账了。我必须对一天的经历进行思考和反思，否则，一个分类底下写不了几句话。

一个简单的形式改变，就会督促自己主动思考看似平淡的生活，挖掘出过去没有注意到的环节。从这时起，我的日记就从流水账进化成了不同板块的总结。

### 自定义最适合自己的写日记方式

在从写反思日记中获得乐趣后，我就开始关注和日记有关的信息——这是吸引力法则在起作用。当时我就看到一本书，叫《晨间日记的奇迹》，是日本人佐藤传写的。在这本书中，他提到了用"九宫格"写日记的方法，也就是把每天的生活分成9个格子来记录，每个格子的内容可以根据自己的喜好来自定义。

| 每日小记 | 什么日子？今日摘要（MITS） | 理财、金钱 |
|---|---|---|
| 天气：记录今日天气<br>心情：开心<br>身体：记录身体状况<br>就寝：23∶30<br>起床：08∶00 | 今天是什么日子？如：结婚纪念日，和××人碰面聚会等<br><br>MITS主要做今日计划，遵照"要事第一"原则找出每天最重要的三件事。记录本栏时，可选用"上月""想当年"等时间节点，并知道那时的今天是什么特殊日子 | 总额 |
| **成功日记：**<br>**昨天成功的5件事**<br><br>成功日记，本栏是回顾昨天栏<br><br>找出昨天最令人高兴的5件事情，列出来，每天给自己积累正向能量 | **人际关系、家庭、朋友**<br><br>昨天栏：回顾昨天在人际关系、家庭、朋友方面的收获<br><br>今天栏：可以对与人际关系、家庭、朋友有关的活动做出计划。例如：今天是某位朋友的生日，要发短信问候等 | **工作、创意、兴趣**<br><br>本栏是昨天栏，回顾昨天<br><br>工作：可以记录工作灵感，不建议罗列琐事，记录创意、兴趣 |
| **每日箴言、人生感悟**<br><br>昨天栏<br><br>记录人生感悟、每日箴言，从网上看到、听到的都可以写在上面，可以直接粘贴，支持超链接 | **健康、饮食、锻炼**<br><br>昨天栏<br><br>记录昨天的饮食、锻炼、健康问题等情况 | **情报、信息、阅读**<br><br>阅读：记录阅读情况<br>信息情报：可以收藏博客文章链接<br><br>这里的内容可以结合使用印象笔记，做周回顾的时候会很方便 |

我发现，这不正是《顾准日记》的升级版吗？于是，我开始尝试这个方法。不过，使用了一个多月后，我觉得小格子的形式太过约束自己反思深度的发挥，但这种格式化日志的形式在很多方面又确实很有效。于是，我的日记就在九宫格的基础上进行演变，我提前把每天的经历、感受和思考分成若干个我关注的领域。比如我会用"高效能人士的七个习惯"代替九宫格内容来训练自己习惯的养成。再后来，我引入思考问题的临界知识作为日记的分类领域，提升自己从底层的系统维度思考每天生活的能力。

这样，我的反思日记再次进化了。一点一点，我从写反思日记中收获了越来越多的益处。这时，我开始能做到自觉写日记。如果哪天没有写，反而心里很不踏实，感觉没有反思总结，昨天宝贵的经历就都浪费掉了。

**持续反思带来的隐形竞争力**

回过头来看这件事情，我觉得坚持记反思日记，有两点非常重要。

第一，就是最初的假设。假设记日记本身是没有问题的，如果有问题，那问题就一定出在自己身上，是自己的方法不对。这一点非常重要，也是我后来的一切尝试、改进的前提。如果没有这个假设，我很可能半途而废，也就没有后来的一系列进化了。

第二，写日记能持续，是因为获得了正反馈。人坚持做一件事情，一定是从中受益的。如果一件事情只是煎熬，只给人痛苦的反馈，那人就很难坚持下去。我从最开始单纯地记录事件，到记录感受和情绪，然后到能够深入思考和反思，再到后面通过反思来锻炼自己的基础思考能力，这一切都让我看到自己一点点在进步：写反思日记成为自己的隐形竞争力。

当我和其他人花了同样的时间、经历了同样的事情时，自己的收获和成长却和他人完全不一样。我慢慢发现，人与人之间的差距不是来自年龄，甚至不是来自经验，而是来自经验总结、反思和升华的能力。

人的进步和行为的改变，往往源自反馈。如果你不知道你的行为产生了什么影响，你是不会改进的。反思日记，是一个帮助我们主动对行为的影响进行反馈的工具。

我们大多数人并没有有意识地去对自己行为的可能影响进行主动管理。我们往往只在遇到一些挫折或者很大的困难，把自己逼到一定境况的时候，才会去反思。而反思日记，把反思这个偶发的行为变成了主动的、持续的行为。

过去，你每对自己进行一次深入反思和思考可能要隔两三个月甚至半年。其实，不是这两三个月或者半年之间我们没有可以改进的地方，而是这些细节被我们忽视了——这些宝贵的改进空间，在不知不觉中溜走了。

现在，我们把反思、反馈的频率强化到每天都发生，实际上是在把成长的经验点一个一个积攒起来。如果能力增长是一条曲线的话，偶尔反思一下的人，其增长曲线斜率低、坡度缓；每天坚持反思、从生活经历中不断改进自己的人，增长曲线就陡得多。

如果我们能够这样坚持每天写反思日记，反思的能力本身也会逐步提高。

好了，到此才把反思这个方法写完。之所以不惜笔墨，是因为我认为在提升学习、认知能力方面，反思是最最重要和基础的技能，无论怎么强调都不过分。

接下来，我们终于要谈第二个方法"以教为学"了。

## 以教为学

给别人当老师，在我们通常的认知里是很不容易的一件事。你至少要达到专业水准，比大多数人强才可以。所以，在学习的过程中，我们很少想到去教别人，毕竟，我们自己都还在学习的阶段呢！

我以前也有类似的观点。可是，有一次我参加一个沙龙，演讲者介绍了一个新理念：以教为学。

以教为学，也就是把教别人的过程作为帮助自己学习的过程。这听起来有点儿难理解，就好像一个人是老师，同时又是学生。不过，如果你把教学这件事想象成知识从高势能向低势能转化的过程，那么老师的角色，只要是站在较高的小山坡上的人即可担任，不一定非要是泰山、衡山级别的山上的人才可以。

孔子曰："三人行必有我师。"意思就是，一个人不可能在所有方面都不如别人，总有他略强一点儿的地方。那么，在这个方面，他就可能作为老师教别人。

你可能会问："教别人不是在输出知识吗？学习是一个输入知识的过程，为什么教别人能够促进学习呢？"这是因为，教别人的过程表面上是知识输出，但实际上这个过程还有三个额外价值：

第一，因为要讲清楚，就会督促自己发现知识阻塞，进一步打通已有知识。你一定有过给别人讲一个你刚学到的知识的经历。你学完之后可能觉得自己懂了，可是讲给别人，总讲不清楚。如果你讲不清楚一个问题，往往是因为有些你以为自己知道的知识其实你并不知道，那么为了给别人讲清楚，你就会逼着自己主动探索，把问题想明白。

第二，讲清楚的过程，是一个强化记忆和认识的过程。复述知识其实是强化记忆神经链的过程。短期记忆转化成长期记忆的关键就是不断重复。而教别人，是一个很好的建立长期记忆的过程，而且教学的环境让我们对知识的记忆增添了新的场景，回忆起来更容易。

第三，和别人分享之后，别人提出疑问和新想法，会增强我们的认识。大家互相交流，能够让我们看到自己没有意识到的问题和可能忽略的环节，从而让我们对问题的认识更全面。所以，积极主动地分享，也是我们提升学习能力的重要方法。

想一想，我们学习的重要目的不就是应用吗？如果我们在学习的过程中就提前考虑到怎么教别人应用，那岂不是一种前瞻思维？这有点儿像日本知名作家、前麦肯锡顾问大前研一在《思考的技术》这本书中提到的一个方法：你在处于职员位置的时候，就要思考这样的问题——"如果我的职级比现在高两级，我会怎么做？"我们提前思考如何教别人，也是站在比自己高两级角色的立场上思考问题。

那么，在以教为学这一方法的具体应用中，有什么技巧吗？从我个人的经验来看，有两个问题非常值得注意。

**1. 分享不能知道多少讲多少，而要为讲清楚这个问题大量查阅资料，购买书籍。**

2010 年，还在第九课堂担任 BD（业务总监）的黄有璨找我，想让我开设一门新课——"个人知识管理"。黄有璨之所以找我，是因为他了解我一直在这方面有研究。可是，那个时候我自己也是在学习的过程当中，很多认识并不是很深刻。我心里是犯嘀咕的："要不要接受这个邀请？万一讲砸了怎么办？"

这时，我想起了"以教为学"这个概念。既然我想要在知识管理这个领域深入研究，那么这次教学的机会就是我学习的好机会。于是，我就答应了黄有璨。

从答应讲课到正式开课，其间有将近 3 个月的时间供我准备。我在这段时间内把市面上能够买到的沾边儿的书全都买来，把网上所有相关文章甚至讨论都看了一遍。记录的笔记、画的草图有几百页之多，用完了两个大笔记本。为了 3 个小时的课程，我几乎耗尽了 3 个月中的所有业余时间。我清楚地记得，那天早上 8 点正式开课，我凌晨 4 点还在备课、修改 PPT。

结果，这次讲课的效果极好，学员给课程的评分非常高。而我，也通过这次课程较为完整地构建了自己知识管理的框架体系。本书中的方法和理论，很大一部分都是在这个基础上发展出来的。

把分享当作一次全面提升、拓展自己相关领域知识的机会，能够极大地提升自己的学习深度。

**2. 在准备中，一定要主动查询不同的观点和不支持自己结论的反面案例。**

我们在分享的过程中，因为不由自主地承担起"老师"的角色，所以很容易把自己放在"应该正确"的位置上。为了让我们讲的道理看起来更合理，我们便会找很多案例来支持自己。但是要注意，所有的观点都能找到支持它的案例，我们更要关注反对的声音。

我一直把很多重要的心理学基本理论假设作为我理解和解释事物的工具，而且也是一直这么告诉别人的。可是你知道，心理学的知识不是"硬知识"，很多时候会有很多反例。因此，我就必须很谨慎地关注对这些心理学工具的质疑，了解我用的工具什么时候会失灵。

2016 年，《成甲说书》有一期节目讲了丹尼尔·戈尔曼的《情商》这本书。结果有网友就在我公众号后台留言说："情商就是一个伪概念，你不要传播伪科学了。"这个时候就是你当"老师"，结果别人直接质疑你是"伪科学"。因为网友只是给出了结论，没有给出证据，我就自己上网查询。结果发现，人们认为情商是伪科学，大概有几个原因：第一，情商可能是智商的一部分，如果你智力足够好，其实是能够处理好情绪过程的；第二，情商的定义不清晰，边界模糊，所以无法讨论；第三，情商无法测量，所以是伪科学。

了解了别人质疑我的原因，再对比自己的观点，我就可以更深刻地了解我到底在讲什么。我认为丹尼尔·戈尔曼在《情商》这本书中最核心的观点是：如何与我们的负面情绪相处，以及如何积极地调动我们的正面情绪，使之发挥更大的作用。而在这两方面，作者用到的实验和论据均未被推翻，而且经过了大量重复验证。至于这个能力是不是应该纳入智商里面，可能更偏向学术分类讨论。

当然，很多心理学家都质疑了丹尼尔·戈尔曼关于情商的观点，但是在情绪处理的方法方面，我还没看到有力的辩驳。所以，至少我从这本书中收获了情绪处理能力，这说明书中的观点还是值得信任的。那么，我也就不考虑通知罗辑思维"得到"的团队把这期节目下架了。如果我研究完发现，自己确实在传播伪科学，那么，我就要下架节目，向大家致歉了。

所以，在以教为学的过程中，一定要坚持思考自己所分享的内容能不能真的站得住脚，经得起考验。只有真正知道我们拥有的知识的局限性所在，我们才配真正拥有这个知识。如果不能确信这一点，也没关系，可以在分享中坦诚地说明，这也有助于大家进一步探讨学习。

注意到上面这两点，我想大家在践行以教为学这个方法的时候，成长速度会更快。不过可能有朋友会问："你有《成甲说书》来讲课，我们没有这样的机会，怎么以教为学呢？"

其实，以教为学的机会很多，比如：

- 把从今天文章中学到的知识讲给你的爱人或者同事听。
- 在微信里面组建一个学习微信群，定期给大家分享你的心得。（我有一个朋友就干这件事情，而且是收费的——太聪明了！）
- 主动要求在一些沙龙里分享或者创建自己的公众号写文章。

这些途径都是以教为学的好渠道，只要你用心，就能找到更多机会。

## 刻意练习

什么是刻意练习？

很多人听到"刻意练习"这个词，会觉得它的意思应该是"刻苦、有目的地持续训练"。比如，想要提升写作能力就刻意多写作，想要提升英语能力就刻意练习英语听、说、读、写。如果你也这样理解，你就极大地误解了刻意练习的意义。

当然，人们会有这样的误解，很可能和一个传播非常广泛的概念有关：1万小时天才定律。美国畅销书作家格拉德威尔在《异类》中告诉我们："人们眼中的天才之所以卓越非凡，并非天资超人一等，而是付出了持续不断的努力。只要经过1万小时的锤炼，任何人都能从平凡变得超凡。"

这个认为通过刻苦努力训练1万小时就能成为天才的理论给了很多人希望。然而，不幸的是，这个理论很可能是错误的。1万小时天才定律的提出，其实源自另一个美国心理学家艾利克森（K. Anders Ericsson）的研究。艾利克森在1993年发表过一篇论文，讲述了他对一个音乐学院三组学生的研究成果。他在《刻意练习》这本书中介绍了这次研究：

> 该音乐学院学习小提琴演奏的学生被分成三组。第一组是学生中的明星人物，具有成为世界级小提琴演奏家的潜力；第二组学生只被大家认为"比较优秀"；第三组学生的小提琴演奏水平被认为永远不可能达到专业水准，他们将来的目标只是成为一名公立学校的音乐教师……实际上，到20岁的时候，那些卓越的演奏者已经练习了约1万小时，那些比较优秀的学生练习的时间约8 000小时，而那些未来的音乐教师练习的时间只有约4 000小时。

这就是被格拉德威尔引用，演绎出1万小时天才定律的实验。然而，仅通过这个实验就提出"只要训练够1万小时，每个人都能成为天才"这个理论，能站得住脚吗？艾利克森经过大量研究认为这个理论站不住脚。

那天才型专家还能不能训练出来？艾利克森说"可以"。怎么训练呢？刻意练习。

艾利克森经过多年的研究得出了结论：训练天才型专家真正重要的是 1 万小时背后的刻意练习。在这里，"刻意练习"并不是人们之前理解的勤奋与努力。

刻意练习的核心假设是：尽管专家级水平是逐渐练出来的，但是关键在于受训者必须通过训练掌握更高级的心理表征，才能真正有突飞猛进的进步。

这里的关键词是：心理表征。

所谓心理表征，是指我们的大脑在思考问题时对应的心理结构。这个定义太抽象，让我们举个容易理解的例子。比如下象棋，一个新手下棋的时候，看到的都是车、马、炮，"马走日，象走田"，而一个大师看到的却是棋局走势与可能的策略。这种对同一个问题不同的认知方式，就是心理表征的差别。

不过，"心理表征"这个词对大多数人而言比较陌生，不是很好理解，用另一个概念会更容易理解，那就是元认知。

## 什么是元认知？

元认知是对我们的思考过程的思考。我们每个人都能意识到自己在思考，但是很少有人能自觉地意识到还可以去思考我们

"思考的过程"。这就好比人们很难意识到空气的存在，鱼儿很难意识到水的存在。然而，正是我们思考的过程，决定了我们思考的结果。

刻意练习，就是提升元认知能力的过程。

我们在元认知上的差别表现为认知效率与认知深度上的差别。从本质上讲，本书提及的所有方法和努力，都是在追求提升我们的元认知能力。但是，元认知能力的提升是很困难的，因为我们既有的思考过程有强大的惯性，所以我们必须通过悬挂假设、反思、矫正假设等一系列方法来改变它。而这个过程，实际上就是在用刻意练习提升我们的元认知能力。

## 元认知与临界知识有什么关系？

元认知与临界知识，一个是思考的过程，一个是思考的工具。举个例子，元认知就好比我们选择从北京到天津的道路，可以是省道也可以是高速公路。不用临界知识，就像是我们选择走省道开车去天津，路远、堵车、浪费时间；而在思考的过程中应用临界知识，就好比开车上高速公路，能够更快速地到达目的地。我们的快速成长就是把省道升级为高速公路的过程。

这么类比未必准确，但便于大家理解。不同的人，有不同的思考过程习惯，也就有不同的元认知。比如，省道型元认知的思考过程是这样的：看到问题—大脑直接调用直觉、过去经验、情绪反应—决定采取的行动。而高速型元认知的思考过程是这样的：看到问题—思考这个问题的实质是什么（黄金思维圈）—解决这类问题可能用到的规律是什么（比如相关临界知识）—决定采取的行动。

在这两种元认知的思考过程中，一种应用自己的经验和直觉处理问题，一种用临界知识来处理问题。这样讲，元认知和临界知识之间的关系就比较好理解了。

所以，刻意练习最关键的还不是掌握具体的临界知识，而是要改变我们的思考过程：有意识地应用更高级的心理表征解决问题，提升元认知能力。

### 刻意练习如何与临界知识结合应用？

如何通过刻意练习来掌握临界知识并提升元认知能力？就我个人的经验而言，有三个部分：对基本核心知识划小圈；将基本知识组合成更大的知识能力单元；在各知识能力单元之间构建认知框架。

#### 对基本核心知识划小圈

"划小圈"这个概念是从乔希·维茨金的《学习之道》这本书中借鉴过来的，意思是持续、刻意地进行大量专注训练。比如，在像武术这样的技能类训练当中，划小圈的内容可能是蹲马步、打直拳等。我们需要反思动作之间细微的差别，理解这些基本动作的应用并做到熟练。而在培养认知能力这样的思维训练中，划小圈的内容就是我前面提到的对基本概念、临界知识、知识阻塞等关键地方进行反复的探究和思考，直到把这个问题吃透、弄明白。

**将基本知识组合成更大的能力单元**

我们把掌握的核心知识彻底吃透后，就能够把它们和其他相关知识组成一个新的知识能力单元，整体使用。比如游泳这件事情，刚开始练习漂浮、呼吸、打水等，每个项目都是一个基本的技能，组合起来就成了在水中穿行的新技能——游泳。而游泳一旦学会，就能和其他技能组合了，比如跳水、水下救援这样更大的能力。

学习认知也一样。比如对最基本的营销概念、市场概念理解透彻后，就能够建立在这些概念之上的认识，形成市场分析和判断的能力。我自己是做旅游景区规划咨询的，我发现，公司员工的专业能力成长就是要经历这么一个过程：先把市场分析、用户画像、投资政策等基本核心模块吃透，然后再对已有的知识进行组合，从而形成更高层面的判断力。学习水平，在某种程度上就是拥有的正确底层关键知识的数量及调动其解决问题的能力的综合体现。

**在各知识能力单元之间构建认知框架**

我们在把核心概念都吃透并组合成知识能力单元之后，接下来要做的就是用认知框架将它们联系和整合起来。比如，在商业分析中，可以将复利、边际效益、规模效应和品牌效应组合成一个认知框架，来判断一个企业的未来发展潜力。

现在让我们再回头看看本书自序中提到的查理·芒格的一个观点：你必须依靠模型组成的框架来安排你的经验。这里说的"模型"就是临界知识，"框架"就是把临界知识整合起来的认知方式。而一旦掌握了这种思考方式，我们就彻底升级了自己的元认知能力。换句话说，我们就可以在思考问题的过程中运用与认知框架相关的临界知识和其他能力，极大地提升认知效率，进而表现出让人惊讶的认知深度。

　　总结一下，正是因为刻意练习的关键是改变我们的思考过程——而这一点正是知识管理的核心所在——所以刻意练习也成了提升学习能力最重要的底层方法之一。

# 持续提升学习能力的三个技巧

　　前面我们谈了提升学习能力的理念和方法，接下来我们再聊聊具体执行中有用的三个技巧：记录、定期回顾与付费购买。

## 记　录

　　提升学习能力的一个重要方法是：记录下来。

　　你可能会觉得困惑：写东西不是我们日常都做的事情吗？大家都在写，那么写怎么会成为提升学习能力的重要方法呢？

　　是的，大家都在写，可是"写"与"记录"是不一样的。我们大多数人的书写，往往是记下会议内容、摘抄读书笔记。然而，这种书写，如果不进行有意识的组织与目的化，对学习能力的提升，帮助就很有限。这就像是福尔摩斯说的："你只是在看，并没有观察。"同样的道理，你只是在写，并没有记录。

　　那么，怎样才能从书写升级为记录呢？有两个方面要改变，第一个是如实地记录整件事情的发展过程。我们要尝试训练自己记录发生了"什么",是"如何"发生的,而不仅仅是事后自以为是地去解释"为什么",这将改变我们的很多认识。记录是主动思考的过程,是挖掘看得见的事情背后看不见的关系。

## 如实地记录过程

为什么要如实地记录过程呢?因为在生活中的大多数情况下,我们对发生的事情是靠大脑记忆的,并不会用手记录下来。我们以为我们记得过去发生的事情,但是事实上,心理学家研究发现,时过境迁后,我们会根据现在的情况,扭曲自己过去的想法和对行为的解读!

比如,一个人想要戒烟,试了好几次都失败了。这件事情本身是很可能让人产生挫败感、觉得不舒服的。这时候他可能会说:"我没能戒烟,是因为我是真心喜欢吸烟,我的内心其实并不想戒烟……"

在心理学上,有一个概念叫认知失调。当我们的认知和行为不一致时,我们往往会扭曲我们的想法,使之符合我们的认知,从而减少"失调"所带来的不舒服。事实上,不靠谱的不仅仅是我们会扭曲自己的想法,甚至,我们的记忆本身就很不靠谱。

回想一下小时候父母抱着你过生日的场景。在你回忆中的场景里,除了你的父母,你是不是还看到了孩提时的你?

那么问题来了——如果回忆是对你见过的场景进行回放的话,你的脑海里是不可能有你自己的影像的。你之所以能够看到自己，是因为回忆其实是大脑对过去经历的重构。回忆中出现的画面，是我们自己重新构思的。重构的记忆并不一定可靠，而我们又常常会把大脑重构的记忆，当作准确无误的事实。

我曾经看过一个案例。在庭审中，一位证人的证词对被告非常不利。

被告辩护律师问证人："事情过去这么久了，你没有可能记错吗？"

证人非常自信地说："我的记忆力非常好，不可能记错。"

律师问道："你抽烟有 20 年了吧？"

证人说："是的，怎么了？"

律师说："你 20 年前有没有抽过骆驼牌香烟？"

证人说："当然抽过了。"

律师说："那么骆驼上的阿拉伯人有胡子还是没胡子呢？"

证人这时候有点儿蒙，仔细想了想，然后坚定地说："有胡子。"

这时，律师拿出一盒骆驼香烟。事实上，骆驼上根本没有阿拉伯人。

我们不去评价证人是否做伪证，律师是否狡猾，问题的关键在于，我们的大脑并不总是靠谱，有时会让我们相信一个并不存在的"事实"。而且事情间隔的时间越久，我们就越容易对自己当初的行为动机和想法按照对现在有利的结果进行解读。所以，当重新解读过去的经验时，我们就很可能面临扭曲事实的风险。如果我们想从这个扭曲过去事实的"哈哈镜"里跳出来，就要把事情的过程如实地记录下来。

没有记录，就没有发生。只有坚持如实做记录的人才能深刻地理解这句话。我在过去 6 年的时间里，坚持把每一天我认为重要的事情记录下来，这样我的日记里面就可以有一个大多数人没有的项目：回顾去年今日。

在这个环节，我会去看去年的今天发生的事情。这项工作常常会让我看到：原来现在遇到的问题，当初也遇到过，自己居然忘了；原来当初思考这件事情时是这样想的啊，太不成熟了；原来当初我就找到这个方法了，怎么后来居然忘记了？

是如实记录，让我在和别人同样过去了 6 年时间后，却有丰富的材料用来吸取教训，加速成长。所以，这是如实记录过程的第一个价值。

如实记录还有第二个价值，那就是记录的时间跨度越大，就越可能让自己看到更深层的规律。

我们常常没有办法从生活中学习，其中还有一个重要的原因：我们在生活中遇到的事情超出了我们学习的视界。视界是指我们能够通过经验进行学习的视野界限。如果事情发生的原因和呈现结果之间间隔的时间太长，我们就很难从中学习。

举个最简单的例子。我们洗澡的时候，出水开关分为冷水和热水。打开水龙头，觉得水冷了，我们就拧向热水；水不热，再一拧，好烫！于是，再往回拧，加冷水，反反复复要好多次，才能调整到合适的水温。

为什么一个简单的调水温的行为要反复很多次？

答案是，拧水龙头的行动和出水的结果之间有 10 秒钟的延迟。

因为结果不是即时反馈的，因为有这 10 秒钟的差距，我们学习其规律便产生了困难。10 秒钟的延迟，就让我们无法做出准确的判断。而生活中有太多的事情，其因果关系在时空上并不是密切联系的，甚至相距甚远……这样的规律对我们的经验处理系统而言太复杂了，超出了学习的视界。

因此，如果我们想要从生活经验中学习到更底层的规律，我们的记录就需要有比较大的时间跨度。这种时间跨度能让我们超越简单的应激直觉反应，看到别人看不到的底层真相。几千年来流传下来的一些大智慧，正是对这种超越视界的长期经验的总结，比如吃亏是福。如果从短期的经验来看，吃亏是福是不成立的，只有时间足够长，才能获得吃亏后的福报。事实上，很多人虽然把"吃亏是福"这个道理挂在嘴边，可在遇到利益冲突的时候仍然会斤斤计较而绝不吃亏，因为这个时候出现在他脑海里的可不是吃亏是福，而是："这不公平！""凭什么欺负我！"

如果看不到事情背后的长期规律，那么我们就只能对发生的事情本身做出反应，而无法顾及更长远的利益。遗憾的是，我们常常生活在这种矛盾中。如果留心记录和总结，你就会发现自己很多时候言行不一，再思考背后的原因，你就更容易看到自己思维的陷阱了。

所以，如实记录的时间够长，就能够让不那么清晰的规律线索逐渐清晰；也只有这样，才能更好地让我们的生活变成精彩的案例集。

这是如实记录过程的第二个价值。

**主动思考，挖掘看不见的关系**

用记录帮助学习的第二个方面是：记录是一个主动思考的过程，是一个挖掘看得见的事情背后看不见的关系的过程。

前面讲的如实记录过程，主要是对事情的经过、结果进行记录。但是，更有价值的记录，是在这个基础上进一步记录自己当时的情绪、思考过程、外部环境条件等。

为什么要记录这么多内容？因为任何一件事情的发展，都要受到多方面因素累加作用的影响。我们当时思考不周全的原因，除了自己对问题的理解不透彻，可能还有自己当时的情绪状况、周边环境给的压力，这些都会加剧问题的严重程度。所以，如果要复盘自己当初的决策，就不能仅仅记录事情的结论，更要记录可能影响判断的所有因素。

除记录这些影响因素外，最重要的工作就是记录自己的思考过程。所谓记录自己的思考过程，一般而言会记下面几个问题：

1. 当时思考时，我考虑这件事情的目标了吗？如果考虑了，当初的目标是什么？

2. 在这个目标下，我当时考虑了哪些因素？现在看来，这些因素合理吗？有遗漏吗？

3. 我当时为什么会这么考虑？各种因素中，哪个条件发生变化，可能会导致结果不一样？

　　4.最后的结果和我的预期之间有什么差距？为什么？


　　如果我们能够对过去一天经历的事情进行这样的思考，那么我们的收获就要大得多。别人在听到我说我早上反思晨修常常需要 2~3 小时的时候，经常会很惊讶："这么长时间干什么呢？我怎么写日记 5 分钟就没啥可写的了？"

　　这就是原因。记录的过程，其实是联想、启发、归纳、演绎的大集合，是调用自己所有的知识去重新理解过去一天发生的事情。而这种通过书写记录、调用知识来解构和重构问题的过程，才是记录最有价值的部分，也是记录帮助学习能力快速提升的关键环节！


## 定期回顾


　　提升学习能力的第二个重要方法是定期回顾。先举个我个人的小例子。2015 年 6 月 7 日，我在天坛公园门口准备买票的时候，看到一个老外正在竭力比画着，想要表达自己的意思。我看售票员不大能够理解，便上前帮忙沟通。于是，我和老外 J 便搭伙，边走边聊。他告诉我，他来自纽约，是纽约音乐学院的老师。他这次来中国交流，还有一个下午的空闲，便来参观天坛。我作为一名拥有英文导游证却从未带过英文团的准导游，便通过向他讲解天坛历史，承担起了促进中美友谊的工作。那个下午我们聊得很开心，我帮他叫到出租车时，他递给了我一张名片。我和 J 的联系就此中断，我也渐渐忘记了此事。毕竟，我们的生活没有什么交集。

一年后的 6 月 7 日，当我回顾去年今日的日记时，和 J 一起度过的下午便又浮现在脑海中。于是我给 J 写了一封邮件，大致意思是：时光飞逝，一年前的今天我们在北京游天坛的情景让我记忆犹新，欢迎他再来中国，也希望他能够记得天坛的历史。结果第二天，我收到了 J 的回复，对于我还记得一年前今天的经历，他非常惊喜，高兴地说下次来中国一定请我听音乐会。我很高兴，在万里之遥的纽约，还有人惦记着请我听音乐会。

这段经历教会了我一件事：回顾，让我们能够在平淡生活中创造惊喜。

然而，回顾的作用远不止于此。更重要的是，回顾是让我们过去的记录和反思价值倍增的过程。换句话说：回顾，有一种神奇的魔力，可以让我们今天看起来平淡无奇的日子在未来的时刻变得动人而有启发。

比如，回顾两年前自己一次谈判的失误，突然意识到自己应该调整一个工作流程中的环节，这样就能规避很多风险。类似这样的事情，在回顾的时候常常发生。

事实上，我发现，回顾是连接过去与未来的纽带。

过往看似平淡的日子，因为时间的力量，因为空间的变化，因为心境的改变，因为自己的成长，在回头看的时候，就产生了新的意义。这种回头重新面对过去的做法，让我能更好地理解当时的自己，也更好地理解现在的自己，更重要的是能够给未来的自己以启发。

我常常感慨，如果不是养成了记录和回顾的习惯，我的生命经历会少多少惊喜、触动和启发！更重要的是，回顾能够帮助我们超越反思经验的局限，拓展我们的视界，看到更加本质的规律。这样的感受，在我坚持记录反思两年以后，越来越深。

最初，我养成记录反思的习惯后，常常惊喜于自己从一天的生活中学到了新的经验。然而慢慢地我发现，时间过得越久，自己越能看到很多当时自以为周全、正确的决策其实还有不足的地方——因为我们的经验往往是在事件本身的得失层面做出"正确反应"，而这个决定很可能在更高的层面上是"错误的决定"。

比如，项目进度很紧张的时候，你要不要招聘一个虽然不符合公司要求，但是如果招聘进来就能够快速完成项目的人？再比如，你的两个下属因为一个问题争执不下，你是选择自己做一个决定让他们不要再讨论了，还是让他们继续讨论？

我们的生活都是由一个个没有正确答案的问题拼接而成的。有些答案是与时间做朋友的，随着时间的推移，越来越会产生价值；而有些答案是与时间做敌人的，时间过去得越久，越被动。但是，我们常常只能看到和感受到眼前的压力和困难，无法超出自己的认识边界做出决定。

对这一点的感悟，让我慢慢地理解了为什么稻盛和夫会说"越是复杂的问题，越要用基本、简单的原则思考，比如正直、不撒谎、不贪婪、不给人添乱"。遵循这些简单原则做决定，虽然看起来会让当时的自己更加窘困，但是这些答案的影响却是在与时间做朋友。

所以，很多人嘴上在说"吃亏是福"，可是遇到具体利益冲突的时候锱铢必较。为什么？因为"吃亏是福"的"福"，要很久才能感受到，才能收获到，而这个"亏"却是要立即吃的。

而回顾，加入了时间的力量，让我们在审视自己的过往时，有可能超越短期反思经验的局限：回顾自己过往的经历，当时的锱铢必较不吃亏好像很有收益，那么后来呢？当时坚持一些最基本的做人道理因而做出了貌似很傻的决定，后来呢？

有了这些思考，我们就慢慢地在一些基础而重要的概念上有了更深的认识，而这些认识，又进一步让我们建立了正确的认知基础，从而能够理解下一个层级的知识。所以，回顾对我们的学习意义格外重大。

那么，回顾工作具体要怎么做呢？我将回顾分为三个层次：周/月度回顾，主要是在微观层面审视解决问题的假设和效果（问题解决思路）；年度回顾，检视基本思维方式和灵感激发；五年以上回顾，探寻基本规律如何影响生活。

## 周/月度回顾——审视问题解决思路

在每周或每月回顾时，我会结合周计划目标或月计划目标来审视关键目标的实现情况。我会问自己：

1. 本周或本月的目标与期望是什么？

2. 实际情况如何？比预期好还是坏？

3. 为什么？

- 做得好的原因是什么？做得不好的原因是什么？（当时我的假设是什么？）

- 如果现在重新做，将会如何执行？新的假设有什么不一样？

- "跨领域经验"的类比与借鉴：思考自己遇到的问题可能与其他领域的哪些问题类似。他人用了什么解决思路和方法？他们的假设是什么？这个假设的原理是什么？对我认识问题的方式有什么值得借鉴之处？

4. 总结经验。

- 有效的假设在什么样的前提下有效？我未来一定要记得避免不考虑条件地乱用这次有效的经验。

- 哪些假设经这次验证是错误的？哪些行为是未来要坚决避免的？

- 哪些假设是这次想到或者借鉴的，接下来要尝试应用的？

这个思考模板，你是不是可以借鉴一下？

此外，在月度回顾中，我还会做一个工作：将本月的新启发、新方法、新认识、新问题汇总起来。你知道为什么吗？请尝试思考一下。

在"成甲"公众号（搜索"pkm100"）中回复"汇总"，看看成甲的解释和你的是否一样。

## 年度回顾——检视基本思维方式和激发灵感

年度回顾并不是说在年底做年终总结，而是以年为时间跨度进行反思。在持续记录反思之后，年度回顾会有点儿像大数据分析。关于这一点，网上有一篇文章介绍林彪在辽沈战役期间的决策案例，给了我很大启发。

辽沈战役期间，林彪每天都要听取当天战斗中缴获的武器、车辆和俘虏的军官军阶的统计信息。在一次战斗结束后，参谋例行公事汇报完当天的数据准备走的时候，林彪发现这次战斗的统计数据中缴获高级别武器的比例和俘虏军官人员的比例都比平时要高。他敏锐地判断：这是敌军指挥部的部队。于是林彪迅速调集部队追击，果然实现了辽沈战役的重大胜利。

从日常的记录和分析中，林彪总结出了战斗中的规律，从而能够通过战报统计来指导作战。这很像有人通过统计方便面的销量来推测中国农民工数量的变化，或者通过分析长三角地区纸质包装箱的销量来推测制造业经营情况。

我们的年度回顾，也常常能从日常记录里发现很多有价值的信息。例如，我们会发现我们过去用过的好办法现在早就忘记了，而我们过去遇到的问题，现在还会换一个"马甲"出现。就像有句话说的："人总是好了伤疤忘了疼，重复犯相同的错误，只是在不同的时间、不同的地点。"

而年度回顾，能够帮助我们在较长的时间跨度下，更容易地看清错误的根源，从而更好地集中精力解决问题。

## 五年以上回顾——探寻基本规律如何影响生活

我们如果站在 5~10 年，甚至更长时间的维度回顾审视自己的生活，会有更多奇妙的发现。可是怎么回顾这么长时间的内容？

有一个方法：时间线（timeline）回顾法。这个方法分为三步：

1. 审视我们现在所处的状况
- 现在让我们骄傲的事情是什么？
- 取得的成就是什么？
- 遇到的困难与障碍是什么？

2. 用三条线索记录过去 10 年的关键事件
- 发生在自己身上的重要事件
- 发生在家庭、公司或自己所在机构的重要事件
- 发生在全局（组织之外，包括国家、世界）的重要事件

3. 看看这些事件有什么关系，以及它们如何影响了我们今天的生活
- 哪些因素比其他因素发挥了更大的作用？如果我当时采取其他行动，可能有什么不同？在类似的背景下，其他人采取过什么行动？有什么值得我借鉴的？

这个方法虽然很简单，却能够让我们发现当时看起来不起眼

的小事如何影响了我们今天的生活。一些基本规律，在 10 年的跨度中始终发挥着作用，并没有因为当时看起来无解就真的不存在。

例如，我对自己过去 10 年的经历进行时间线梳理时发现，对我今天的生活有重大影响的思考方式包括：

1. 我在收入匮乏的时候，由于缺乏安全感，没有勇气投资虽然自己认为正确，但是结果不确定的领域。

我过去错失的机会和抓住的机会，均印证了投资基本规律正确的事情，长期看必然会带来回报。这一思考方式对我影响重大，让我在收入匮乏时有信心投资到确定的不确定性上；也让我在收入有一定安全空间时，愿意更多地投资到这样的事情上，更有耐心地等待时间的积累。

2. 生命中给我极大帮助的贵人，都不是因为我帮助了他们什么，而是因为他们看到了我如何帮助别人。而我之所以投入那么大的热情去帮助别人，只是因为这是我喜欢的事情，不去计较有没有回报。有意思的是，当我们有热情和勇气坚持做超越自身利益的事情时，世界会在你意想不到的时间和地点给你回报。

我想，每个人都应该从 10 年以上的跨度回顾审视我们的生活，这样我们才能超越简单的经验学习，看到更加基础而重要的规律如何影响我们的生活。回顾，其实是发现很多"短期正确、长期错误"的方法的工具，如果我们把回顾这个方法运用好，它对我们提升学习能力就会有很大的帮助。

写到这里，关于定期回顾的方法基本就说完了。可是回顾这项工作涉及大量信息的保存和定期查看，那怎样才能有效地管理这些信息并方便地定期查看呢？

工欲善其事，必先利其器。这就要用到好的知识管理工具。我个人一直使用"印象笔记"。（"有道云笔记""为知笔记"等都有类似功能。）"印象笔记"是什么？简言之，就是网络笔记本。但是它的核心功能是：所有想法数据，随时随地，汇集一处！无时无刻，便捷查询！这简直太酷了！

想一想：你出门看到美食可以拍下来立刻存在印象笔记；你见到多年未见的好朋友，可以拍下来，存在印象笔记；你和同事的一次会议讨论，可以录音，存在印象笔记；你收到重要的票据或合同，可以扫描翻拍，存在印象笔记……

而随着时间的发酵，一两个月、一两年之后，连你自己都忘了的这些生活点滴，在一个偶然的时刻，却能够在印象笔记中看到，这是多么方便！

最好的学习，是从对生活经验的反思中学习。而印象笔记可以帮我们收集生活——用各种方式收集我们每一天的生活。它支持所有的电脑端和移动端平台，你可以随时打开你保存的信息，查看资料。

过去，我们在电脑上保存资料是这样的：复制—打开一个Word 文件—粘贴—保存在一个文件夹里。时间久了，资料越来越多，我们找起来却很麻烦。如果回忆不起来存在哪里了，还要打开文件一个一个去找。

生命应该"浪费"在美好的事情上，而不是在不停地打开

Word 文件上。

在手机端，印象笔记和微信有一个很好的连接，你可以把在朋友圈看到的文章都保存在印象笔记中。（前提是你要关注一个公众号——"我的印象笔记"，然后把它与你的印象笔记绑定就可以了。）比如，一篇微信文章你没时间细读，你就可以把文章发送给"我的印象笔记"，等你有时间阅读的时候再在印象笔记中慢慢读。上面这些内容，估计用过印象笔记的人都知道，算是给新手扫扫盲。

下面，切入正题，分享使用印象笔记进行知识管理的 5 个小技巧。

### 1. 把短信备份在印象笔记中

如果你的手机是安卓系统，有一个 App 叫"印象笔记信使"，可以把你的手机短信备份在印象笔记里。这样，当你要回顾过去的短信时，即使手机上没有保存，你也可以方便地在电脑端搜索查看。

### 2. 为每一次对话录音

这么说有一点儿夸张，但是有一段时间我差不多就是这样的状态。到现在，我也会把重要的对话录音。为什么？给你说个我经历的真实案例：

2013 年我买房的时候，和房主谈判，当时房主大叔向我承诺了各种配合我买房的条件。结果定金交了，在办理过户的过程中，房主突然"失忆"了，非说他根本没有向我承诺过那些条件。我帮他回忆了很久，他死活都不承认。我实在没招儿了，只好默默地打开了那天的日记，找到当时的录音……

我亲眼看到大叔的脸色都变了。那个场面其实挺尴尬的，我也不想经历。我觉得房主大叔可能真的忘了那天说了什么，但是印象笔记帮他记住了。当然，记录在印象笔记里并不是为了留人的把柄，这是一个特例。

录音，更重要的意义是帮助我们记录沟通的过程，从而让我们未来回顾的时候能够更准确地还原当时的情景。比如，与领导、客户开会，笔记记录的内容总是不容易全面，而且当时你的理解也未必和领导、客户的意思一致。等你开展了一段时间工作，再回过头来听当初客户或领导的发言，你会有种恍然大悟的感觉：原来客户或领导这句话是这个意思！

这样的奇妙感觉我经历了很多次，常常能够发现之前忽略掉的信息，从而加深对客户需求的理解。而且，在听录音的时候，我也会产生"当时的自己怎么那么笨，怎么又抢客户的话头了？"的心情。（检讨……）真是"旁听者清"啊。回顾时听重要的录音，是一个帮自己深刻反省自己坏毛病的好办法。

不过，你可能会说，如果只是录音，用手机就可以啊，干吗一定要用印象笔记。这么说也有道理。但是，如果重要的会议需要在未来回顾的话，手机的容量总是有限的，保存不久，也有丢失的风险。而保存在印象笔记中，就不存在这个问题。而且，除了后期便于查找，印象笔记的录音还有一个优势：它的录音文件超级小！几分钟的录音只有几十 kB（千字节），录一个小时也不过 10MB（兆字节），简直是神器！

### 3. 提醒定期回顾

如果我们在日记里记下一段重要的思考过程，想要以后回顾查看，但是，很可能过一段时间忙起来，这件事情就被我们忘得一干二净了，怎么办？印象笔记有个功能，就是给文章设置提醒。你可以在写好文章后，就顺手设置一个月或半年后提醒自己查看，这样就不会忘记了。

### 4. 建立核查清单

人犯的错误分两种：一种是无知之错，一种是无能之错。无知之错是超出你能力的错误，错了就认了。无能之错是本来能够避免的，但是由于忘记做一些事情，结果搞砸了。核查清单，就是让我们避免犯这样的错误。

比如，我出差是家常便饭，我的同事也常常要陪着。如果哪次我或者同事少带了东西，或者带了不能带的东西，就麻烦了。于是，我列了一个出差清单——包括坐飞机前检查洗漱用品有无超过 100 毫升，提前检查话费，去偏僻的可能手机信号不好的地方前检查信用卡账单、还款，等等。自己检查一遍，也给同事发一份让他检查，太省心了！

再比如，我们要进行年度回顾或者 5 年以上回顾时，有一些固定的问题要问自己。如果每次都重新思考就很麻烦，而印象笔记就可以在年度回顾的页面提前把问题列好，未来回顾的时候直接打开就可以了。

### 5. 回顾重要人脉

科学研究证明，唯一可以让人从外部获得持续幸福感的因素就是良好的人际关系。

我在印象笔记中新建了每个月的日历，在日历中会提前安排本月要见的朋友，见面后再在上面记录见面的场景和收获。等以后回过头来，打开每个月的日历，看到当时见到的朋友、当时的自己、我们在什么场景下见面、聊了些什么……那是一种很奇妙的感觉，而且常常会带来新的机会。好了，如果你对印象笔记的使用还有疑问，可以自行百度，网上也有很多教程！

## 付费购买

最后，谈一个看起来和提升学习能力关系不大的领域：付费购买。在我看来，我们努力学习的一个重要目的就是，在有限的时间内，尽可能多地提升认知深度。而影响我们提升认知效率的因素有两个：一是学习内容的数量和质量；二是用于学习的时间。

从宏观角度看，有助于提升认知效率的努力方向也有两个：一是想办法提升自己学习内容的质量并增加数量；二是增加有效学习的时间。

不过，这两个解决方案其实是有内在冲突的：要学习的知识越多，要付出的时间就越多，我们的时间就越不够。而这两个因素中，时间是更刚性的因素——我们无法把一天 24 小时再多掰出来哪怕一分钟。因此，我们只能优先提升学习内容的质量。

## 提升学习内容的质量之"买书"

如何提升学习内容的质量呢？最常见的方式是买书。我买书有一个特点：只要是觉得可能会有用的，我就会毫不犹豫地下单购买。现在有了电子书，方便了很多，但是喜欢的书，我还是会买纸书回来。

这和很多人的想法不一样。不少人会说："我已经买回来的书还没看完呢，还是等我看完之后再买吧。"这就要搞清楚一个问题：我们为什么买书？

是为了看完书吗？至少我不是。我买书不是为了看完书，而是为了更快速地寻找问题可能的解决方案，探索如何消除知识阻塞。所以，一本书只要可能对解决我关心的问题有帮助，我就会买回来。买回来后我也不着急第一时间把它看完，而是先花几分钟阅读目录、前言和结论，目的是了解作者写这本书究竟要解决什么问题，思路是什么，我关心的话题他是怎么解决的。这样，我不用读完这本书就知道以后在遇到何种问题时可以向它咨询。这时候，书就好比我的一个私人顾问。如果我们身边随时都有合适的顾问，那么这对于我们提高认知效率会产生极大的帮助。

要知道，在深入思考问题的状态下，能够在多本书之间快速穿梭、寻求解决思路是一件特别重要的事情。如果直到思考问题的时候才上网买书，等书到了，状态已经没有了，耽误的时间所造成的损失，可远比书贵。所以，我买书，是为了更快速地提高学习效率。

这种买书的方法还只是对多数书的做法。对于自己特别喜欢的经典书籍，需要当作枕边书常读的，我会买好几本。《穷查理宝典》我就有好几本，家里一本，公司一本，车上一本，想到一个问题的时候，就能随时翻出来看。

所以，其他人把买书看作花钱，而我则把买书视为投资认知的理财活动。在我看来，没有哪个理财产品的收益率比提升自我认知更高。越早让自己的认知升级，就越能享受其带来的复利效应。所以，付费购买质量足够高的知识产品，是提升学习效率的一个重要方面。

**增加有效学习的时间之"买时间"**

付费购买还有另一个方面，就是花钱买学习的时间。虽然一天 24 小时的时长不能改变，但是我们能想办法增加用在学习上的时间。如果能够花钱"买时间"让自己学习的话，也是非常划算的事情。

有人问我："你有创业公司，又做《成甲说书》，还写书，时间怎么安排得开？"

办法用了很多，很重要的一环就是我会想办法花钱"买时间"。比如，为了增加反思晨修的时间，我出门就不自己开车，而是找代驾或者打车。我即使没有喝酒也要找代驾，目的是省出时间来处理适合在车上完成的工作，从而节约出学习的时间。

有一次，在晚高峰的时候，我从通州打车去海淀。司机很好奇地问我："旁边就是地铁站，几块钱就过去了，为什么要在这个堵车的点儿打车呢？"我说："我要在车上睡觉。"

挤地铁表面上看很便宜，但加上机会成本就很贵了。本来我工作一天已经很累了，再挤地铁回去，到家就更累，那么我晚上就什么也不能做，需要早早休息。而打车表面上看起来贵，但是这段时间里我可以恢复精力；如果睡醒了车还没到目的地，我还可以在车上处理其他事情，节约了时间，仍然很划算。

再比如，我同事会很好奇，为什么我在有了 iPad、MacBook 的情况下，又买了一台 Surface Pro 4。那么多电脑，用得过来吗？

我之所以买 Surface Pro 4，有两个原因：一是在车上以及其他需要等待的时间里，我可以用手写草图的方式思考问题；二是我的草图记录可以随身携带，不需要我再花太多时间寻找过去的记录。花钱购买能够帮你省时间的生产力提升工具，是最划算的投资。

同样，如果有某个我很喜欢的专家谈论我关心的话题，那么即使明知过一段时间会有便宜的视频，我可能也会花钱去现场。因为要了解对自己有价值的人和观点，现场感以及获取信息的速度都很重要。

所以，付费"买时间"，也是提升学习效能的一个重要技巧。

以上，就是我关于提升学习能力的三个技巧想要分享的内容。这几个技巧，其实也不是可以速成的"技巧"。但请相信我，一旦你可以形成类似这样的能力，它带来的长期收益一定比"技巧"更多。

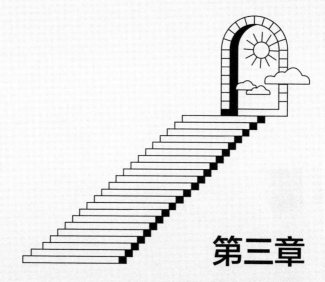

# 第三章

# 发现和应用自己的临界知识

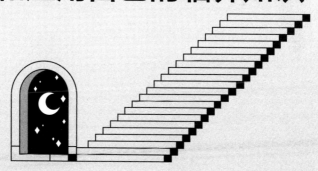

在掌握了理念和方法的基础上，

回到核心问题：如何找到临界知识？

怎样能够把临界知识真正应用起来，实现知行合一？

# 为什么临界知识能四两拨千斤？

前面我们一直在说学习的方法和心态。接下来，我们开始学习如何发现自己的临界知识。

在开始这个话题前，我们要先弄明白两件事情：为什么临界知识有四两拨千斤的效果？是不是只要学习了临界知识，就能立刻快速进步？

先说第一个问题：我对学习临界知识能够实现"少即是多"效果的判断，建立在两个重要假设的基础之上。

第一个假设：很多时候，复杂的世界是由简单的基本规律决定的。

我认识一个老板，他觉得员工不够有责任心，就设置了很多规章制度来防止不负责行为的发生。结果在执行的过程中，员工觉得不被信任，就想办法钻制度的空子，老板就设置更多更复杂的制度来对付员工。在这个过程中，老板心力交瘁，员工也没有了斗志。

对大多数人而言，解决复杂问题的思路往往是"用复杂对付复杂"，想出更复杂的方法来处理复杂问题。而我的底层假设是：在很多情况下，看起来复杂多变的系统，其实是由背后简单的基本规律决定的。

在我看来，这个世界最底层的规律应该与化学、物理、数学密切相关。毕竟这个世界是由随机出现的基本粒子组成的化学元素构成的，而数学是描述这些现象的重要基本工具。你很难想象世界的运作会不受到这些基本规律的影响。同时，人是所有事情的主体，因此人类心理学或认知学的基本规律也非常重要。

关于"复杂现象背后是简单的规律"，有两个案例符合这一假设，给我留下了深刻的印象。

一个是英国数学家康威发明的"生命游戏"图。

扫描左侧二维码，关注我的公众号"成甲"（微信号：pkm100），回复"生命游戏"看图。

这复杂的运动现象，与现实中生命运动的方式多么相似。你能够想象到这么复杂的图像行为，是由2~3个黑点在被给定几条非常简单的规则后，自然演化出来的吗？

初始状态下简单的2~3个黑点竟然会演化得如此复杂，甚至发展出了类似生命的现象！这些看似复杂、不确定的状态，背后却是简单、基本的规律。

另一个案例来自真实的生物界。鸟群、蚁群或者大海中的鱼群，它们的群体行为非常复杂。比如：大雁能够一会儿排成"一"字，一会儿排成"人"字；鱼群的行为似乎更复杂，蓝竹荚鱼群甚至会卷成一个圆环形的诱饵球，以迷惑捕食者。这种群体行为的复杂性和高度统一性令人惊叹：这么多鱼，又不会说话，是怎么做到群体复杂动作高度统一的呢？

科学家经多年研究后发现：动物复杂的群体行为，并不是借助由特殊的气味或声波传递的信息统一指挥；而是只要所有的动物都遵守同样的简单规则，它们自然而然就会做出各种复杂的群体行为。

在迪士尼动画片《海底总动员》中，尼莫和一大群小丑鱼在海中畅游的场景令人印象深刻。可是，这么复杂的鱼群行为，是动画师一个个设计好，画出来的吗？不，他们仅仅是给小丑鱼们规定了几个简单的规则，动画角色自己就"活"了！你不觉得震惊吗？看似复杂的群体行为背后，居然也只是简单的规则在起作用！

在人类的现实生活中，这一规律也同样适用。有人通过践行"复杂现象背后是简单的规律"取得了重大成就。比如日本的"经营之神"稻盛和夫认为：面对复杂的问题，要从简单的、基本的原则入手。而查理·芒格则明确提出：我们要真正认识这个世界，就必须理解并掌握重要学科的基本规律，并把它们当作基本的思维模型来处理问题。同样，临界知识也有着相似的道理：用简单的基础规律来解释复杂的世界现象。

当然，尽管我们在强调简单的价值，但是还有两点要注意：

1. 简单是有限度的。正如爱因斯坦所说：要尽可能简单，但不能过分简单。

2. 一些领域的系统就是十分复杂的，难以简化。换句话说，有些领域没有简单规律或者至少我们还没有找到关键规律，那么这个假设就不成立。

第二个假设：复杂系统不是简单的因果关系累加，而是各因素相互影响的动态系统。

对于复杂的问题，多数人最常用的方法是将其分解成简单的小问题。就像拆收音机一样，我们通过不断"格物"来"致知"。运用这一方法取得巨大成就的机构，应该首推麦肯锡。

麦肯锡的工作方法，基本都是运用这样的思考方式：一个复杂的问题就像一个大饼，你可以把它切成一小块儿一小块儿的。

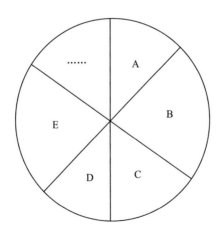

从麦肯锡的官网上我们可以看到，他们基本将复杂的客户群按照行业进行划分，由不同的团队逐个击破。从《麦肯锡季刊》中可见麦肯锡将行业划分为：汽车，银行与保险，商务技术，消费者，医药，创新，互联网与电子商务，宏观经济，制造，私募，人才与领导力，技术、媒体与通信，城市化可持续发展。

麦肯锡在解决具体问题的时候，又会按照 MECE（相互独立，完全穷尽）的原则，遵循金字塔原理，把复杂问题 A 层层拆解成子问题，通过解决这些小问题，最终解决复杂的问题 A。

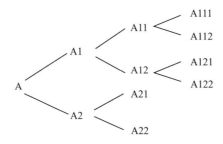

麦肯锡方法，在解决具体问题方面非常有效。

我们公司新员工入职后的基本训练之一，便是快速界定问题，结构化分析问题，提出解决问题的假设方案，快速进行验证试错。

但是这个方法也有一个重大的缺陷：它对问题的基本认知结构是简单的因果关系。金字塔原理本身就是一个因果结构的思考工具。

用因果关系思考问题是错的吗？不一定。但是从复杂系统的角度看，因果关系是片面的，因为在一个系统中，任何一个因素都和其他因素之间有紧密的互动关系。原因本身就是结果，结果也是原因，因即是果，果即是因。听起来感觉很绕，但是这个假设可能更接近真相。

举个例子可能更有助于理解：你和同事的关系一直不好，每天见了面都不打招呼。有一天，你下定决心不再计较，不管对方多么不友好，你都要真诚、友善地对待他。你不去管对方的态度，你只管你自己的态度。

结果，坚持一段时间后，你的同事很可能就改变了他对你的看法，进而改变了对你的态度。而对方态度的转变，又更加坚定了你的信心，鼓励你继续真诚友善地对待别人……在这个过程中，我们可以看到原因和结果是相互影响的。按照《第五项修炼》中系统思考的观点看，我们所处的世界更像是网络的环状结构，而不是线性的因果结构。在环状结构里，所有节点的变化，都会通过影响其他节点最终影响到自身。因此，一个完整的系统具有动态复杂性的特点。

而我们将要掌握的临界知识，正是应对这种不确定性的工具：它可能是系统内部元素间复杂作用关系相互抵消后呈现出的简单规律——反而是那些具体领域的技术和技巧，很难用于解决动态不确定性的问题。所以，我们花大力气学习掌握临界知识，能够实现四两拨千斤的效果。

那么我们再看看前面提出的第二个问题：是不是只要学习临界知识，就能立刻快速进步？

我的答案是：不一定。快速进步这个概念是相对的。比如，有人可能会说："别人不像你这么费力做这些'基本功'，人家进步得也很快啊。"确实如此。有的人可以通过勤奋的思考和大量的练习来掌握某个行业或领域的技术与工作技巧，从而在这个领域中快速成长。这时，他的能力成长曲线是这样的：

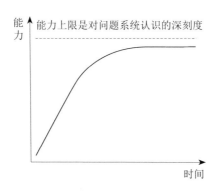

曲线前期的陡升对应着学会具体方法和技术后，解决问题能力的快速增长。但是这样下去也有一个问题：能力提升的后劲会越来越不足。

这是因为大多数人日常认识和解决问题是依靠直觉、个人经验、简单线性思维、意识形态和价值观偏好。而这种思维方式将导致：

（1）无法发现事物之间深层次的联系——大部分事物似乎是孤立的；（2）在面对超出自己日常工作、生活经验范围的问题时，不知从何下手，更无法准确地把握关键环节并合理预测事情的发展趋势。

所以很多人在工作了几年之后，慢慢感觉学不到什么新东西了，能力增长碰到了天花板。这个天花板，就是源于你只能相对孤立地、割裂地看问题，而缺乏关于系统底层规律的认识，无法打通知识体系。所以，从长期看，这种学习方式的效率是比较低的。

而学习临界知识，需要在前期不断训练和掌握基本的心态和学习方法，所以速度就会很慢。可是一旦掌握了整个学习的理念和方法，学习能力就会大幅提升，你可以将跨领域的知识相互穿插、借鉴应用，学习速度会越来越快。这两种不同的学习路径，对应的增长曲线类似下图。

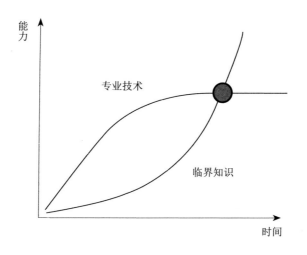

我仍记得第一次把从研究淘宝皇冠店学到的知识用来和客户进行商务谈判时的激动心情。我知道，我进入了一个全新的世界，看到了一个解决问题的方法和过去完全不一样的世界：事物之间有更广泛而深刻的联系，简单的规律在影响着几乎所有事物的发展。而你，可以利用这种联系和规律，更好地预测和控制未来。

这时候我再看以下查理·芒格所说的话，才感受真切：

如果你只是孤立地记住一些事物，试图把它们硬凑起来，那你无法真正理解任何事情……你必须依靠模型组成的框架来安排你的经验。

我相信，你在真正发现并应用临界知识后，也会对这段话有全新的理解和认识。只是，学习具体技巧的人多，钻研临界知识的人少。所谓"夫夷以近，则游者众；险以远，则至者少"。壮美的风景，都在人迹罕至的地方，哪个领域都一样。

总结一下，从短期看，学习临界知识带来的进步速度未必是最快的，但是从长期看，用临界知识学习和思考是效率最高的。

# 如何发现自己的临界知识？

如何找到有价值的临界知识？前面说过，临界知识其实是对事物更底层规律的总结。如果我们要去找临界知识，就要去它可能出现的地方寻找。

哪些地方较易产生临界知识呢？便是可信度比较高、适用面比较广的重要"硬学科"里，比如数学、物理、化学、生理学等。

看到这里，你会不会有些疑惑：数学？物理学？生理学？这些课程我们都学过，可是除了加减乘除等基本常识，其他知识似乎和我们的日常生活没什么关系，我们从来没有发现生理课的知识能给买菜或谈判带来什么帮助。是不是要在数学和物理这些专业领域里，学习更加高深的知识才能明白呢？

当然不是。相反，我们要学习的反而是最基础而重要的规律，这样的规律适用面才广泛。当然，不是说其他"软科学"不能产生有用的临界知识，但是要更加谨慎，多考虑适用条件，比如心理学、经济学和社会学的概念，我们往往需要深刻理解其原理和前置假设才能应用。

那么，为什么这些可信度高、适用范围广的结论更容易产生临界知识呢？

这个问题要从临界知识的本质特征说起。其实临界知识的思想核心，是用更加可靠的学科的研究方法、思想和结论来处理没那么可靠的领域的问题。简言之，就是解决问题最稳妥的办法是拿可信度更高的方法去处理问题。

比如房价高这个经济学现象，可以有很多解释，比如温州炒房团、"丈母娘经济"、对比国际大城市房价等。但这些解释立足的根基其实并不怎么牢靠。那么怎么办呢？临界知识的思路是不用这些"现象原因"解释问题，或者说不用这些非常具象、未经严谨验证的推测解释问题，而是借助可靠度更高的原理解释，比如供需关系、不均衡分布以及规模效应等基础知识。这样的解释未必对，但显然可能更可靠，也相对容易检验。

所以，找到了可靠的学科就容易找到临界知识。比如数学，这是一个逻辑推演的学科，数学方法是建立在几个基础假设以及逻辑分析之上的。因为数学不依托于真实世界存在，所以只要在它的假设范围内，几乎所有的推论都是正确的，那它的知识就很可靠。再比如物理学，虽然比起数学而言，物理学没那么"硬"，毕竟还是有一部分结论是基于实验归纳推测的，但这么多年来，尤其是现代物理学的发展，使得这门学科的可靠度相当高。而且物理研究物质规律，我们很多生活决策都有物质参与，那么物理学的结论也就很重要了。

而最热门的经济学，其中的基本原理对我们的生活也有帮助。

早些年人们甚至不承认经济学是一门科学，直到现在，经济学内部对很多重要问题都没有共识。但是，理解经济学的基本原理对我们的生活大有帮助。比如查理·芒格很推崇的规模效应以及与之相关的边际效应，就是非常重要的临界知识，也是经济学原理。

心理学知识，说起来更复杂一些，本来社会科学对结论的要求就比较低，只要结论在大多数情况下成立就可以，甚至只要在特定情况下成立就可以，这不像自然科学，有一个反例就能推翻一个定理。不过，心理学的一些研究成果还是很有价值的，虽然不能百分之百在每个人身上每次都起作用，但是作为一个概率判断的工具，心理学对决策还是有很大帮助的，比如从众效应、权威效应等。总体而言，不理解人性，就无法理解生活，而心理学是我们理解生活非常重要的工具。

因此，对我们而言，找临界知识的过程，就是寻找对我们有用的、适用范围广的可靠知识的过程。那具体怎么找呢？我个人的经验是：

## 1. 从自己感兴趣的领域入手，学习这个学科的重要知识

找到感兴趣的领域，无论是营销、策划、咨询、金融、法律还是贸易等都可以。我们此前说过，所有现象层面的知识研究到底层之后都会联系起来。所以，从自己感兴趣的领域入手去阅读经典书籍，从中寻找最重要的原理和知识。具体做的时候，要多留心，观察看似习以为常的事情背后是否应用了我们已知的规律。

比如，很多年轻人都喜欢看 TED 演讲，我们或被演讲中的

科技进步感动，或因为一些感人的事迹而心绪起伏。可是，你有没有思考过，为什么那些演讲会吸引人呢？如果只是一个演讲打动人心，那可能是个人能力原因，如果很多演讲都能打动人，那背后很可能有规律。而对探寻这个大家习以为常的事情原因的好奇心，就是发现事物背后规律的第一步。事实上，有人就专门研究和总结了这个规律，写出《TED 演讲的秘密：18 分钟改变世界》这样的畅销书。

如果你以前就了解演讲的方法，那么你在看 TED 演讲的时候就会提醒自己："看，他在用'坡道'技巧。"你发现了一个已知的规律在新场合中被应用的实例。

如果你过去并不知道一场好的演讲背后有什么方法，那么你可能会看 1 000 场 TED 演讲，进行比较、总结，写出一本书——《TED 演讲的秘密》，那你就从事情中总结出了新的假设规律。

这两种能力对我们发现和掌握临界知识都很重要。

**2. 找到最重要的知识和原理的原始出处**

尽管我们可能发现了事情背后的规律，但是这往往还不够，还要进一步寻找这个规律的原始出处。这个步骤非常重要，也是大多数人在学习、研究的时候忽略的一个环节——找到重要的结论是怎么来的。

比如你可能接触过 1 万小时天才定律，大多数人学习这个方法，就是记住这个结论。然而，你要深入研究这个知识的出处是哪里。仔细找一找，你就会发现结论来自心理学家对小提琴手的研究。当你知道这个结论的原始出处，你对这个结论可能的适用范围和可能的局限性就会有更清晰的认识。

### 3. 尝试用更加基本的原理来解释这个知识

这一步工作就是寻找和建立临界知识的关键步骤。这一步骤，其实是寻找问题的第一性原理。

前面我们提到过，埃隆·马斯克说自己做每一行都是在用第一性原理思考。实际上，寻找和建立临界知识的过程，也是在用第一性原理思考：能够用更加底层、通用的规律解释，就不用新的假设。而这一点，正是科学研究的方法之一。还拿1万小时天才定律举例，对培养大师的现象，作者给出了新的结论：高强度训练1万小时。但是通过溯源到心理学实验，我们会发现刻意练习很重要。而刻意练习为什么重要，可以从几个更基本的原理解释。比如生理学上的结论：学习知识和行为之间的密切性与对应的神经链强弱有关，神经链越强，知识掌握得越牢靠。而要强化神经链，就要反复训练，这一点巴甫洛夫做了很好的证明。所以，持续高强度练习是提升能力的必由之路。同时，关于刻意练习的目的，我们还可以与第二章"刻意练习"一节中提到的心理表征联系起来——只有构建提升心理表征，才能把练习从低水平重复提升到更高层次。

在这个过程中，我们就开始用更底层的知识，来解释新学到的1万小时天才定律，也理解了这个定律的局限所在。

### 4. 没有解释的时候，想办法寻找或者自己创造一个假设并验证

有时候，我们对一个领域的解释并没有相关的储备知识，找

不到更底层的解释。

那么解决方案就有两个：要么我们想办法查询相关领域的书籍，看看有没有别人的研究结论可供参考；要么自己给出一个可能的合理化假设，然后想办法验证自己的假设是否合理。你可能会疑惑，怎么自己创造假设呢？其实，这个过程正是科学研究的过程：发现问题，解释问题，没有现成的答案就建立一个假设。一旦这个假设被大量的检验验证为真，那么新的规律就被发现了。

让我们再举一个例子说明这个过程。李善友（"混沌学园"创办人）有一次在罗辑思维给罗胖代班，做了一期关于"不连续性"的节目，大意是：我们这个世界是非连续的，连续性只不过是我们大脑的一个假象罢了。听完这期节目，我发现这个观点和我所知道的另外两个案例有关联。（**从感兴趣的内容入手。**）

第一个案例是"得到"App 首席执行官脱不花在混沌研习社一次分享的内容，大意是罗辑思维要砍掉现在十分赚钱的业务——"卖货电商"这个存量，迎接新的增量。

第二个案例是克里斯坦森在《创新者的窘境》中提出的"窘境"问题，即为什么成功的企业管理者做出的每个决策都是正确的，最后却会导致企业陷入困境。

这两个案例，都描述了我们这个世界中存在的一种不连续性现象。假设李善友教授提出的不连续性观点是正确的，且我了解的两个案例都印证了这种现象的存在，那么我的问题是：为什么会出现这种不连续性现象？（李善友老师在他的混沌研习社中给出了自己的证明，但是我们不是要找一个答案，而是要培养自己找出答案的能力。）

我的思考是：创新者之所以遇到窘境，一个重要的原因就是不愿抛弃存量，拥抱增量。你可能会觉得："这些管理者太顽固了，因循守旧，如果换了我，肯定会选择朝阳产业和未来的希望，怎么会继续守旧？"

可是想象一下，你的公司现在出售的产品广受市场欢迎，一年给公司带来 5 000 万元的利润，你的房子、豪车、陪爱人出国度假的资金都主要来自这个产品。这个时候，有客户找你，说想做一个新产品，但他的需求很少，一年只有 50 万元。

如果你答应他的要求，这将占用你现在的生产线，造成拳头产品生产停工。这可能导致公司收入下降到 1 000 万元，此时你会怎么办？放弃赚钱的业务，去做这个 50 万元的项目？如果你这么想，那我再告诉你一个事实：你几乎每周都会见到这样的新客户，说其需求代表未来的主流。可谁是真正的未来，没人知道。

设身处地地想一想，你会发现，这个世界不会自动标注出哪个客户或产品未来一定会成功，你可以勇敢地投入，但一切都是不确定的。而与此同时，我们眼前的高收入、大房子、出国度假和美食，却是明确的、可感知的。你能放弃这些确定的幸福享受，而去做一个不知道未来在哪里，也不确定到底会不会是"新希望"的新项目吗？

我相信，大部分人不会。为什么我这么肯定？因为心理学研究早就证明了，人有"及时享乐"、"厌恶风险"和"只能根据感知到的认识做判断"的心理特点。人的这些特征，使得我们对存量"敝帚自珍"，而难以拥抱充满风险的增量，这是人性使然。打江山容易，坐江山难。（**用更基础的道理解释。**）

我们容易守着既得利益的存量，却很难放弃已有利益去迎接变革的增量。很多人连换一份工作都没有勇气，更不要说赌上整个公司的命运投入一个未知的领域了。这样，既得利益的公司就会被那些新创立的没有包袱的创业者打趴下，这在最终结果上看起来就是非连续性的。（成功的创业公司是无数创业者试错及失败之后的幸存硕果，但大公司没有那么多资源进行如此多的试错，所以转身并不容易。这也是大公司愿意花大价钱收购有潜力的新公司的原因。）

你看，现在我们用查理·芒格提到的重要学科——心理学的知识解释了一个企业管理的问题。这就是临界知识的威力——可以普适地解释问题。

不过，我们还可以把这个思考继续深入。前面提到的非连续性都是现象层面的，换句话说，表面上看，企业的产品和战略需要一直变化，所以对管理者提出了很高的要求。但问题是，我们为什么要一直变革和改进呢？我们之所以变化，恰恰是因为"变化的原因"不变，即企业存在的理由不变——为用户创造价值是企业存在的基础。其实"用户需求是第一位"的要求一直没有变，只不过企业必须不断克服自己的弱点，改变自己，挑战自己，才能满足用户需求不变这个底层要求。

这让我想起了一个段子：有个男人一辈子都在喜新厌旧地换老婆，表面上看起来他一直都在变，可是仔细研究就会发现，他的底层需求一直没变，每次都是娶 20 岁的女孩子！这就是在看似变化的现象背后，有一个不变的底层规律——满足用户需求。（**构建自己的假设。**）

现在，我们又发现了新的临界知识——真正满足用户需求是企业决策的第一原则！我们真正理解这个临界知识之后，会在创业、带团队等需要做管理的时候时刻警醒自己，因为我们知道，这个定律是和我们的人性相悖的！（用户需求第一，这其实是一个大家都知道的很"旧"的概念，但是我们重新理解了这个概念，当我们能够以新的角度理解旧的概念并应用它解释很多新事情的时候，旧概念就成了我们的"新武器"。）

你看，我们通过这种不断的思考，又提出了自己认为重要的临界知识假设。

你可能会好奇：我们提出的这个临界知识新假设，一定是正确的吗？确实，答案是：不一定正确。我们提出的每个临界知识假设，都只是一个假设而已，是需要被验证的和可能被推翻的。但是，这不重要。重点是，当你具备了这种不断质询、反思探索的学习能力时，在持续的发现和自我否定中，你的临界知识假设会进化得越来越可靠，越来越有解释力！

上面的案例说明了我一直以来寻找临界知识的方法，其实说白了也很简单：把科学研究的严谨方法引入日常生活的思考、决策中。坚持这样训练，你也能找到自己的临界知识！

# 天赋与学习临界知识的关系

前面我们一直在讲发现临界知识其实是探讨事物背后底层规律的过程。这个过程要求我们深入专注，耐心研究。事实上，在任何一个领域要做到杰出都不容易，学习临界知识也不例外，而坚持努力这件事情，除了要有意志力，更重要的应该是对这个成长过程从心底热爱和喜欢。如果我们能够一边做自己喜欢的事情，一边学习临界知识，就能事半功倍。事实上，这也是我推荐的方法：在做你喜欢的事情的过程中，寻找事物背后的规律。

那哪些是我们充满热情与喜爱的事情呢？一般而言，是我们具有天赋或者说具有优势的领域，所以我们可以从这个方面入手。

不过，我发现这个问题真正的难点在于，大多数人觉得："我好像没什么特别喜欢的事，也没有什么天赋，怎么办？"其实这个过程我也曾经历过。和大家分享一下我的经历，或许会对你有启发。

直到大学三年级，我都觉得自己是一个特别平庸的人。我甚至觉得，这可能是因为我的名字很普通——如果我叫牛顿或爱因斯坦，可能自己取得的成就会更大。

天赋对于我而言，是一种可望而不可即的事情。别说天赋，就连真正的兴趣，我似乎也是没有的。


## 努力寻找天赋

在我的整个义务教育阶段，每个学生都像模具一般。所谓的兴趣，是参加过的培训班的另一种说法：钢琴、书法、舞蹈、奥数……而天赋是指，有的人小学就拿到钢琴十级，有的人5分钟就做出我看都看不懂的奥数题目。

而我，属于模具中那个看不出来有什么特别的一个。兴趣，真正和我的生活发生联系，是上大学后填写社团简历时让我挠头的一个空格。我从来没有真正思考过兴趣和天赋究竟是什么。直到有一天，我突然意识到可能天赋需要去寻找，而我花在思考"我的天赋是什么"这个问题上的时间，累计还不如一期《新闻联播》时间长。


## 找不到天赋，兴趣凑

"我的天赋是什么？"

这个问题难以回答的地方在于：我是有天赋的人吗？如果我有天赋的话，不应该早就表现出来了吗？我至今从未发现自己有神童的经历，看起来也很难创造"神老"的未来。我的天赋是什么？我真的想不到答案……

那么，没有天赋，我总该有点儿兴趣吧？我的兴趣是什么？虽然比起天赋而言，这个问题看起来难度下降不少，但是，我对这个问题是不是有答案，一样没有足够的信心。直到有一天，我读到一篇文章，教人如何寻找自己的兴趣：首先，到一个安静的地方，坐下来，然后，拿出一张 A4 纸和一支笔，最后，写下你想做的所有事情，写下那些曾经让你投入其中、忘记时间流逝的事情——那里面埋藏着你的兴趣。我觉得这是一个很扯的方法，因为我按照这个方法做了一遍，发现我最喜欢的事是：聊天。当时我都震惊了，难道我是说相声的命吗？或者是做 QQ 陪聊，每次 5 毛？

## 天赋不是神奇，是理所应当

虽然我是真的特别喜欢和人聊天，但是，我认为这样的能力在我过去的人生中，除了给高中班主任带来无限烦恼，并没有什么价值。不过，我开始慢慢地思考，我为什么会喜欢聊天这件事情。我发现，并不是所有的聊天都会让我兴奋；有时候，聊天聊到一半我也会烦。为什么会这样？

我开始意识到：如果我和别人聊天之后，能够给他人以帮助，帮助别人解决问题，获得别人的感谢与赞许，就会让自己特别有成就感，我会觉得自己很强大，虚荣心也会得到极大的满足。

原来吸引我的是通过聊天满足我的虚荣心啊。正所谓谦虚使人自大，虚荣使人进步。既然找到了自己感兴趣的事，我就开始把它"发扬光大"，把通过聊天满足虚荣心这件事当作正事来做。

　　身边朋友说："你这样不累啊?"可是我真不觉得累啊!我乐此不疲。

　　一次，我去一个沙龙做分享之后，主办人 Susan 过来和我说："成甲，我感觉你会发光，你特别能激发别人的潜能。"这句话像闪电一样击中了我。是啊!我喜欢的不单单是聊天，也不仅仅是简单的满足虚荣心;真正让我感到兴奋的是，通过自己的努力去激发别人的潜能。这些时刻，会让我觉得自己特别有价值。

　　这时我才发现，原来我是有天赋的。只是过去我对天赋的定义错了。天赋不是神奇的能力，不是那些看起来"高大上"、和别人不一样的东西。

　　天赋，是你自然投入而熟视无睹的事，是你不由自主、理所当然去做的事。一件事，对别人来说是工作，对你来说是乐趣与喜爱。夜幕降临时，别人长叹一口气："今天的活儿终于做完了。"而你却期待着明天的到来："我可以把这件事做得更好。"

　　这一点点的差别看似微不足道，但把时间的变量放进去，长期的结果会产生惊人的差距。

　　天赋不是绝对稀有的能力。我相信世上爱聊天的人一定有很多，说不定比我更喜欢的人也有很多——郭德纲可能算一个。

　　但天赋是相对稀缺的能力。一定不是所有人都这么喜欢通过聊天激励别人，可能我身边 80% 的人都不像我这样喜欢激励别人。换句话说，在这个领域，我什么都没有做就超越了 80% 的人。这是一件多么了不起的事情。

## 从热爱的事情入手发现临界知识

我在激励和帮助别人的过程中，常常需要思考并回答别人的困惑和提问。这个过程倒逼着我去买很多相关的书学习、研究，而我把这些学习的内容付诸实践、分享给别人后，在交流中又促进了自己的理解。这个过程其实就是此前提到的以教为学。

因为我热爱分享和传播有价值的观点，所以我逐步成为人脉网络中的节点，朋友们有一些好的机会或者资源，也会主动分享给我。这进一步让我有机会接触更优质的学习资源和更高级的学习平台，一步步提升自己的认知水平。

在这期间，我发现有些知识比其他知识更有解释力，而这种解释力往往可以跨领域应用。发现这一点后，我就逐步地做到在掌握一个领域的重要方法和规律之后，快速将其迁移到其他领域，从而实现自己跨界能力的提升。

上面这个过程，基本上就是我从聊天逐步发展到发现临界知识的过程。整个过程中最关键的环节，其实是我找到自己天赋的那个转折点。我期望读者也能花时间去寻找自己的天赋所在，投入其中就能取得事半功倍的效果。

对于如何找到天赋或优势，除了上文我的经历可供你参考，

《现在，发现你的职业优势》这本书中有一个观点我觉得也非常值得与你分享，那就是：你的优势就是那些让你感到自己很强大的事。

这种内心的感受只有我们自己知道。做让自己充满骄傲和成就感的事情非常重要。有时候我们没有找到，可能是因为我们还没有尝试过。如果从未上过马背，你怎么知道自己是不是一个好骑手？你从未吹过小号，怎么知道自己是不是个好乐手？所以，正如 TED 演讲人肯·罗宾逊说的：尝试新领域的各种可能性是发现天赋的一部分。我们一旦找到自己热爱的事情，就更可能愿意深入钻研下去，如果你还知道在这个领域可以深挖到临界知识，以此指导你的热情，那么，你会比别人更早地理解这些规律，也能更深刻地运用这些方法。

## 总　结

写一节关于天赋与临界知识关系的内容，这个建议是本书内测阶段的读者提出的。我看到这个建议后，立刻明白这个议题很重要。我们在书中聊到的各种知识和方法，都是我们应对外部世界的策略。但更重要的是：你是谁？你喜欢什么？对于这个世界，你最深层的热爱是什么？

方法和技巧永远只是工具；内心的热情和天赋，才是让生活创造精彩奇迹的剑刃。真正重要的是：我们应当对这个世界充满好奇，有自己的热情和独立思考。

# 如何应用临界知识？

在我看来，大多数人读完我这本书后，都能理解临界知识的概念，有些读者通过一段时间的训练也能透过现象总结出背后的结构和相关的临界知识。能够发现和总结出临界知识，这当然是很大的进步。但是，这距离应用临界知识解决问题却还非常遥远，因为应用规律要比总结规律更难。

总结规律往往是用归纳法，以从众多现象中寻找背后的规律，而应用规律来设计实现过程则要复杂得多。这就好比参观一座非常具有美感的建筑，你可以通过分析研究这座建筑之所以美的原因，总结出一套令建筑具有美感的设计方法。可是，如果反过来，告诉你方法，让你自己建造一座美的建筑，那就很困难了。

总结规律和应用规律之间的难度区别就在这里。从某种意义上讲，这也是"知道"与"做到"之间的一个差别。我们要解决的最核心的问题是：怎样把临界知识真正应用起来，解决知行合一的问题？

答案就是我们前面提到的刻意练习。刻意练习我们学到的临界知识，是我们真正掌握它的关键。所谓刻意练习，不是说我们像做练习题一样，对同一类问题不停地记忆。恰恰相反，刻意练习至少有两方面的重复：第一，在不同的场景中，重复应用同一个临界知识；第二，在不同的时间，重复应用同一个临界知识。

关于如何做到知行合一，《成甲说书》有一期节目就讲了"知道做到"。关注"成甲"公众号，回复书名直达。

这个道理说起来很简单，但是做起来却有两个明显的困难：（1）怎样在短时间内，想到不同场景来练习？（2）在不同的时间重复练习。

除此之外，要在不同的场景中直接联系到临界知识，并不容易。为了解决这个问题，我的办法是：遇到问题时，先找这个场景下的专业技术解释，然后再对专业技术解释做进一步深入分析，联系到临界知识。这样，我们就能积累不同场景下临界知识的应用，从而多角度、全方位地深刻理解这个临界知识。在未来新的类似场景下，我们就更容易第一时间联系到这个临界知识，产生预见性认知。

实现上面的这些环节很不容易。不是说我们做不到，而是找寻这些案例和制订执行计划的成本很高。可是没办法，我们只能逼自己在每天反思的时候更积极主动地思考，尽可能把当天遇到的场景问题和我们掌握的临界知识进行联系、分析。不过我想：如果有人能够帮我收集不同场景和它们对应的技术解释甚至临界知识就好了，这样我成长的效率不就高多了吗？

这一点看起来很难实现：一是，用这个方法思考的人本来就很少；二是，即使人家思考了，也不大可能写成书。

所以，我想要的这些知识仍然分散在不同的书中。我需要大量阅读各种书，留心其中涉及的不同场景和技术解释，自己慢慢地积累。我知道这个过程很缓慢，但是没办法。

## 借助外部资源掌握临界知识

直到有一天，我订阅了万维钢的《精英日课》。我订阅万维钢的节目，本来是想了解一些思想动态的最新资讯。结果万维钢订阅内容的质量远超资讯的标准，充满了理性的分析和思考。更妙的是，这些理性思考往往是按照"给出一个问题场景＋一个解决方案＋背后理性思考"的方式展开的。

你有没有发现，这简直就是训练发现临界知识及其在不同场景中应用的天然练习场＋高考习题集（黄冈卷）！

比如，《精英日课》第 7 期文章是《权威的合法性从哪里来？》，这篇文章的内容源自一本叫《逆转》[①] 的书。

---

① 文章中，万维钢称这本书为《大卫与歌利亚》（*David and Goliath*），这个翻译是没问题的。不过国内引进出版的时候，可能考虑到人们不了解西方的文化背景，所以中文书名最终定为《逆转》（2014 年 6 月，中信出版社出版）。这本书的作者正是提出"1 万小时天才定律"的格拉德威尔。

这篇文章给定了一系列这样的场景问题：你的孩子不听你管教怎么办？学生不听老师的话怎么办？下级违抗上级怎么办？换句话说：在原本你应该有权威的场合，你却丧失了权威，这种情况该怎么处理？

对这个问题的解答，万维钢总结了书中观点，认为必须做到三点：你管理的每一个下属，他的声音都必须被你听到；你制定的规则必须稳定，有预测性，不能朝令夕改；执法必须公平，一视同仁。

你看，上面的这些内容就构建了一个问题场景，并给出了技术解释。这本来就很棒了！但万维钢还进一步对这个技术解释进行了简化：确保所有人的声音你都能听到，规则稳定、有可预见性，公平。

每每看到这样一篇文章，我都很开心——这是我进行临界知识分析的最佳案例。万维钢把所有的准备工作都做了，我只需要按部就班地进行：界定问题，然后分析背后的影响结构。

这篇文章提出的问题，表面上是：孩子不听话该怎么办？我界定的问题是：如何让自己的意见更有效地影响别人？

当我们重新界定了问题后，答案就会更清晰。我们会发现，这个问题其实就是西奥迪尼的心理学著作《影响力》探讨的问题。真是太阳底下没有新鲜事。在《影响力》中，作者提到了六个武器：互惠、喜爱、承诺一致、社会认同、权威、稀缺。这六个方法，应该是构建影响力更底层的规律。那么，前面《逆转》中的技术解释，能不能用更简单的底层规律解释呢？

1. 确保所有人的声音你都能听见。这么做其实是互惠的一种形式。你通过给予别人你的注意力和关心，从而利用互惠效应，让别人更重视你的意见。

2. 规则稳定，有可预见性。这么做是承诺一致的一种应用。如果你朝令夕改，就会打破别人承诺一致的理由，你的权威自然受损。

3. 公平，执法一视同仁。在我看来，公平融合了互惠、喜爱和承诺一致的要求。


按照上面的分析思考，你会发现原来作者提出的三个新的技术解释完全可以用我们已有的更基础的知识进行解释。而我们在这样解释的过程中，也更深刻、多角度地理解了互惠、承诺一致等影响力武器。

你会不会觉得这样的思考练习很棒？不，这还不够。我们还可以超越原书作者，进行进一步的思考：作者认为有三种方法可以增加我们的权威，但是，在我们掌握的临界知识里，关于影响力的武器至少有六个。

所以，我们可以帮助作者进一步完善他的解决方案，比如：


4. 让管理者的形象和被管理者喜欢的形象结合起来。之前有新闻报道，有老师为了给学生减压，自己扮成济公的样子出现在讲台上，受到学生的热烈欢迎。可以想象，如果这个老师给学生提建议，学生是不是更容易接受呢？这其实是简单应用了"喜爱"这个武器。

5. 让大家看到现在采取的策略在过去或者其他类似的场景中取得的成绩。比如告诉员工，十个小伙伴，九个都听话——这就是应用"社会认同"的效应。

6. 在给被管理者建议或意见时，展示这一建议的稀缺性。比如，管理者与员工沟通公司新政策时，展示争取政策的来之不易、为什么其他部门没有这个政策等都是在利用"稀缺"效应。

历史上，深谙稀缺之道并取得巨大成功的人恐怕非库克船长莫属。英国人远洋航行的时候，船员得坏血病是行船最大的风险。当时，库克船长已经隐约知道吃酸菜能够预防坏血病。于是他下命令让大家吃酸菜，可是水手们都因为酸菜不好吃而抗拒。行政命令效果不好时怎么办？

库克船长没有强迫、威胁或沮丧，他反而天才般地应用了稀缺原理：不让大家吃酸菜了！只有贵族和高等级的特许人员才能吃上酸菜。这样一来，吃酸菜就成了一个稀缺事件。结果，库克船长成功地用这个心理学工具普及了吃酸菜。所以，对一个看起来简单的"稀缺"原理，"知道"和"做到"是两码事。对原理的恰当应用能够救人性命啊！

你看，我们可以通过万维钢的一篇文章，进行多么有效的思维训练啊！而且，万维钢的《精英日课》每天都更新文章！这样的高强度更新对我们训练接触各种问题场景和熟悉解决方案而言，是多么令人开心的一件事情！（听起来像是被虐了还很开心……）所以，自从订阅了万维钢的《精英日课》，我练习临界知识应用的效率就大幅提升。你可能觉得，成甲这个广告很"硬"啊，是不是收了万维钢的贿赂？

我承认这个广告很"硬"，可是我更渴望万维钢给我贿赂啊。

事实上，我在写这个部分的时候和万维钢没有任何直接联系，所以就算打广告也没有红包……我之所以觉得他的节目好，有两个原因：其一，更新频繁，对我这种知识"自虐狂"而言，太"给力"了；其二，我更看重的是万维钢的物理学家背景。

前文讲到，物理学是临界知识的重要来源。作为一门"硬科学"，物理学要求物理学家进行理性的、严谨的思维分析，以能够在众多繁杂的表象背后找到真正的底层原因。而这一点，正是临界知识的思维方法。所以，正是万维钢的物理学家背景，才让他的文风特别适合我们进行掌握临界知识的训练，更好地构建我们的预见性认知。

所以，有类似《精英日课》这样的外部资源支持我们学习临界知识，我们的学习效率定有很大的提升。但是，要进一步把这些临界知识掌握好，仅仅有练习素材还不够，还要进一步利用刻意练习强化训练。

## 刻意练习掌握临界知识

我们在前文介绍过"刻意练习"，李叫兽也曾经写过一篇文章，叫《为什么你有十年经验，但成不了专家?》，里面提到了刻意练习对提升认知的帮助。可是，从应用的角度看，对大多数人而言，我们的学习和工作环境并不能很好地为刻意练习创造条件。

在工作中要想进行刻意练习，就要在刚开始做很多看起来不创造产值的训练，而公司工作进度又很紧张，对公司而言，直接给你具体的套路照着做是最快捷的。比如，如果你是一个文案编辑，你可以参考写文案的套路，写一份草稿给领导把关，然后领导提意见，你来修改。慢慢地，你就知道什么样的文案能够通过领导和客户的评审了。

如果我们这样练习并提升自己的能力，那么可能刚开始成长速度快，越到后面越会遇到瓶颈。为什么? 因为刻意练习必须关注两点：（1）抓住问题的本质进行练习；（2）大量地持续练习。

### 1. 抓住问题的本质进行练习

很多人并不在"更好的心理表征"这个本质问题上进行探索，努力的过程就会"事倍功半"。比如，在营销中有一个领域叫作品牌命名，说白了就是起名字。如果要锻炼为品牌命名的能力，你应该怎么学习?

大多数人可能会去百度上搜索一下"品牌命名"。你可能发现第一条有用的结果就是"品牌命名的十大方法"，比如地域法……于是你开始练习，按照这个方法一个个地尝试学习。

再打开下一条搜索结果——"9 种品牌命名方法"，里面告诉你 4 个原则：认得出，不要生僻字；读得出，不要转外语；记得住，占有普遍认知；尽量要和产品有关系。你又学会一招儿。

如果这样学习，你就没抓住问题的本质。你学习的这些都是具体工作场景的问题解决方案，是在提升技术效率。

那怎样才是提升认知效率呢？你要学习别的高手对这个问题的"心理表征"是什么。比如小马宋就曾经说过，品牌命名的关键是降低传播成本。如果按照这个认识深度再进行训练和尝试，你是不是也能推导出"品牌命名的 20 种方法"呢？所以，只有抓住问题本质进行练习，才能在相同的时间里比别人成长得更快。

**2. 大量地持续练习**

2015 年年底，知乎推出了一款付费问答产品，叫"值乎"。当时小马宋在上面设置了一个价值 10 元的问题，问题的大意是：我知道一个快速提升文案写作能力的方法。我当时花 10 元买了这个答案，结果这个答案是：阅读超过 1 万份经典文案。有些朋友买了之后，点了差评，觉得小马宋的答案哪里是快速提升文案写作能力的方法，这简直是最笨的办法了。

我们总觉得每个成功人士背后都有一条捷径，殊不知，外表的光鲜背后都是持续的刻意练习。

小马宋曾经在他的公众号里讲过他工作后学习的经历：

我那时在广告公司工作，虽然我想法很多，但是真正有用的不多，在广告创意上的思路也很局限。于是，我用了一个笨办法——阅读大量的广告创意案例。那时,我和同事用了半个月的时间把德国的一本世界级广告创意杂志10年来的作品全部从网上下载下来,一共是 20 000 个顶尖的创意作品。我又用了近一个月的时间,把它们分门别类地整理成了 10 个 PPT。而我则把这 20 000 个创意反复看了三遍以上。看完这些创意后,我发现,其实市面上大部分广告,创意方法都是来自这些经典的创意,无非变变形式而已。

同时,我也收集了世界上最经典的文案,全部抄写了一遍。大部分经典文案我都会背诵下来或者能够复述。这时,我写文案的时候就有了各种不同题材和思路。而我个人也在从事广告工作的 6 年间每天保持着阅读 10 个以上广告案例的习惯。


正是这些<u>背后看不见的刻意练习</u>,才铸就了今天小马宋举重若轻的能力。

对于刻意练习的这一点,我也感同身受。过去几年来,我每天坚持进行 1~3 个小时的反思晨修,再加上每天高强度的思考和阅读,才一点点地挖掘出自己看问题的能力,让自己越来越容易直指要害,这样反思问题才能让别人觉得深刻。认知能力提升的背后,偷不得一点儿懒。

关于如何练习掌握临界知识,我说了这么多,但总结一下,其实《学习之道》的作者乔希·维茨金说过的一句话很好地回答了这个问题:

我们能成为顶尖选手并没有什么秘诀，而是对可能是基本技能的东西有更深刻的理解。

## 临界知识与预见性认知

临界知识还有哪些应用场景？我前面提到过，学习知识的终极目的无非三个：解释问题、解决问题和预测问题。上文提到了很多用临界知识解释和解决问题的场景；实际上，掌握临界知识，对提升我们的预见性认知、提升我们对未来的预测能力更重要。

先来看一个例子。1942 年，牙买加中部的一个小镇上有一对教师夫妇，他们的女儿乔伊丝刚刚参加完初中升高中的考试。考试结果出来了，乔伊丝通过了考试，却没有奖学金。那天夜里，乔伊丝无意中听到父母在过道里悄悄地说："我们的钱确实不够。"事实上，父母就算把自己所有的积蓄拿出来，也只够女儿第一年的学费和校服费用，第二年的钱是没有着落的。乔伊丝的父亲饱读诗书，而且很有修养，也很希望自己的女儿有出息。

经过一晚上的思考，第二天乔伊丝来问父亲，父亲只得说"我们已经没有钱了"，扭头回到了他的书房。

对大多数牙买加普通家庭的孩子而言，这是不得不面对的结局。不过，乔伊丝的母亲却不甘心。她走出门，来到邻村，不知道用什么方法从中国人的商店里借到了学费。从乔伊丝进入高中，到最终离开牙买加去英国读大学，整个过程中乔伊丝的母亲起到了至关重要的作用。从此，这个牙买加普通家庭的命运发生了改变。

乔伊丝嫁给了一个英国数学家，之后两人又移居加拿大，住进了漂亮的别墅。而他们的一个儿子，就是马尔科姆·格拉德威尔——"1万小时天才定律"提出者，他的著作包括《引爆点》《异类》《眨眼之间》等。格拉德威尔在2005年被《时代周刊》评为"全球最有影响力的100位人物"之一。

这个牙买加的故事来自《异类》，作者格拉德威尔讲述了自己母亲和外婆的故事。这样的故事，我们中国人也很熟悉，很多人甚至可能有过类似的亲身经历：一个决定，改变了一个家族的命运。

这个故事的结局很美好，但是我要回到当时的情境中问一个问题：为什么面对同一个艰难的处境，饱读诗书的父亲给出的回答是"我们已经没有钱了"，而母亲的选择是不惜代价实现它？

再假如，在当时的场景下，换作你是孩子的母亲/父亲，你会做出什么样的抉择？

### 关键的预见性认知

在困难的情境下，不同的人会做出不同的选择。对此，我们通常的解释是：性格差异。

确实，有的人更加冒险，有的人更加保守。不过在我看来，这种差别更多来自我们对未来的相信程度。换句话说，如果乔伊丝的父亲事先可以知道送女儿上高中会让家族的命运发生改变，你觉得他会不会更勇敢些？如果你知道明天比赛的胜者是谁，你投注时就会比其他人看起来更敢于冒险；如果你知道明年房价走势如何，在处理房产的事情上你就比别人看起来更果敢。所以，我们的决策基于我们获得的信息质量。

相较于乔伊丝的父亲而言，在是否更果敢地送女儿上学这件事上，母亲似乎比父亲更具有预见性。尽管这个预见性可能来自直觉或爱，但我们仍有理由相信：如果一个人具备"预见性认知"的能力，那他的优势就要比别人大得多。

问题的关键在于：第一，我们能够培养预见性认知的能力吗？第二，如果可以，要怎么做呢？

先说第一点，我们能不能获得预见性认知？答案自然是可以。比如，虽然我现在活着，但是我们知道每个人都会死，我也不例外，这就是一种预见性认知。虽然这个例子看起来实在太简单，但它背后隐藏了一个关于预见性认知的重要规律：如果你能够了解一件事情的基本发展规律，比如人人都会死，你就能做出一些关于未来的判断。

那么这就涉及第二个问题了，如何获得预见性认知？（当然，预见的精度是另一个问题，我们会在后文谈到。）要想获得预见性认知，一个重要的环节便是掌握临界知识。不过，在解答这个问题之前，让我们先反过来思考，看看怎样做会阻碍我们获得预见性认知。我在观察别人和反思自己的思考过程中，发现有两个认知习惯阻碍着我们获得预见性认知，那就是应激性反应和单因果思考方式。

## 应激性反应与单因果思考方式

愚人节的下午，杰克没有通知女友黛西便悄悄潜入她的屋子，准备在黛西回家时给她一个"惊喜"。他让朋友架好摄像机对准门口，以记录下女友开门后看到他扮的鬼怪时惊慌失措的反应。

时针到了下午5点，门外脚步声越来越近。钥匙转动的声音响起，黛西一手拎着挎包，一手推门。当她把视线从钥匙上移开抬头看屋子里时，一个可怕的血淋淋的怪物就在门口。黛西尖叫一声，扔下包就倒退着跑出去，杰克哈哈大笑地追出去。这时，摄像机的镜头里突然出现一辆大货车，直接撞倒了正在恐惧中慌不择路的黛西，碾了过去。

在这场悲剧里，让黛西慌不择路跑到马路上的是她的应激反应。我们的祖先遗传给我们的这种面对突发情况立刻做出直接反应的能力，让我们避开了足够多的危险活到了今天。不过，在我们面对更加复杂的情况、本需要三思而后行的时候，这种应激的反应方式却让我们不由自主地做出简单反应，丧失了全面思考的能力。我想，乔伊丝的爸爸在面对巨大的财务压力和完全不确定的未来时，大脑里一定会应激性地响起这样的声音："没有钱很危险，要安全，安全，安全！"

我之所以知道，是因为我的大脑里就会有这样的声音。在我刚创业没多久的时候，有一次客户一直拖欠着项目款，导致当时公司账面上的钱只够发两个月的工资——我的压力很大，这一点，我嘴角快速冒出的血疱可以证明。当时，有一个机会送公司员工出国培训，但是活动开销很大，要花掉公司一半的存款。这个时候，我和乔伊丝的父亲一样，脑子里的声音是："没有钱很危险，要安全，安全，安全！"

我把这种在需要抉择时，思考与决策受情绪和感受简单左右的过程称为应激性反应，比如面对结婚是否买房的压力时，临近毕业找工作面对各种选择时……类似的情况太多太多，我们从中都会看到自己应激性反应的影子。而这种对单个事件本身做出反应的方式，进一步影响到我们生活中的其他决策，逐步促使我们形成了单因果思考方式。换句话说，我们在考虑得失时，很容易陷入细节问题或表象问题里。

比如，乔伊丝的父亲考虑女儿升学的问题，就很容易被表象问题——"存款是否够付学费？"这个问题限制，从而思考不到上学本身带来的潜在收益。

正如哈佛大学森德希尔·穆莱纳桑（Sendhil Mullainathan）的热门研究"穷人思维"中指出的：穷人的思维带宽被眼前的危机占满了，他们没有多余的空间来考虑长远。其实，我们大多数人也都有这种窄带宽的穷人思维、单因果的思考方式，只不过在物质资源更紧缺时，我们会不由自主地进一步强化这种现象。

## 结构性反应与系统化思考方式

与应激性反应相对应的是结构性反应。所谓结构性反应，是指我们在做选择时，不仅要根据接触到的现象做出反应，还要思考导致这个现象的系统结构是什么。在股市里，几乎人人都知道一句话：别人买进的时候，你卖出；别人卖出的时候，你买进。不过，纵然股民知道这一点，大部分人也做不到，因为他们知道的仍然是一个"现象"。

我有一个朋友，在基金投资业声名显赫，他的一个特点似乎便是能够做到别人买进他卖出，别人卖出他买进。有一次，我问他："你是怎样做到这一点的？"他笑了笑说："我不看别人是买进还是卖出，我看的是结构与未来。"看我有点儿困惑，他继续说："投资就是投未来。人们都是根据现在的股市情况来决定现在的买入、卖出，这样你就会被现象牵着走。"

"那怎么才能知道未来呢？"

"结构。"

"结构？"

"是的，今天的我们是由我们过去的选择铸就的。那么，明天的我们，也是由今天的选择决定的。我们的不同选择，造就了不同的力量结构，就会推动未来向不同的方向发展。找到今天的结构，就能找到投资明天的机会。"

几年前的那番对话，让我茅塞顿开。是的，结构决定走向，走向决定未来。所谓结构，是指任何一件事情都可以被看作一个系统。而任何一个系统，都由多个元素组成，这些组成元素之间的关系形成了结构。

比如，你看到一个家庭对孩子的教育是倾向于让孩子留在父母身边，不要去外边受苦，你基本可以预见这个家庭的社会地位在未来不会有太大的突破性提升，因为把家庭未来地位的发展情况看作一个系统的话，这个系统的重要组成元素一定包括接触新机会的可能性。而在一个让孩子留在身边的系统结构里，机会因素被极大弱化，所以，你可以预见，从长期看，这种结构就降低了家庭跨越式发展的可能性。同样，如果你看到一个公司总是把赚钱放在第一位，而不顾用户价值，那么你也能预见这个公司不会变得多伟大。

你掌握的结构越多，对未来的了解就越多。如果我们把各种结构的作用以及这些结构之间的互动效应当作一个整体来考虑，那么，我们就形成了完全不同于单因果思考方式的系统化思考：单因果思考，是对问题本身做出反应；而系统化思考，是将问题背后的推动因素纳入一个整体进行思考。

如果你看过《第五项修炼》，那么你一定会对书中提到的"系统基模"印象深刻。所谓"基模"，就是各种事物发展中常见的基础模式，比如增长极限、舍本逐末、公地悲剧等。这些模式在生活中无处不在：从生态系统到公司管理，再到个人成长。

这些模式本身就是一个结构，而每个结构都受特定的基模规律影响。比如，增长极限背后有复利增长规律和临界值规律的影响。换句话说，如果我们理解复利和临界值的概念，便能推测出增长极限的模式。当我们掌握这些规律，并能够应用到生活中时，便具备了预见性认知的能力——了解整个系统的发展态势。

## 解释问题的三个层次

前面我们提到，熟练地掌握事物发展的基础规律，并把它应用到生活中，我们就能逐步培养"预见性认知"的能力。这可以用一个等式来表示：

对问题的预见性认知 = 影响问题发展的结构（基础规律）+ 获得具体信息的数量与质量

其中，基础规律就是本书中提到的核心概念：临界知识。而预见性认知的质量，很大程度上取决于我们对问题的界定：我们面临的问题究竟是什么？

不同的人，面临同样的情况，界定的问题是完全不一样的。比如，对于乔伊丝入学这件事，父亲界定的问题是"我们的存款够不够?"，而母亲界定的问题是"怎样让女儿离开牙买加?"。问题不一样，答案也就不一样。所以说，好的答案来自好的问题。

不过，大多数人从未想过生活中的问题是需要"界定"的——"找不到工作"不就是"找不到工作"这个显而易见的问题吗？所以，我们的答案总是来自我们认知中所默认的问题。按照这个思路，我们要判断一个人对问题的理解深度，只要看他对问题解释的深度就可以了。在我看来，人们对问题的解释大致可以分为三个层次：现象解释、技术规律解释和通用规律解释。

比如，对于"得到"App 为什么能够快速崛起，可能就会有这三个层面的解释：

● **现象层面**

因为有罗辑思维这个有 900 万用户的公众号导流，所以发展速度快啊！

- **技术规律层面**

内容方面：有罗辑思维多年内容制作的基础，所以内容质量很高。

支付方面：因为支付宝、微信等移动支付平台的成熟，内容付费的技术壁垒被打破。

时机方面：正赶上互联网内容创业的风口，受关注度高。

- **底层规律层面**

用户价值第一：知识对经济的推动作用越来越大，同时免费的信息极度泛滥，这反而使获取有价值信息的成本越来越高。因此，用户产生了通过付费获得优质内容、节约时间、提升竞争力的需求。

品牌效应：罗辑思维为新创立的"得到"品牌提供了重要的质量背书，这为吸引种子用户起到了重要作用。

规模效应：采用音频而非罗辑思维传统的视频节目形式，极大地降低了内容制作的难度并缩减了生产周期。这一变化使"得到"在用户快速增长后，仍能较好地应对大家对节目数量需求的增加，进一步发挥规模效应。

从众效应：当用户规模达到一定边界后，就会引发从众效应。如果这一趋势增强，将使"得到"本身的品牌效应进一步放大。

边际成本低：采用标准化的内容生产方式（订阅、说书、说课等），再加上几乎无售后和线下环节，使用户增长的边际成本几乎为零，这能够进一步支持和放大规模效应。

综合效应：以上几个效应相互作用，共同影响着"得到"业务的发展。

通过这个例子我们可以看到：现象解释主要是应激性反应，直接对表面的现象做解释；技术规律则要更深刻，能够找到这个专业领域的重要规律；而底层规律则跨越了专业限制，用更加基本的知识来解释现象。用户价值第一、品牌效应、规模效应、从众效应、边际成本等知识，是受过普通大学教育的人都知道的基础知识，而这些知识，其实就是我们提到的临界知识。

所以说，临界知识能帮助我们做预测。关于这一点，让我们再看一个案例。

## "看得见的设计"与"看不见的设计"

罗辑思维的"得到"App上有两款知识订阅产品：一款叫《通往财富自由之路》，作者是李笑来；另一款是《精英日课》，作者是万维钢。虽然两个订阅产品的名称不一样，但实质都是在讲认知改变，升级思考系统。

这两个订阅产品的销量都很好，都不断被"得到"App的首页推荐，售价都一样。这两个产品看起来只有两个差别：更新频率不一样和生产方式不一样。李笑来是每周更新一篇主文，万维钢是每天更新一篇主文；李笑来是把大量用户留言转化为内容，万维钢是偶尔回答一下用户问题。

| | 李笑来 | 万维钢 |
|---|---|---|
| 内容更新频率 | 每周一篇主文 | 每天一篇主文 |
| 内容生产方式 | 用户生产内容（UGC）占大比例 | 基本都是万维钢自己的内容（PGC） |

这点儿差别你可能觉得没什么，作者个人喜好而已。但是，在我看来，事实上两款订阅产品却有着巨大的差异。如果我们绕到这些现象的背后，去思考这个系统背后可能的影响因素及其基本规律，就会发现，这些看起来不起眼的差别会导致更深层的差别。

**一、内容更新频率差别的背后，是巨大的机会成本差别**

一周更新1篇主文和一周更新7篇主文，后者的工作量是前者的7倍。假设李笑来和万维钢写作速度相同，完成一篇主文都需要1天时间。那就意味着，李笑来在完成每周的订阅文章任务后，还有6天时间可以自由支配。他可以用这些时间做回复用户留言、维护他的大学新生社群、去知乎做"live"（知乎的实时问答互动产品）等营销推广活动。而万维钢却很难腾出大块时间去做这些事情，因为他的订阅产品节奏安排就注定写文章要占用他的大部分时间资源。

事实上，我们看到李笑来近期在不断参加各种活动来开拓新市场，而万维钢却很难有这样的精力。当然，对万维钢而言，要做类似的推广，可能身在美国也是一个不利因素。但是，真正放大这一不利因素的，是他可能没有足够的自由支配的时间。而在内容创业的风口期，曝光与新机会的拓展，对于李笑来或者万维钢这样的知识大咖的发展至关重要——复利效应的差别巨大。

但有意思的是，这些差别和作者的努力程度没有关系，产品在设计的时候就决定了这一切。一个有时间去开拓新的战略增长空间，一个需要把大部分时间投入已有的战场，丧失了纵深空间。此为看不见的差别之一。

**二、内容生产方式差别的背后，是用户价值挖掘的差别**

李笑来在他的订阅产品里，不仅每周拿出 3 天时间来回复用户问题，而且为了激励用户留言互动，每周还拿出一天时间发布获奖名单。这样做的好处在于，除了给李笑来节省时间，还在用户价值挖掘上形成了一定的优势。

1. 从互动与陪伴中创建社群认同，带来营销红利。

李笑来每周专门拿礼物激励用户留言互动，就是要增加用户的参与感和主人翁的情感体验。社群内的积极留言越多，互动越频繁，用户就越会在群体中产生认同感，创造所谓的"氛围"；而氛围的形成是社群文化建立的标志，也是成员归属感的基础。正是这种互动和社群氛围的建立，才让李笑来能够借助社群力量，进一步挖掘用户价值，创造营销红利。

比如，李笑来会让自己的用户以"帮我一个忙"的形式推广订阅产品，甚至有用户打印出李笑来订阅节目的易拉宝放在自家饭店门口来帮助李笑来做推广。

2. 基于互动和社群氛围的建立，能够植入更多相关的产品。

可以想象，如果没有互动环节，要在自己的文章里面植入其他产品，只能偶尔为之。而用户问答环节，则把产品销售融入帮助用户解决痛苦的过程中，这就要自然、合理得多。所以，李笑来通过鼓励用户生产内容、参与互动的方式培养社群黏性。一方面，用户在自己参与和观看别人参与的过程中有更多的收获和认同感；另一方面，有了认同感的用户，就从消费者变成了粉丝。而一旦把消费者变成粉丝，就等于把已经付费的用户的价值再放大、挖掘一次。在这种情况下，就算别人和李笑来拥有相同的用户数量，李笑来的用户产出价值也更高。

上面这些分析让我们看到：看起来很类似的订阅产品，只是在形式上有一点点不同，就会在未来的运营中带来巨大的差异。

不过，只是看到问题的表象还不够，我们要继续深入问一个问题：为什么都是第一次在"得到"推出订阅产品，两者的产品设计差异如此之大？你当然可以找出很多外部原因，比如李笑来有长期的社群实践经验，而万维钢过去主要是一个科学家。这当然是一个可能的原因。但是，让我们回到更纯粹的问题上：什么决定了产品的设计？难道仅仅是经验决定产品吗？显然不是。

我自己就是一名景区设计师。在我看来，一款产品的设计也分为"看得见的设计"和"看不见的设计"。所谓"看得见的设计"，是指功能设计和用户体验设计。比如，李笑来的产品功能就是帮助大家打破通往财富自由的认知障碍，而万维钢的产品功能就是"帮你与全球精英大脑保持同步"。在这个层面上，李笑来和万维钢的产品都没有问题，这也是大多数产品经理人最容易看到的部分。

但是，还有"看不见的设计"。在这个层面，更多的是产品实现后运营的设计和赢利点的设计。而对这个问题的设计，却被很多人忽略了。在我看来，李笑来和万维钢两人节目真正的差异不在于内容质量，而在运营和赢利点的设计上。

从这个案例中我们可以看到，我在景区设计方面积累的认知能力可以迁移到互联网产品的运营分析中。这种认知能力之所以可以迁移，就是因为临界知识是可以在多个领域发挥作用的。

未来的竞争是"预见性认知"的竞争。我们的认知方式，大致就分为归纳和演绎两种。

对产品设计的功能分析，就侧重于总结性的认知；而对运营和赢利模式这样的设计，更需要预见性认知。但我们大多数人擅长归纳的方法，而不擅长对未来进行预见性认知（有根据地进行推测）。这是为什么呢？

我觉得至少有两方面的原因。首先，"有根据地进行推测"本身就比归纳法难以应用。比如，你想要了解用户的需求，最常见的方法就是进行用户访谈调研，收集不同用户的意见，然后总结归纳出用户需求。这就是通过归纳法了解用户需求。

但是乔布斯说："我从来不做市场调研，我不问用户需要什么。"乔布斯对用户需求的理解，是从更基本的人性出发的，比如简洁和美，以此为基础设计产品，反而更加直指人心。可是，对大多数产品经理而言，从"简洁和美"这样的哲学命题出发，做出一款具体的产品，难度是非常大的。所以，用这种方法进行设计的产品经理，仍然是少数。

其次，我们的生活和教育经历中也缺乏这种训练。我们从小学到大学的教育，都是给定我们一个问题，让我们去找出正确答案。而要培养预见性认知，更重要的是培养提出问题的能力——多问"为什么"，掌握背后的规律，才能形成预见性。通过前面对李笑来订阅产品的分析，我们可以看到提前合理预判的能力隐藏着巨大的商业价值。而且，我个人认为，这种稀缺的预见性认知能力，将在未来竞争中起到越来越重要的作用。

一方面，我们这个时代所处的经济阶段对预见性认知能力的要求越来越高。中国的经济发展在过去几十年大致从资源驱动型变为后来的技术驱动型，然后向现在正在发生的创新驱动型演进。在创新驱动的阶段，技术不再是第一位的，而只是创造价值的过程中重要的一环。比如"得到"App的技术并不复杂，却引领了用户为知识付费的内容创业热潮。我们可以看到，在众多内容创业团队和知识App中，罗辑思维对商业逻辑的底层认知才是其异军突起、快速成长的战略优势。

另一方面，随着中国创业热潮的发展，社会分工越来越细化，具备专业技能的个人甚至可以"U盘化生存"，我们获取各种专业服务的成本便不断降低。这就意味着，过去需要很大交易成本才能实现的构想，现在实现起来要容易得多。

想想看，20年前打印一个文件都需要专业人员才能完成；而现在几乎你想要的任何功能，互联网都可以帮你实现。

换言之，我们实施一个想法的可能性在不断提高，成本在不断降低。过去靠资源垄断或者固守专业技能而过得很舒服的人将被迫面临激烈的竞争甚至被替代，这些专业能力的低成本扩散使得"有能力组织资源实现战略意图"的人越来越多。

换句话说，创业的门槛在降低。这个过程其实加速了人们在认知层面的竞争。具备预见性认知能力的人，因为提前在战略要地进行了布局，在后来的竞争中就将占据极大的优势。

所以，过去我们对知识管理的认识更多的是在提高搜索信息的效率、提升把学到的知识转变成行动的效率这些层面，却几乎没有关注将知识的底层结构打通。而对临界知识的掌握和应用，能帮助我们构建底层认知，进而提升实现预见性认知的能力。

# 用临界知识
# 构建自己的"能力圈"

有一次，我和一个知名互联网公司的朋友聊天，在聊到知识内容创业的时候，他提到秋叶大叔最近在做知识型 IP 训练营。我听到后，立刻找到秋叶的公众号研究了起来。

我知道秋叶大叔，可能比很多人都早。那是 2012 年，秋叶还主要在更新新浪博客。我记得，那个时候秋叶还不是大叔，他还会在博客上抱怨找来的学生助理多么不靠谱，他多么气愤之类的事情。不过，那时候秋叶老师的博客点击量还很低，所以这种抱怨发出来也没什么问题，发泄一下，消消气也好。

那时候，秋叶大叔还在推销他的书，书名可能会让现在很多人大跌眼镜——作为一个大学老师，他的新书叫《超越对手——大项目售前售后的 30 种实战技巧》，一本关于销售的书！不过销量一直比较惨淡。

后来，秋叶大叔转型开始讲 PPT 了，不过时不时还会推销一下之前的书。微博兴起后，秋叶老师有了新的阵地，慢慢地聚焦在了 PPT 制作上面。他也开始出版关于制作 PPT 的书,再也不提之前那本了。

再后来,秋叶老师在网易云课堂上开课,阵地又拓展到微信公众号上。到这个阶段,秋叶老师的成绩可比当初卖《超越对手》强多了,单单是网易云课堂上的课程销量就已过万。

一个 PPT 领域的网红(现在改名叫 IP 了)出现了!秋叶大叔的成功自然与他的努力和勤奋分不开,要不然大叔现场演讲时那一口浓重的口音就会吓退一拨人。但是,在我看来,过去几年来秋叶大叔的成功,还有一个看不见的因素:在能力圈中投资。


## 每个人都有能力圈

什么是能力圈?能力圈是由你真正擅长并懂得的知识组成的,而且在这些领域里,你要比 90% 的人都做得好。

为什么秋叶大叔最开始的方向《超越对手》并不成功?我相信秋叶老师是觉得自己有干货才写这本书的。但是,对于一个大学老师、兼职大项目销售而言,他在销售领域的擅长程度很难排到前 10%。而同样是讲大项目销售,IBM 的《新解决方案销售》就卖得很好。为什么?因为 IBM 做到了比 90%的同类企业更好。

后来秋叶老师聚焦到 PPT 上,这是一次成功的选择。倒不是因为品类对了——其实那时候讲 PPT 的老师也多了去了，而是因为用户对了：对 PPT 感兴趣的主要是学生和刚毕业入职的职场新人。而秋叶作为大学老师，每天和学生接触，最了解用户的需求，所以他的解决方案最接地气。

很多人在讲 PPT 的时候，讲的是软件技巧；可是秋叶更理解用户，他发现学生做 PPT 最缺的不是软件技巧，而是清晰的逻辑。所以，秋叶是挂着 PPT 的"羊头"，卖着教你梳理逻辑的"狗肉"，而且是最基本的归纳、分析的方法。

然而，这才切中了学生的痛点。在学生制作 PPT 这个领域，作为大学老师的秋叶自然理解最深刻，他也最擅长此道。他对这个领域的理解超过了 90% 做 PPT 的人，所以他讲 PPT 的书卖成了畅销书。

我的另一个朋友 L，培养了一个在我看来极其厉害的能力：网络营销 + 执行力。他加入淘宝的时候，已经是 2014 年，淘宝商家都泛滥了，结果他生生从 0 起步，一年做到了"皇冠"。然后他又不干了，在淘宝自创了一个全新的品类：给苹果电脑装Windows 系统。

我听到这个创业方向的时候都震惊了。不过我第二天就介绍了一位客户过去——用户确实有这样的需求。而且，前几天看他朋友圈，他居然做到了单日销售额突破 1 万元。他的销售额可基本上就是净利润啊！他这种大幅度跨行成功的背后，也有同样的原因：在能力圈中做事情。

## 要配得上自己的欲望

其实，在我的朋友圈里，L 的网络营销能力未必是前 10%，执行能力差不多是前 10%，但是网络营销 + 执行能力，那真的就是前 10%。所以，他跨界成功的背后，与秋叶的成功有着相同的本质。这其实就回答了一个重要问题：为什么我们不可能在每个领域都有实战级的预见性认知能力？因为我们的实战级预见性认知，必须处于我们的能力圈范围之中。

只要掌握底层规律，我们并不需要比 90% 的人做得都好，就可以预见一些事情。但是要把这种预见能力应用到商业实战中，你只有做得比 90% 的人都好，你的洞见才能真正让你获得商业利益。

换句话说：我们的重大决策都应该在我们的能力圈中进行。可大多数人根本不知道自己的能力边界。想象一下，如果要你从悬崖这边跳到对面，你知道自己能跳，但不知道自己能跳多远，那么你是绝对不会贸然起跳的。有意思的是，我们往往都没能清晰地了解自己的能力边界，却总想立刻跳到对面的悬崖上去。

所以，查理·芒格说："不能界定边界的能力，称不上真正的能力。"

你必须让自己配得上自己的欲望。

你必须让自己配得上自己的欲望。

你必须让自己配得上自己的欲望。

重要的事情说三遍。

我有一个朋友 S，他有敏锐的商业分析能力，而且极其有胆识。过去几年，他在屡屡试错中总能看准方向，抓住时机。我想，在敏锐判断 + 果敢试错方面，他是我朋友圈中排前 10% 的人。可是，奇怪的是，抓住了好几次机会的他，事业却没有同步发展。为什么？

从能力圈的方面看，答案就清晰了：他擅长判断与试错，但不擅长管理和运营。所以，每次看准机会后，他的公司在红利期都能够快速成长，可一进入拼运营和管理的阶段就后劲不足。对朋友 S 而言，他的能力可能使他更适合做投资与判断，而在后期，他更应该找一个擅长管理和运营的人。

这个建议听起来很简单，但是当我们身处其中时，却很难想到。想想看，你精细谋划，上阵杀敌，从敌人手里夺过来一杆枪。所以，接下来自己用枪战斗是顺理成章的事情，你怎么会想着回来把枪交给能更准确地瞄准目标的别人呢？

是啊，我们都想用枪。可是，你必须配得上自己的欲望。重大的决策，请在你的能力圈内做出。

说到这里，可能有人会陡生疑云："不是说要跳出舒适圈吗？怎么你又让人只在能力圈内待着？不跳出舒适圈，怎么扩大能力圈呢？"是的，你应该跳出舒适圈。但是，你仍然要在能力圈中做出重要决策。记住：重要决策！

跳出舒适圈，是拓展我们能力的过程。但是只有让自己的能力比 90% 的人都好，你才能把这个能力纳入自己的能力圈中。因此，能力圈的拓展非常难，有时候甚至不可能。比如在跳水、国际象棋、舞蹈等领域，你如果没有天赋，很难做到比 90% 的人要好，要做世界冠军就更难。

我们如果没有意识到这一点，在进行重大决策的过程中轻易脱离自己的能力圈行动，那么就很有可能被非常擅长此领域的人打得一败涂地。而当你的行动还是一个重大决策时，你可能会付出极大代价，甚至造成难以弥补的损失。想想当年，红军离开自己的能力圈去攻打大城市，结果差点儿覆灭。

不过，我们总可以在生活中的一部分领域培养自己的优势。一旦做得比 90% 的人要好，我们就要充分利用这一优势。


## 做狙击手，而非敢死队

如何利用优势？我的建议是：做狙击手，而非敢死队。狙击手是利用自己的优势，瞄准指定的方向，一招制胜。敢死队是最勇敢无畏的工作者，但是胜负难料。而且，派出敢死队往往是在要失败的时候采取的无奈之举。

在我看来，秋叶聚焦在大学生和刚毕业的职场新人，就是做狙击手。事实上，狙击手策略之所以有效，是因为我们 80% 的成功，是由 20% 的决定引发的。而我们能够做出高质量的预见性决定，是因为我们比 90% 的人更了解这个领域。

以我的经历为例。2015 年的一个清晨，我坐在电脑前仔细思考这个问题："我在什么领域比身边 90% 的同龄人要强？"

仔细思考后，我敲起了键盘：

1. 我在构建底层认知上，比大多数同龄人强。

这不仅仅是因为当时我有过去 4 年高强度阅读和每日反思的积累，更重要的是我有生活的反馈：我经常为比我年长很多的企业客户和高管提供咨询，并让客户信赖、认可。而这个工作成果，主要依靠我对底层思考的训练。

这是一个小技巧：你的本事是不是真的好，一个重要的标准是有没有人愿意为此埋单。

2. 我在沟通和表达方面，比大多数同龄人强。

我在演讲和沟通领域的训练与经验比多数人丰富。我从小学开始就参加各种演讲和主持活动，在高中把《卡耐基演讲与口才》快翻烂了，上大学没多久就回高中母校演讲，后来本科和研究生期间担任班长和学生会主席时，我面临的各种需要沟通和演讲的场合更是不计其数。

而在创业之后，我发现了自己沟通能力带来的回报：一方面，我的沟通在构建团队凝聚力和战斗力方面发挥了重要的作用；另一方面，我和客户的沟通也取得了很好的效果，同时还锻炼了自己商业谈判的能力。

更重要的是，还有几件事情增强了我的信心：（1）我的大学母校连续两年邀请我回校给毕业生进行毕业演讲；（2）在我的朋友圈里，听过我演讲的人总会邀请我去新的场合演讲；（3）在某次演讲的听众里，居然有一位大美女是《我是演说家》的编导，她非常热情而真诚地邀请我参加节目录制。

我认为，底层认知和沟通这两方面的能力，构成了我能力圈的基础。不过，我们只有知道自己能力的边界，才算真正拥有能力。所以，我继续分析我的能力边界。

首先，对底层认知而言，我更擅长学习方法、中小型团队管理和旅游业发展规律。

不是对所有的底层认知我都足够透彻；我的训练背景决定了我更擅长帮助别人学会用底层认知思考、管理一个中小型团队和发现并应用旅游业的发展投资规律。

不过，在这些认知层面上，对和我年龄相仿的人而言，我应该是有较大优势的。但是对比我年长很多又在类似领域深耕过的人而言，我的优势可能要弱得多，甚至没有。

其次，在沟通和表达方面，我更擅长真诚、坦诚类型的。

沟通和表达有很多种类型，可是我发现，我做不到像蔡康永那样面面俱到地说话，也不擅长展露像《奇葩说》中那样的凌厉锋芒，我所拥有的最大优势是我的坦诚和真诚。我当然学过很多演讲和沟通技巧，但到头来我发现，自己真正喜欢和相信的是真实的力量。

对了，我还有一点儿冷幽默的天赋。关于这一点，我很满意，不过可能我的同事们就未必这么认为了。

所以，我的沟通表达能力更适用于自然、轻松的氛围，而在政治性、功利性太强的沟通场合，我未必占优，甚至可能不及格。

梳理完这些，我长舒了一口气，我觉得我更了解自己了——

这种感觉很奇妙。你可能会说弄明白这些有什么用。这些，就是你狙击枪的瞄准镜和子弹啊！重大决策，要在自己的能力圈范围内做出。明白了这些，我便持续在这两个领域中投入精力学习，进一步巩固自己的优势。

## 瞄准！扣动扳机！

事情的转折出现在 2015 年年底。小马宋老师把我推荐给了"得到"App 首席执行官脱不花。她找我的目的是：对罗辑思维推出的知识服务类新产品"得到"App 提出建议。为什么找我？我想，可能是因为小马宋觉得在他的朋友圈里，我在知识管理领域的积累排前 10% 吧。

见到脱不花之后，本来我们是讨论对"得到"产品的意见，结果聊着聊着，脱不花突然主动邀请我在"得到"上开设音频节目。合作就这么开始了，《成甲说书》也就逐步诞生了。

我到现在也不知道，当时打动脱不花的是我对知识管理的认识还是我沟通表达的真诚，抑或两者都有。可是，你要知道，在此之前我也有过很多其他好的合作机会。但是，我发现这些机会虽然很好，但总有部分超出我的能力圈。你要记得：重大决策要在能力圈内做出——即使那是一个看起来很好的机会。

但是，我发现和"得到"的合作，正好在我的能力圈内。是时候扣动扳机了……因此，根据我的能力圈边界，我画出了我的知识服务群体边界：第一，有一定的学习方法和工具积累，想要进一步突破成为高级学习者的朋友；第二，工作3~8年，仍有持续学习的热情，希望从底层打通已有的知识和经验的中层管理者。

我想，这两个群体是我最理解和最能够服务好的。就好像秋叶最理解大学生和刚入职的职场新人一样，在这个逻辑下，他的课程延伸到了新员工的职场技能。不过，也正是因为我了解这些，所以当听到秋叶在做"知识型IP训练营"时，我立刻很敏感地想道："秋叶老师积累了这些年，要拓展新的能力圈了。"

要知道，从服务大学生到服务想做网红的人，二者有非常大的区别。这两者的商业模式是完全不同的，而且想象空间也不一样……这里就不多说了，我会密切关注，好好学习。如果秋叶老师把这件事情做大，那就说明大叔又构建了一个新的能力圈。

好了，说了这么多，总结一下：世界如此复杂，我们用临界知识对基本趋势做预测是没问题的。但是仅凭此，要做实战级的应用是不够的。

由于每个专业领域已经够复杂了，而我们的认知能力和范围又有限制，所以我们只有尽可能多地掌握临界知识，综合地实践应用，才能在我们的能力圈范围内做出正确的、重要的决策。

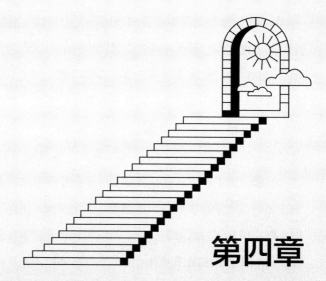

# 第四章
# 案例：核心临界知识及其应用

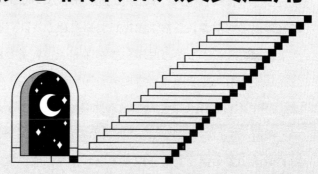

每个人都应当有自己的框架来安排自己的临界知识，

不过，确实有一些重要的临界知识是通用的。

前面的章节都是从整体视角和底层原理角度分析临界知识，下面将介绍具体的临界知识。每个人都应当有自己的框架系统来安排自己的临界知识，不过，确实有一些重要的临界知识是通用的。接下来我将逐一介绍查理·芒格在《穷查理宝典》中提及的以及我认为重要的几个临界知识：复利效应、概率论、黄金思维圈、进化论、系统思考、二八法则、安全空间。

# 复利效应

## 复利：世界第八大奇迹

2500 年前，腓尼基旅行家昂蒂帕克写下了炫人眼目的七大奇迹清单：埃及吉萨金字塔、奥林匹亚宙斯巨像、阿耳忒弥斯神庙、摩索拉斯陵墓、亚历山大灯塔、巴比伦空中花园和罗德港巨人雕像。

而被爱因斯坦称为第八大奇迹的，是复利。

你或许听过这个名词，或许没有，但你一定听过下面这个故事。舍罕王打算奖赏国际象棋的发明人——宰相西萨·班·达依尔。国王问他想要什么，他对国王说："陛下，请您在这张棋盘的第 1 个小格里，赏给我 1 粒麦子，在第 2 个小格里给 2 粒，第 3 小格给 4 粒，以后每一小格都比前一小格加一倍。请您把摆满棋盘上所有 64 个格的麦粒，都赏给您的仆人吧！"国王觉得这要求太容易满足了，就命令人给他这些麦粒。当人们把一袋一袋的麦子搬来开始计数时，国王才发现，就是把全印度甚至全世界的麦粒全拿来，也满足不了宰相的要求。

那么，宰相要求得到的麦粒到底有多少呢？总数为：$1+2+4+8+\cdots\cdots+2^{63}=2^{64}-1=18\,446\,744\,073\,709\,551\,615$（粒），也就是 1 844 亿亿（粒）。

这就是复利的神奇之处：在刚开始的时候复利效应是很微小的、不易察觉的，但当发展到一定阶段复利就会产生非常惊人的效果。这个复利效应用数学公式表示便是：$F=P(1+i)^n$。其中 $F$ 代表终值（future value），或叫未来值，即期末本利和的价值。$P$ 代表现值（present value），或叫期初金额。$i$ 代表利率。$n$ 代表计息期数。

我们在高中数学中都学过这个公式，但我们很少思考复利能够怎样应用到我们的生活中。

大部分人最直接的理解便是在存钱的过程中应用：今年存 1 万元，每年收益 10%，利滚利存 20 年就发财啦。不过大多数人可能存到第二年或第三年就发现："怎么才这么一点儿钱？也没啥效果啊！"慢慢地他们就放弃了。

可是，为什么爱因斯坦会说复利是第八大奇迹？为什么查理·芒格在提到普世的智慧时，第一条就是理解复利呢？难道复利真的只是作为一个用在投资上的数学模型，便能被称为奇迹吗？

答案显然不是。


## 复利的本质

那到底什么是"复利"呢？我认为，复利的本质是：做事情 A，会导致结果 B，而结果 B 又会加强 A，不断循环。

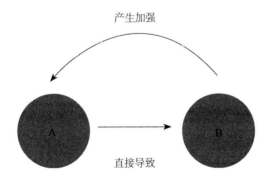

生活中，凡是符合这一规律的事情，都可以被视为复利效应。比如，网站的访问量越多，在搜索引擎上的排名就越靠前，那么

网站访问量就越多，这就是一种复利效应。

在事后拿复利来解释事情，人们可以理解。可我的问题是，为什么大多数人很少能有意识地将复利效应应用到我们的生活中呢？

我想，一个重要的原因可能是我们把复利看作一个精确的数学模型了。人们一看到数学，就想到计算，所以一看到复利模型，就想到有一个复利公式。然而，对我们认识世界而言，数学应是一个思考工具、表达工具，而不是计算工具。

我很喜欢《一个数学家的叹息》一书中作者一针见血的论断：数学的本质是表达的艺术。数学是在我们并不完美的生活的基础上，一种抽象的完美的表达方式。而我们在不完美的世界中想要应用数学公式时却发现对不上号，便不会去用了。

我们不需要记住复利的公式，只需要回到数学公式想要表达的含义：做事情 A，会导致结果 B，而结果 B 又会加强 A，不断循环。

## 复利效应可以导致幂律分布

这种 A 导致 B，B 又会作用于 A 的运作方式，就是我们平常说的"利滚利"，用图像表示便是一条经过一段时间后陡然上升的曲线。

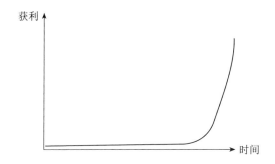

让我们再从更宏观的尺度上看看，复利效应会带来什么结果。以网站访问量为例。少数越过访问量临界值的网站，会以越来越快的速度吸引越来越多的人关注；而由于人们的时间和关注力是有限的，大多数没有越过临界值的网站，便越来越没有人关注。这种"穷者愈穷，富者愈富"的现象，导致站在整个网站世界的角度看，20%的网站吸引了80%的访问量，而80%的网站只能共享20%的关注。这种不均衡的分布状态，在数学上叫作幂律分布。

幂律分布很多人可能不熟悉，没关系，你只需记住这种分布符合二八法则就可以了。或许你听说过长尾理论，所谓的"长尾"，就是幂律分布中那后面的80%。

现在很多人都在运营微信公众号。但排名前 20% 的公众号可能占了 80% 的点击量，而排名后 80% 的公众号只占 20% 的点击量。这种多数人"泯然众人"，少数人"牛到不行"的不均衡分布，与一种我们常见的分布迥然不同，那就是正态分布（钟形曲线）。

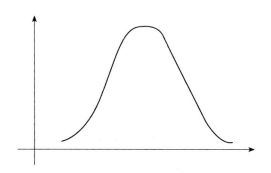

我们生活中有很多分布都属于正态分布：平均的占主要部分，极好的和极差的占少数，而且和平均值差别不会特别大，比如身高的分布、智商的分布等。

但生活中更多的事件符合幂律分布，比如收入、股市波动、网站访问量、照片点击量、公众号文章的阅读量……在幂律分布的世界里，我们怎样才能成为那靠前的 20% 呢？

## 触发临界点

在回答这个问题前，让我们先回到复利的话题。在了解了复利的本质后，我们就会发现有两个因素会极大地影响复利的效果——利率和执行次数。

所谓"利率"，就是做 A 导致 B 后，B 对 A 能有多大的强化作用。利率有一点点的差别都会产生很大影响，这一点有房贷的人应该都能感同身受——房贷利率的每次调整，都会对每月还款额有很大的影响。

我们再看一个更直接的例子，$2^{100}$ 和 $2.1^{100}$，会相差多少呢？结果是，$2.1^{100}-2^{100}=1.654\,299\,978\,394 \times 10^{32}$。我们可以看到，虽然每次加强的因素只差 5%，但重复执行 100 次后，结果之间的差值会大到 $10^{32}$ 的数量级。

这个例子就引出对复利效应有重大影响的另一个关键因素：执行次数。就像往象棋格子里放麦粒一样，前面几次的差别是不明显的，越在前期，其差别越不容易察觉；只有执行的次数足够多时，复利效应才能发挥出来。

因此，回答前面的问题，我们要想向前 20% 靠近的话，就要充分利用复利效应，而这就需要我们做到：首先，我们要在生活中发现"A 导致 B，B 加强 A"这样的事情；其次，我们要尽可能地提高这件事情的利率；最后，我们要增加这件事情重复发生的可能性。

这样做之后，我们才有可能进入复利模型带来的加速成长阶段。举个例子，做公众号这件事也是符合复利模型的。我们每写一篇公众号文章并传播给读者阅读，若一部分人分享出去，就会带来更多的阅读量。这其中的关键在于分享这个行为，而这个行为产生的根本原因是公众号文章的质量足够好。所以，我们真正要做的事就是提高文章的质量。

这个模型的利率就是有多少人受到高质量文章的影响愿意去分享、传播这个公众号，执行次数便是公众号文章的推送次数。

但复利效应在前期是很不明显的，所以刚开始，很可能你花很多精力写的文章和别人随随便便写出来的文章，阅读量没有太大区别。在这种情况下，很多人坚持一段时间后，可能就放弃了。而一直发布高质量文章的人如果坚持下去，迟早会等到临界点，比如某个大 V 的转发推荐，实现跨越式发展。

或许有人会质疑："我会不会虽然一直坚持写，但是始终等不到大 V 推荐这样的临界点？"我的答案是：只要坚持提高利率（写高质量文章）和执行次数（发布数量），那么一定会有达到临界点（大 V 推荐）的时候。为什么呢？因为你所触碰的世界比你想象的更广阔。

这个时候，我要引入另一个理论——六度分隔理论。通俗来说就是：一个人要想认识世界上任何一个人，肯定可以通过 6 个人认识他。

20 世纪 60 年代，哈佛大学社会心理学家米尔格兰姆（Stanley Milgram）设计了一个连锁信件实验。他将一套连锁信件随机发送给居住在内布拉斯加州奥马哈的 160 个人，信中放了一个波士顿股票经纪人的名字，要求每个收信人将这套信寄给自己认为比较接近那个股票经纪人的朋友，朋友收信后也一样照此办理。最终，大部分信在经过五六个步骤后都抵达了该股票经纪人处。

为什么呢？其实答案很简单。一个人平均有 150 个朋友（一度人脉），而你的每个朋友也各有 150 个朋友（二度人脉）……以此类推，你的六度人脉拥有 150 的 6 次方的人脉。而 $150^6=113\ 906$ 亿，这个数字是目前地球人口数的 1 600 多倍。所以，理论上讲，到你的六度人脉的时候，朋友已经可以覆盖整个地球了。

但应用六度人脉的关键是，让你的信息传递到下一度人脉那里。因此，你必须通过不断提供高质量的文章，让人们把文章在一度人脉、二度人脉、三度人脉……里面逐渐渗透。其实到四度人脉的时候，你已经完全不知道这个层级的人是什么样的，有什么能量了。很可能你的一篇文章被某个明星推荐了，然后你的信息就得到了大规模的传播。这个时候，恭喜你，触发了临界点。

所以，可能一个人每天都做一件看似不起眼的事，忽然有一天却因为一个契机爆红。比如迅速蹿红的"Papi 酱"，我们可能会感叹"这个人运气真好"，在我看来其实这是必然发生的"黑天鹅事件"。

Papi 酱在爆红前是中央戏剧学院导演系的学生，已经不断在微博上发布了很多 gif（一种图像文件格式）图和创作的段子，而且也发布了很多短视频作品，这些前期看不到的积累，反而是遇到"黑天鹅"的关键。运气只能左右"黑天鹅事件"的迟早，却不能左右它是否发生。

## 用复利的思路思考生活

同样，人脉也是一个复利模型。你认识的朋友多，就会有人愿意将你推荐给更多朋友，那么你就能认识更多的人；而因为你认识了很多人，就会吸引来更多的人想要认识你。

有些人一心想要拓展人脉，他们采取的方式往往是参加各种活动、沙龙，四处发名片。但是，其实这是一种效率极其低下的做法。因为拓展人脉的关键利率不是发更多名片，而是让自己变得有价值，让人们愿意把你推荐给别人。所以拓展人脉的关键，首先是不断地提升自己的价值，让自己变得对他人有帮助，其次才是让别人知道自己的价值。

做公众号、拓展人脉、投资，都是一样的，它们背后都是复利模型。这个世界的基本运作规律之一就是复利模型。

说到这里，我想再说说前文提到的用复利模型去投资的事情。其实对于没有太多钱的年轻人而言，真正有复利效应的不是10%的年化收益率，因为在起步期，你的投资利率其实可以非常高。你把1万元投入个人的学习、自我成长、能力提升等方面，带来的年化收益率可能是5 000%；而买年化收益率10%的理财产品，一年收益也不过1 000元。

这笔账不好算吗？什么时候你才应该把钱投资到理财产品上呢？有一个思路供你参考：当你的收入扣除生活成本和自我成长花费后，还有闲置资金的时候。这时候，你的钱是可以拿去理财投资的。这才是真正地理解了复利模型。

# 概率论

## 老司机的经验之谈

生活中最难的是什么？可能是每个人都想取得成功吧。但是怎样做才能成功呢？这是每个人都会遇到的困惑。为了让自己更快地成功，我们经常采取的方法是去询问那些成功的人，所以才有了《我的成功可以复制》这样的畅销书。但是后来大家调侃道："你的失败都无法复制。"

老人会教育我们说："不听老人言，吃亏在眼前。"我们也是这样做的。比如刚毕业的大学生，在找工作的时候会咨询找到好工作的师兄师姐："你是怎么找到工作的?""你面试中用了什么样的技巧呀?""怎么投递简历呢?"找到好工作的师兄师姐也会一本正经地把自己的血泪经验告诉他们。应届生听了以后，频频点头："嗯，我学到真本事了。"

如果你想创业，你也会在创业的时候去咨询那些创业成功的人：

"要注意什么事项啊?"

"我应该做什么准备?"

"要找什么样的合伙人?"

"我的商业模式该怎么设计呢?"

想要创业的人不停参加各种沙龙、各种分享,努力学习其他成功者分享的经验和总结的规律。

想要成功,于是去咨询那些成功的人,以求得更多经验和规律——这是大多数人面对问题时的处理方式。而今天我想告诉大家的是,这样的方式,很可能是错误的。我们不能仅仅凭借结果来判断之前的决策是好的。


## 生活是概率分布

我们不能因为一个人创业成功了,就认为他的决策都对。我们也不能因为一个人找到了好工作,就认为他找工作的方法是有效的。我们要尝试换一个视角来思考这个问题。也就是说,历史也可能会是这样:他采取了同样的行为,但结果以另一种方式呈现。

比如,如果时间倒流,那个找到了好工作的师姐,用同样的策略应聘同一家公司,但是面试官却换了,结果可能完全不一样。而创业成功的前辈,也许他的所有思考和决策都和此前一样,只是他晚了两天采取某一个行动,那么结果就可能不一样。

这些案例都说明:生活是一个各项条件随机发生的概率分

布。也就是说，当你的师姐采取了某一种找工作的策略之后，她有很大的概率获得一份好工作，但并不代表她一定能获得一份好工作。我们要用概率分布的思想来思考问题，解读已经发生的事情，应对不确定的未来。

如果用"假如历史以另一种方式呈现"的思考方式不好理解这个问题，那让我们换一个角度，还是用找工作的例子来说明这个问题。假如你已经找到好工作，你当然认为此前采取的策略都是正确的，你可以自信满满，向那些还没有找到好工作的人分享经验。但是让我们稍微改变一下视角，拉回到你还在准备简历找工作的阶段，你能够确信这次面试百分之百会成功吗？显然，你心中是不确定的。"公司老板会认同我吗？""和其他应聘的人相比，我有优势吗？""我准备的答案，是否切合这个面试官的心意呢？"此时此刻，你的未来是不确定的。只有当尘埃落定，找到工作后，你才长舒一口气——结果确定了。

所以，我们应当养成这样一种思考方式：过去的每一件事情的结果，都是众多可能的结果之一；未来要发生的事情，也将有无数种可能的结果。如何描述和应对这么多不确定的可能性呢？

概率论，便是重要的工具之一。这也就是查理·芒格在他的《穷查理宝典》中所提到的"费马帕斯卡系统"。费马帕斯卡系统与万事万物运行的规则是一致的。这是一个基本的常识，我们应该掌握这种技巧。

查理·芒格提到的费马帕斯卡系统，其实是用排列组合来研究事情发生概率的方法。

## 频次概率与主观概率

听到概率论，可能你已经很头大了。如果你也像我一样高中概率论学得并不好，恭喜你，不用担心。因为对我们而言，只要理解了概率论的核心思想，计算过程并不复杂，我们只要学过小学数学和基本的代数，就完全可以解决这些问题了。

高中数学那些令人生畏的计算题把我们给打蒙了，至少，高中数学成功地把我打蒙了，让我把数学计算技巧和应用数学思想混为一谈。提到概率论的时候，我们很容易想到高中数学题目中那些用来计算概率的白色、黑色的球。但是在真实的世界中，用概率论思考问题，绝大多数情况下用不到复杂的计算技能。

不过，我们首先要学会的是高中概率论没有教我们的事情：概率原来有两种。一种叫物理概率，或者叫频次概率，也就是计算一件事情发生的频次占结果总数的百分比。这也是我们在高中数学的学习中一直接触的概率，比如掷骰子掷出"1"的概率是1/6。这是一个通过统计就可以直接计算出来的概率。这样的概率，在我们的生活中也有应用。比如你打德州扑克，计算牌面出现大牌的可能性，就要用到这样的方法。

但我们生活中的大部分问题，是没有一个清晰而准确的概率判断的。比如，明天老板心情好的概率是多大？你出门时发现汽车轮胎被扎坏的概率是多大？这些事情的概率不像掷骰子那么清晰，怎么办？这时就要用第二种概率：主观概率，简单说就是……猜。是的，猜。这听起来很不靠谱，但事实上，我们在生活中常常这样做。不过猜和猜差别很大。如果一个结果我们猜得更准确，我们赢的概率就大。

那怎样提高主观概率的准确性呢？答案是，提高信息质量。我们掌握的事实与细节越多，对主观概率的推测就越准确。比如你想送给你暗恋已久的女孩一双粉红色的运动鞋，但你担心她不喜欢粉红色。你判断（猜），女孩喜欢和不喜欢粉红色鞋的概率各是50%。不过你可以通过获得信息来校准这个主观概率，比如观察她一般穿什么颜色的衣服，或者问问她的室友她平时喜欢什么颜色……

这时候，虽然你仍然是"猜"，但猜对的概率就大得多，当然，打动女孩的机会也就大得多。所以，如果我们能够获得更多有效信息，我们就能够提高主观概率的准确性。更重要的是，在生活中，我们并不需要特别精确的主观概率。我们的数据精度只要能够让我们做出关于正确方向的判断就可以了，不需要精确到小数点后几位。

关于如何提高信息质量，进而提高我们对主观概率的判断能力，我之前在"得到"上录制的一期节目——《像间谍一样思考》主要讲的就是这个。

当然，既然是主观概率，就会受到个人的认知偏见和心理误判的影响。因此，了解自己的偏见和误区就很重要。这个话题，这里先不展开，让我们继续沿着概率思想的视角讨论下去。

## 决策树理论与外部视角

理解了"我们的世界符合概率分布"这一假设，了解了概率论中的频次概率和主观概率的区别，我们就能运用一些工具来帮助我们应对不确定性，从而做出更好的决策。

一个重要的工具便是"决策树理论"。决策树可以画成树枝状的结构图，所以叫决策树。一棵典型的决策树是这样的：

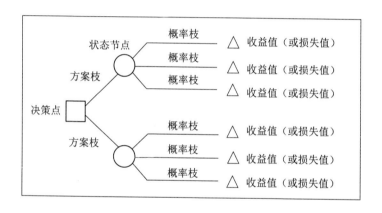

画出决策树的方法，通常包括三步：第一步，列出你想要实现的目标或者解决的问题（一般用正方形表示）；第二步，在它的右侧画出能够实现这一目标的所有方案（一般用圆形表示）；第三步，在所有的方案下面再列出这种方案各个可能的结果及其实现的概率（结果一般用三角形表示）。

举个例子。你已工作三年，想要进一步增加自己的收入。你的可能选择有：

- 自己创业当老板。可能会有更高的收入；但是出去创业风险也高，也许会失败。

- 做一份兼职增加收入。但是这也可能影响自己在公司的发展，导致两边都做不好。

- 在公司更努力地工作，争取增加收入。

那么你到底是应该出去创业、兼职，还是在公司更努力地工作呢？让我用决策树的方法来思考一下。创业、兼职和继续工作，形成了提高收入的三种解决方案。

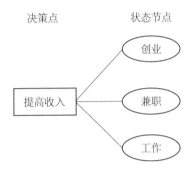

对每种选择带来的关于收入的结果和概率进行估算。

比如，出去创业年收入超过 100 万元的概率有多少呢？可能有 5%。

年收入在 50 万元到 100 万元之间，概率可能是 20%。

年收入在 10 万元到 50 万元之间，概率可能是 30%。

年收入在 5 万元到 10 万元之间，概率可能是 30%。

年收入还不到 5 万元的概率，可能是 5%。

创业失败，还有赔钱的可能。赔 10 万元的概率，可能是 10%。

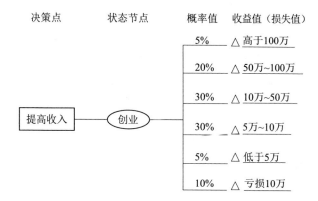

把兼职和继续留在公司的情形也列出来，就形成了决策树。

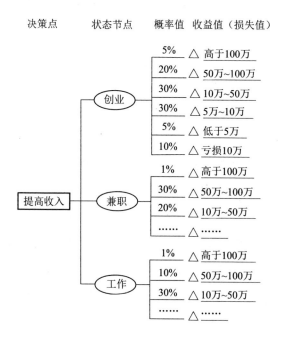

那怎么做决策呢？计算每个方案的可能收益，比较高低。方法是：把一个方案下每个结果的收入和它的发生概率相乘，然后求和。这就是这个选择的收入期望。

例如创业这个环节，收入期望的下限是：

$100 \times 5\% + 50 \times 20\% + 10 \times 30\% + 5 \times 30\% + 0 \times 5\% + (-10) \times 10\% = 18.5$（万元）

而兼职的收入期望下限是：

$100 \times 1\% + 50 \times 30\% + 10 \times 20\% + 5 \times 40\% + 2 \times 9\% = 20.18$（万元）

同样的方法，留在公司的收入期望下限是：

$100 \times 1\% + 50 \times 10\% + 10 \times 30\% + 5 \times 59\% = 11.95$（万元）

通过计算，你可以发现：

收入期望：兼职 20.18（万元）＞创业 18.5（万元）＞留在公司（万元）。

这样对比就可以得出结论。当然，这个例子中的收入和概率是我随便写的。不过我们可以看到，对概率和结果的主观判断的准确性非常重要，它直接决定了我们最终要采取的行动。如果对自己的能力评价偏高，我们可能会认为自己在创业中赚大钱的概率比较高。如果对自己的评价相对偏低，我们可能会认为自己在创业中赚大钱的概率比较低。

你可能会问："这么随意的判断方式，我们计算出来的结果还有意义吗？"随意判断，当然意义不大，因此我们要尽量减少主观判断的偏差。

如何减少主观判断的偏差呢？一个重要的方法就是用外部视

角。所谓外部视角，就是说我们应该把自己的问题看作这个世界上一系列类似问题中的一个，并以此为基础计算概率。比如我们在对自己创业年收入超过 1 000 万元的概率进行判断时，不要以"这是我在创业，结果不一样"为基础进行判断，而是要研究，在类似的创业案例中，有多少比例的人年收入超过了 1 000 万元。你调查后发现，可能只有不到千分之一。那么，当你创业的时候，年收入超过 1 000 万元的概率很可能也不到千分之一。这样从外部视角分析，比单纯靠研究自己的情况所得出的判断要准确得多。

所以，如果我们在判断问题的时候能够退一步，做外部的观察，从整体分布概率的角度来思考，我们的判断就能更加准确。

## 为大概率坚持，为小概率备份

我们得出相对准确的概率，并以此为基础做出判断，只能说明我们取得预期结果的概率比较大，并不代表预期的结果必然发生。

假设有一枚特制的硬币，它正面向上的概率是 64%。如果要下注的话，你当然应当买它出现正面。但是，当它出现反面时，你也一定不会惊讶，因为事实还有 36% 的机会和你的选择不一样。

因此，即使我们选择概率高的事件，也不代表我们一定会赢。就像我前面说到的，即使你准备得很充分，也不代表你这一次一定能够应聘成功。谋事在人，成事在天。这就是概率的思想。

这个世界就是概率分布的，很多事情会随机发生。但是，我们也无须悲观，因为只要我们选择有利的大概率事件持续投入，结果（期望）一定比我们东一榔头西一棒子地做事情要好得多。

就拿找工作的例子来说，如果即使你做了充足的准备，你应聘成功的概率也只有 64%，那么你坚持两次，找到工作的概率就是 64%+36%×64%=87%，坚持三次，找到工作的概率就高达 64%+36%×64%+36%×36%×64%=95%。这个结果说明了两个问题。第一，如果我们在大概率事件上持续投入，大概率事件发生的可能性就会极大增加。更确切地说，我们在高期望的事件（虽然结果发生的概率小，但是回报足够大）上持续投入，坚持下去就会获得高期望收入。

风险投资基本上就是应用了这个模型。比方说，一只风投基金投资了 10 家公司，假设每家公司的成功概率都只有 10%，但 10 家公司中有一家成功的概率却高达 65%，那么这一家公司上市成功的回报就足以覆盖所有投资失败的成本，还能有盈利。所以，风投的工作，本质上就是找大概率、高期望值的投资机会。

所以，利用决策树分析，并不是让我们每一件事情都做对，而是让我们每次的行动都处在最高赔率上。

第二，我们要有冗余备份、安全备份，防止小概率事件给我们造成无法挽回的损失。在期货投资中，有一个赚钱的秘诀："看错时不死，看对时大赚。"也就是说，我们在投资时，如果经过研判有足够的信心，就要全力投入下注，一击成功。但即使再自信，也要考虑到万一发生的极端情况，这样你的投资安排也不至于让自己倾家荡产，无法翻身。我们必须有安全空间。如果银行都能够坚持这个准则的话，那么金融危机就不会发生。

在生活中，我也在为"小概率事件必然发生"做准备。比如我每天去公司，要拿钥匙开门。虽然我有检查钥匙的良好习惯，但是仍有各种突发情况，可能导致我到了公司门口却无法开门，所以我就在自己的随身包里放了一把备用钥匙。这就是一种冗余备份系统，而它背后是一个概率思想：小概率事件必然发生。

我们可以采取冗余备份系统，让这一问题的发生不至于给我们带来致命的影响。比如，毕业论文除了存在电脑里，一定要备份在 U 盘和云端，因为损失的后果你是吃不消的。

## 小概率下总有"幸运儿"，但你学不来

事实上，我们总能听到一些富豪介绍自己是如何在刀口上舔血，取得了今天的成就。很多人受到他们经历的鼓舞，决心要在人生中放手一搏，豪赌一场——这次豁出去了！就干这一票！

我们听到这样的故事，总是热血沸腾，尤其是看到他们经历豪赌后现在的风光，更是感慨。可是，我们根本没机会听到那些赌输了，甚至倾家荡产之人的声音——他们可能永远没有机会给别人讲赌输后没有退路的绝境。

关于这个问题，《黑天鹅》一书的作者塔勒布写过另一本书——《随机漫步的傻瓜》，里面举了一个例子叫俄罗斯转盘。

假设一个有钱人拿出 1 000 万元和你玩俄罗斯转盘游戏，他在可容纳 6 颗子弹的左轮手枪里上一颗子弹，随机转动转轮，然后扣动扳机。你有 1/6 的概率被打中，但又有 5/6 的概率不被打中。如果没有被打中，你就赢得 1 000 万；如果被打中，你就一命呜呼了。你会不会玩这个游戏？

塔勒布说，在投资界，很多人都在玩这样危险的游戏而不自知，因为总有人能碰到那 5/6 的概率，在生命中赚到大钱。这些"榜样"吸引了很多人学习他们的"成功经验"。"这种游戏看起来容易得很，我们也玩得兴高采烈，但是没有人看到背后的风险。"

所以，我不是说"老司机"的经验没有价值。我是说，你要意识到"老司机"的经验，只是众多可能性中的一个，千万不能把它当成真理。他们的经验只是这个世界各种概率下的一个，甚至可能是很小概率下的那一个。


## 概率不是固定值，而是动态值


看到这里，你有没有觉得我们努力的价值似乎低了很多？比如："我考虑要不要出来创业，参考的是整个系统的概率，那我自己的主观能动性在哪里呢？""我这么聪明，懂这么多道理，我成功的概率还和外部概率是一样的？这不合理啊。"

其实答案很简单。第一，你要比的是和你相似的群体的成功概率。创业的人大都努力、勤奋、会思考问题。宏观来看，个体在群体中的智力不会有特别大的差别。这个概率判断，能够让自己更清晰地了解自己的位置。

但更重要的是第二个层面：你的极致努力可以改变你获胜的概率。换句话说，概率不是固定值，而是动态值。

在你努力的过程中，你参考的概率就变为更加努力的群体的成功概率。因此，你的决策树不是一个静态数值，而是根据情况而不断变化的动态演变数值。每一次，你都要根据新的情况来重新计算你的概率。

这就是概率论当中的贝叶斯定理。贝叶斯定理是说，对于一件事情，我们可以先估计一个概率，然后在做这件事情的时候，根据新的信息和反馈来调整原先的估计，从而得到更准确的概率判断。

在面对不确定性的时候，我们可以通过快速迭代、不断试错来增加对未来的掌控和把握。所以，你不应当盲目地依赖"老司机"的静态经验——这可能把你带进沟里。


## 总　结

概率思想是我们认识世界的基础工具，也因此成为临界知识的重要基础。概率思想给我们的启示是：在不确定的世界里，我们可以选择不断地投入成功概率最大的事情当中，并且避免小概率事件给我们带来的致命打击。

从长期来看，一直投入赔率最大的事情，终究会有回报。

# 黄金思维圈

## 迅速看透问题本质的利器

我们公司在帮助员工成长的过程中，会传授很多思考工具和方法。但我不止一次听到同事反馈：对他们而言，印象最深、影响最大、帮助最立竿见影的方法是——黄金思维圈。

黄金思维圈的最基本应用便是：你遇到每一件事情，首先问"为什么"，也就是问自己为什么要做这件事。我在前文中也提到了这个观点，但是没有做深入的介绍。本节我就详细聊一聊这个简单而又重要的基本方法。

所谓黄金思维圈，其实是我们认知世界的方式。我们看问题的方式可以分为三个层面：第一个层面是 what 层面，也就是事情的表象，我们具体做的每一件事；第二个层面是 how 层面，也就是我们如何实现我们想要做的事情；第三个层面是 why 层面，也就是我们为什么做这样的事情。

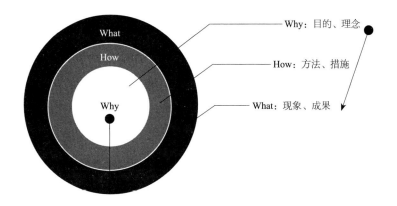

绝大多数人思考问题的时候，是从 what 的角度出发的，很少有人能够从 how 的角度去思考问题。而站在 why 的角度思考问题的人，就少之又少了。

## 不举栗子，举个苹果

最早将 why-how-what 的思考方式总结成黄金思维圈的人，是西蒙·斯涅克。他是在一次 TED 演讲中提到黄金思维圈的，那个演讲的名字叫"伟大的领导者如何激励行动"。不过显然这个方法应用的领域远远超越了激励别人。

西蒙在他的演讲中举了一个非常精彩的关于电脑行业的例子：大多数电脑生产厂商思考和表达问题，都是站在 what 的层面。他们在营销时，大多是说："我们生产的电脑性能非常好，使用很便利，要买一台吗？"这是站在 what 的层面上去思考——

"我们是做什么的，我们有什么特点"。

而西蒙提到，苹果公司是完全不一样的。苹果公司做营销时，传达的理念是：

> 我们做的每一件事情，都是为了突破和创新。
>
> 我们坚信应该以不同的方式思考。
>
> 我们挑战现状的方式是把我们的产品设计得十分精美，使用简单，界面友好。
>
> 我们只是在这个过程中做出了最棒的电脑。想买一台吗？

可以看到，这两种情况，同样是在销售电脑，同样是在讲自己很棒，但区别在于：一个是从 what 出发，讲"我们做了什么，我们的电脑是什么样的"；一个是从 why 出发，讲"我们为什么存在，我们为什么生产不一样的东西"。

如果你去电脑公司（比如戴尔）购买 MP3（音乐播放器），你会感觉这是一件很奇怪的事情；但是如果你从苹果公司购买 MP3，看起来却是理所应当。

当我们能够从 why 的角度去思考问题时，我们显然能够更好地和别人建立信任和共识。事实上，西蒙举的这个例子，就是营销的最高境界——营销你的价值观，也就是营销你的 why，即你为什么存在。

这一点，在奢侈品行业有着尤其明显的表现。比如奢侈品手表的广告绝对不会仅仅说这款表走时多么准确，同时，它会花很多时间告诉你关于这个品牌的故事。比如：有的品牌会不断地告诉你自己对手表品质的追求，一只手表要生产 8 年；而另一些品牌，会讲述在二战期间佩戴其手表的飞行员有着怎样勇敢冒险的经历，他们体现了什么样的精神；等等。

奢侈品品牌能够获得高额情感溢价的关键之一，是他们通过故事传递的价值观。用今天的流行语说——他们卖的是情怀。


## 生活的各个角落都需要黄金思维圈

从 why 入手进行思考和表达，听起来是一件理所应当的事情。然而我们都知道，说起来是一码事，做起来又是另一码事。我们大多数人在开始思考问题的时候，根本不是从 why 出发，而是从具体的 what 出发。

比如，领导安排你通知别人开会，你可能就简单地去通知别人开会；领导安排你去贴海报，那你就去贴海报。很少会有人问："领导为什么让我安排他们开会？开会想实现什么样的目标？""为什么要去贴海报？通过贴海报我们想要实现什么目标？"

这些看起来是很显而易见的问题，但是当你深入去思考 why 的时候，你就会发现答案可能和开始想的完全不一样。

之前，我邀请一个好朋友来我们公司分享营销的方法和经验。她此前在奥美公关工作，后来又在创业公司负责营销策划。

分享一开始，她首先向我们强调的不是营销的方法和定义，而是提醒我们每个人："你们为什么要营销？"她的从业经历告诉她，绝大多数营销人员都把营销工作看成孤立的 what，而忽略掉背后的系统和 why。他们忙着写微博、微信的文案，策划各种活动，但是没有真正地思考："我为什么要写文案？为什么要做活动？为什么要跟热点？"

由此可见，即使是在营销这个尤其需要清晰的思路、灵活的头脑和很高的专业敏感度的领域，大多数从业者也都可能没有养成从 why 入手思考问题的习惯。毕竟从 what 入手是最简单、最符合大脑直觉反应的思考模式。

## 思维方式成就一个人

如果你想要和别人不一样，从众多人中脱颖而出，那么你一定要能够比别人更快、更准确地抓住问题的关键。换句话说，如果你想要更好地看透问题的本质，你应该培养问"为什么"的习惯。

查理·芒格曾经说过，询问自己一个又一个"为什么"，你就能更好地思考问题。通过问一个又一个的"为什么"，你就开始获得普世的智慧，获得更深刻的洞察力。

这一方法被我用在了工作和生活的每一个领域里。比如我们公司为景区设计旅游产品的流程，其中第一个阶段便是"用户共情"，研究用户需求。而了解用户需求的一个重要方法，就是探寻使用我们产品的潜在用户有哪些"为什么"。追问 5 个"为什么"，一直挖掘到用户最深层的感受，再以此为基础进行分析，进而开始设计。

比如你是一家水果店老板，你家店的特色是水果新鲜，所以你在店里墙面上张贴着"新鲜水果，快速送达"之类的宣传语。可是店铺的生意并不是那么好，因为周边还有不少水果店。怎样才能让你的水果店脱颖而出呢？

我们可以用问"为什么"的方法，来洞察顾客的深层需求——让我们在水果店询问一位购买水果的典型顾客：下班后的妈妈。

问：为什么大家喜欢新鲜的水果？

顾客：我觉得新鲜的水果味道最好。

问：为什么味道对你这么重要？

顾客：因为味道好，我的孩子就喜欢。

问：为什么孩子喜欢吃水果对你很重要？

顾客：水果对他的健康好。

问：为什么孩子健康对你这么重要？

顾客：因为我想要做一个好妈妈。

问：为什么照顾家庭对你很重要？

顾客：这难道不是理所应当的吗？

我们可以发现，购买新鲜水果这一行为的背后是妈妈守护家庭安全、健康，做一个负责的好妈妈的底层价值观动机。因此，我们可以将原先在 what 层面描述"新鲜水果，快速送达"的宣传语，更换成类似"我们与您一起守护家人健康"的说法。

互联网产品设计中，常常会提到用户需求有真需求和伪需求之分。在我看来，伪需求看到的是需求的 what 层面，而真需求是要在 what 的表象之后挖掘到真正的 why。从 why 入手这一简单的思考方式，能够帮助我们在纷繁复杂的世界中拨开迷雾，直指重点。

我发现，在与人聊天的过程中，你可以通过对方是在哪个层面讨论问题，从而判断他对这一问题理解的深刻程度。于是，我把这一方法用在了招聘新员工中：一大半的应聘者因为思考问题停留在 what 层面，无法进入复试。

而有的应聘者能够在对他过去的工作进行介绍时，不仅仅局限在工作内容本身，还能清晰地认识到这项工作是在什么背景格局下产生的，为什么要完成这项工作，完成这项工作的关键是什么、突破口是什么……这样的人，即使在专业技能上暂时有欠缺，也能够进入复试。

因为技术层面的事情有很多成熟的方法，给予他时间训练就能提高；而思维方式的问题，因为涉及很多底层的假设和思维模式，如果没有一定的基础是难以改变的。（不是不可以改变，但很难，而且公司和个人需要投入的成本极大。）事实也证明，我们招聘的员工中，具备这一能力的人往往会表现得非常优秀，工作上手的速度和理解问题的深度都要远远优于那些思考问题停留在 what 层面的人。优秀的人，在思考问题时，不会被表象迷惑。

关于这一点，让我印象最为深刻的是前一段时间和任泽松吃饭聊天的经历。如果你关注股票和基金，那么你一定听说过接替了王亚伟"公募一哥"位置的任泽松。在过去三年里，任泽松执掌的基金连续取得了公募基金收益率排名第一的成就。我对此非常好奇。

我认识他的时候，他还在清华大学读生物专业，而现在刚毕业几年就成为金融领域的行业翘楚、人生赢家。于是，我就约了他一起吃饭聊天。在聊到投资风格的时候，我提了一个问题，我说："你认为自己的投资风格是更像彼得·林奇还是更像巴菲特?"

这是一个封闭式问题。他可能回答是彼得·林奇，也可能回答是巴菲特，或者说两者都不是，而是其他风格。但是任泽松的回答却出乎我的意料。他说：

> 那取决于我处在哪个时代。
>
> 因为彼得·林奇和巴菲特所处的时代背景是不一样的。彼得·林奇所处的时代，是美国新经济刚刚蓬勃发展的时代，成千上万的新型公司正在茁壮成长。人们看不清楚哪些公司一定会取得最后的成功；但是人们知道，在创新的方向上，一定有一些公司会取得成功。所以彼得·林奇需要不断地去尝试和寻找那些有成长潜力的小公司，不断地变化投资标的。
>
> 而巴菲特所处的时代，不再是那个群雄逐鹿的时代，经济格局已经相对稳定。一些有长期投资价值的公司崭露头角，

所以这个时候的投资就更能够选择那些有长期价值回报的公司。

因此我的投资风格并不是说像巴菲特或是彼得·林奇，而是取决于我处在什么样的经济背景和时代背景下。不同的情况，我要采取不同的投资策略。

听完任泽松的这番解释，我深深地感受到他思维的清晰。任何一个领域中的顶尖人才思考问题都不会被问题展示出的 what 所迷惑，而会思考问题背后的本质。这也是黄金思维圈最大的价值：透过问题的表象看到问题的实质。

## 抓住 why 的本质，激发 how 的创意

在给客户做咨询的时候，我越来越能发现，客户提出的问题是 X，但是答案往往却在 Y。就好比你去医院看病的时候，你告诉医生自己头疼，但是医生需要全面检查，因为你的病因很可能并不在头部。但是我们大多数人就是在头疼医头，脚疼医脚。而黄金思维圈却能够有效帮助我们有意识地去思考：我们的问题真的是头疼吗？

有一次，我给一个景区提供咨询服务。当时他们已经找过其他几个团队进行咨询，咨询内容是对他们景区准备开发的二期项目进行策划。客户对新项目建设什么内容、投资规模控制在多

少，一直没有拿定主意。客户集团的总经理向我介绍了此前其他团队的策划思路和大致的设计方案后，问我："成院长，你觉得哪个方案好？"如果你是我，你会怎么回答？

这是一次关键沟通：在和客户的沟通过程中，如何回答重要的封闭式问题非常重要，因为这会决定此后谈话讨论的基调。我没有直接回答客户的问题，而是向客户提出了一个问题："您为什么要开发二期项目？"

经过深入的沟通，我发现客户之所以要建设二期项目，是因为一期项目虽然游客不少，但是并没有赚到钱，所以他们期望通过二期建设的项目来增加景区的收入。所以，客户实际上是想要提升景区的赢利能力，这是 why，而建设二期项目是表现出来的 what。

这样一来，我要帮客户解决的问题实际上并不是判断哪个方案更好，而是怎样提升景区的赢利能力。我发现，他们现有的景区有着非常好的客流量，只是目前仅仅依托门票经济，客单价比较低。如果我们能够让每位游客的消费支出增加哪怕 10 元，整个景区也会立马增加几百万收入。

这是一个相当稳妥、收益确定的方案，并且相比于开发二期项目，投资非常少。当我提出这一思路的时候，客户很受启发，很快决定和我们合作：先将一期项目收益提高，再根据一期投资收益情况考虑二期项目。

这个项目的签约并不是因为我比别人提出了更好的设计方案，而是我比别人多思考了一下"客户为什么想要做这件事情"。

一个简单的思维习惯就能更好地帮客户找到解决方案。

当你停留在 what 的层面找答案的时候，答案永远不会有创新。而当你从 why 的层面去思考问题的时候，你在 how 的层面就会产生很多创新想法。因此我们公司的员工都要培养解决问题时先询问 why 的习惯，以终为始地开展工作。

有一次，我们公司在"211"高校参加双选会（学生、公司双向选择的招聘会）和举办宣讲会，由一个实习生负责去学校贴海报。这事情够简单吧？让我们看看她写的关于那天经历的工作日志：

---

周二下午要去各学院下发海报。

这看似一个再简单不过的跑腿的活儿。如果换作以前，我肯定不假思索什么准备都不做就直接出发了。

可关键是，在公司待了一段时间后，我养成了做任何事情之前先问自己"why"的习惯——每一件事不管大小，都要思考其意义。

下发海报是为了给我们的专场宣讲会和参加的校级双选会预热，让每个学院帮忙宣传，而且海报张贴在展板上就会有路过的同学关注。因此，我发海报的工作，不是发了就完成了，还要达成宣传的效果。

那么这个过程可能会遇到哪些问题呢？

---

1. 部分学院不了解我们公司，可能不愿意配合，所以我可能需要准备一段简短又有重点的公司介绍，然后再说明我的来意。

2. 我事先查了每个学院的就业处办公地点，有一些在三四层的地方。这些地方经过的人少，宣传效果不大。所以最好能说服就业处的老师在 QQ 群里帮我们宣传一下，或是能把我们的海报放在一楼大厅的展板上。

3. 思考除了发海报还能不能找到其他更具宣传力度的宣传方式。

带着这些准备和思考出发，我觉得派发海报都变得非常有学问了，而我也的确遇到了一些上面的情况，还好自己早有准备，所以进行得很顺利，没有遇到应对不了的突发状况。当我经过主楼，看到那醒目的宣传栏时，我突然想到，双选会可是学校牵头的大事儿，这海报不应该只给学院发，如果能在主楼宣传栏张贴，那效果可比单独发给学院大多了，于是我就又跑到校就业处找老师。

事实证明，当天的效果非常好。整个双选会现场，我们是排队咨询的学生最多的公司，收到了很多优质简历。宣讲会上大家也坐得满满当当，气氛十分活跃，同学们满意度很高。今天看《第五项修炼》，书中说：每个人不能只囿于自己的岗位，觉得只做好分内之职就可以了，要对职位之间相互关联产生的结果负有一定责任。

　　我觉得，如果我只是简单地去发海报，也可以完成任务，但是那样就仅仅是完成我的"发海报"的任务，对其他人来说没有任何用处。而从思考 why 入手就能对整个公司的各个环节起到帮助作用！

　　如果你在培养一些习惯后，能够从发海报这件事情中学到东西，那你就能从任何事情中获得成长和收获——这种能力产生的效果是最可怕、最惊人的。

　　黄金思维圈是一个非常简单而强大的思考工具，也因此成为我的临界知识之一。它如此简洁，而又直指问题的本质，我真诚地向大家推荐这一思考方法和工具。这可是我们公司快速成长的秘密武器之一啊！

# 进化论

## 与鬼共舞

前几天，我一个朋友在家人的劝说下，回到了家乡县城。家人费了很大劲，终于托关系给女孩找到了一份合适而稳定的工作：国有大型银行柜员。皆大欢喜。但我在感叹，人们又掉入了"与鬼共舞"的陷阱啊！

"与鬼共舞"是进化论中的一个概念。其大意是说一个物种在适应过去的环境时，会形成一种行为 A；可当环境发生变化不需要行为 A 了，物种仍然会延续过去的做法，就像与鬼魂共舞一样。比如，自古以来，海龟宝宝都是在夜间的海滩上破卵而出，然后爬向大海，回到自己的家。在夜晚，这些小海龟是靠着海面反射的月光找到大海的。而自从岛上有了房屋的灯光后，新生的小海龟就不去大海了——它们向着陆地的灯光一步步爬去，最后死在爬行的路上。

"与鬼共舞"可不是只发生在小海龟这样看起来单纯呆萌的

动物身上。人类作为进化的产物之一，也一样会"与鬼共舞"。家里人劝孩子回家过安稳日子，没什么错。问题是把银行柜员当成稳定的工作却是在与鬼共舞啊。银行柜员是大家心目中"公认"的稳定职业：银行是国有大公司，有保障，而且柜员不用风吹日晒，很少加班，是最适合女孩子的稳定工作。

可是，过去的稳定不代表未来的稳定。姑且不说银行柜员有一个从名字上就能够看出来的竞争对手——ATM（自动柜员机），你看看过去人们去银行排队转账、缴水电费，而现在都用支付宝、微信支付来处理，银行都快成了老奶奶、老爷爷的社交空间了。对了，我家楼下卖红薯的大爷都贴出二维码支持扫码支付了。

即使像办理开户、销户这种需要本人到场的业务，也可以通过在线视频认证解决。这不是想象，而是我前一段时间在招商银行亲身体验的服务。

银行柜员的外部生存环境已经发生了改变。如果国有银行继续财大气粗，养着柜员也无所谓。可是，随着互联网金融的发展，银行"躺着挣钱"的日子越来越难了。2015 年《广州日报》一篇财经报道的标题是"银行业大降薪：部分银行网点基层人员流失近半"。

外部环境已变，可人们仍然延续过去的认识：银行柜员 = 轻松稳定。如果我们与鬼共舞而不自知，还想要在这个快速变化的世界里生存得更好，那么，对运气的要求未免太高了。

那么怎样才能适应这个快速变化的世界？

## 拥抱变化

1998 年引爆亚洲金融危机的索罗斯，非常擅长在环境变化中抓住机遇。老爷子的薪水至少比联合国中 42 个成员国的国内生产总值还要高——这叫"富可敌 42 国"。这么一个善于应对变化的人，14 岁时的经历对他有着决定性的影响。1944 年，德国纳粹尚未入侵布达佩斯时，索罗斯一家人和他们的朋友过着安逸的生活。人们丝毫没有意识到平静生活即将结束，一场大屠杀将要降临。然而，索罗斯的父亲是一个例外。他是奥匈帝国的官员，经历过 1917 年的俄国革命。他从那次革命中学到：要做出激进的行为来响应变革。因此，索罗斯的父亲不顾家人的反对，在社区一片安详的情况下把家人送到了隐蔽场所。

结果，这个决定拯救了全家人的性命。索罗斯后来总结道："我认识到，要存活下来就必须采取积极行动。我父亲的经验就是：如果你在那些规则已经不适用的地方遵守规则的话，你就死定了。"

坐以待毙，是最危险的。要想在变化的世界里生存得更好，你得在环境发生变化的时候快速响应。

20 世纪 80 年代改革开放时，下海经商、冒险成为"资本家"的人成了第一批万元户；90 年代，敢于在村集体开设乡镇企业的人成了一批暴发的"农民企业家"；2000 年后，投身住房改革、搞房地产的人成了《福布斯》中国排行榜上的主力；2010 年后，在移动互联网和互联网金融快速发展的时候，想方设法留在银行做柜员的……显然是对环境变化反应不过来的。

巨大的成就，绝不是来自简单的个人努力。你再努力，一天也只有 24 小时；只有在资源重组的巨大变革中抓住机遇，才能让形势的浪潮将你推送到成就之巅。IBM、微软、苹果、谷歌、Facebook，它们站在一个又一个的浪潮之巅。用现在流行的话说：你要做那个站在风口的猪。如果你对刮来的风无动于衷，没有成为下一个乔布斯，那也没什么。可是，如果你看到龙卷风来了，却没能像索罗斯的父亲那样撒腿就跑的话，结果就不好玩了。


## 位置比努力重要

索罗斯说："你能否存活下来，取决于你是否意识到常规根本不适用。"想要在变化的环境中生存下来，首先你要意识到环境发生了变化。单就这一点而言，人类比物种进化历史上的其他生物有一些优势。我们如果可以应用自己的心智提前发现变化，就有可能更主动地应对变化。

怎样才能让自己更快地发现变化，甚至预见变化呢？我的一个思考是，你在哪儿比你干什么更重要。换句话说，位置比努力重要。

想象一下，你是一只站在山顶上玩耍的小羊，这时候远处的狼来了，那么比起在山脚下吃草的小伙伴，你更知道自己下一步该怎么做。这不是因为你更强壮，而是因为你所处的位置拥有信息优势。

我上大学的时候在招生办工作，于是常有朋友问我："高考填报志愿，选专业重要还是选学校重要？"在我看来，选城市更重要。报考志愿，首先考虑北上广，哪怕学校次一点儿，专业差一点儿。为什么？因为在北上广这样的城市，人才、信息高度密集，新的方法、新的理念在信息交流中快速演化，对各种可能性的试错每时每刻都在发生。你在大城市中看到未来趋势的概率要比在小乡村里高得多得多。

　　如果乔布斯不是在硅谷，而是在偏僻的小乡村，他就没有机会参加一帮技术"极客"组织的计算机俱乐部，也就不可能发现计算机的趋势。就像站在山脚下的羊，很难及早看到狼来了。

　　因此，让自己站在具备信息优势的位置至关重要。正所谓"春江水暖鸭先知"。做鸭子，很重要。可是，怎么做呢？

　　如果你在北京，忍受着高昂的房价、拥挤的地铁和呛人的雾霾，却每天过着两点一线的单调上下班生活……那么，你真的不如回到家乡。至少，家乡有父母和清洁的空气。

　　了解另一个圈子的人在做什么，尝试一下自己未曾有过的人生体验，听一场自己从来没接触过的领域的讲座……这些都是你在其他城市所不具备的优势。

　　不过，要想让自己能够更高效地具备信息优势，还有一个更重要的方法：找到人脉中心。

　　此前我提到过一个重要的临界知识：幂律定律。信息密度的分布不是平均的，而是 20% 的人拥有着 80% 的信息链接。就像下图一样，站在中心的人，拥有更多的信息来源。

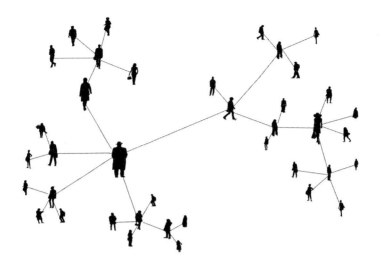

而人脉中心，就是那些处于信息中心的点。如果你想让自己有更大的信息优势，要么自己成为人脉中心，要么结识更多的人脉中心。

## 死于"知道"得太多

在 2007 年金融危机爆发前几个月，花旗银行的首席执行官普林斯在接受媒体采访时说："金融领域将会发生颠覆性事件。到那时，流动资金非但不会补充进来，反而会大量流失。"

几个月后，金融危机爆发，一切正如普林斯预测的一样。不过人们最能记起这句话的日子是 2007 年 11 月 4 日——这一天，普林斯辞职了，因为预测到了危机的花旗银行照样未能幸免，资产累计减记高达 450 亿美元。我们有时候看到了变化，却仍然无法摆脱失败的命运。

哈佛商学院教授克里斯坦森在《创新者的窘境》中发现：

> 当成熟公司所在行业遇到颠覆性的新技术或市场时，这些公司几乎总会失败。问题不在于公司没有意识到世界已经发生了变化，而在于这些公司没有及时地、充分地改变行为。

他们的典型反应是"积极的惰性"——看起来在更努力地尝试，本质上仍然因循守旧。

心理学研究发现，我们每个人都有两套理论：一套是"声称的理论"，一套是"实行的理论"。隔壁老王每天出去"演讲"说，面对这个世界要充满正能量，要信任别人，可是他从来不借给别人一分钱。说大道理，人人都可以，可是践行的，就微乎其微。

在看到变化这件事情上，人们也一样。说起来人们都看到了风口，可是真的愿意放弃目前安稳的生活，投入不一定靠谱的风口，并不是人人都做得到。很多机会，不是死在你不知道，而是死在你知道得太多，却没有行动。那么有办法破这个局吗？很幸运，至少有三个方法可以尝试。

第一，祈祷自己拥有冒险的基因。我不是开玩笑，科学研究发现，敢于拥抱变革的人，体内是有一种冒险基因的。这一类人对变革做出反应的速度快，那是天生的。虽然冒险可能让人

"死"得很惨，可是在进化过程中，如果没有这些拥有冒险基因的人，人类恐怕也无法从森林走向草原。不过，如果你和大多数人一样，没有这种冒险基因，你还有另外两条路可选。

第二，精益创业，最小成本试错。在我看来，精益创业的思想让人类应对环境变化的方法论达到了一个新高度。什么是精益创业呢？简单地说，就是以最小成本，快速试错，快速改进。比如，你有一个创业的想法：在北京地铁站里装置鲜榨果汁自动贩卖机。大家投币或者扫码支付，榨汁机自动榨汁，这样人们就可以喝到一杯新鲜果汁了。北京地铁每天有上千万的人流，在每个地铁口放一台这样的机器，这是多大的业务啊！你会怎么办？联系生产厂商，开发自动榨汁机模具；和地铁运营公司沟通，安装投放机器，等待市场反馈吗？

精益创业的思想不是这样的。最小成本试错的方法更可能是：拎一袋水果和一个榨汁机，站在地铁口卖果汁，看有没有人买。如果没有人愿意等着你榨汁，你也不用浪费钱去开发模具了。如果有不少人愿意买，你就做一个售卖机的外壳，自己藏在里面。有人投币之后，你打开榨汁开关，模拟一个投币的自动榨汁机运行的全过程。如果投币自动榨汁机也很受欢迎，你再开发模具，这样做显然成功概率要大得多。

精益创业的思想告诉我们：面对环境变化的时候，如果不敢确定，你可以先小成本测试，在找到相对靠谱的方案后，再加大投入，直至全力以赴。

这个过程中，"策略尝试、观察结果、保留策略"恰好对应着进化论三大要素：变异、后果、遗传。只不过，精益思想极大地压缩了变异的时间和遗传的速度，能更高效地推动进化。

第三，模仿领先者的行动。中国人学习美国创业产品的能力全球第一，从人人网到团购再到微博都是实例。不过，变化的环境才不管你是模仿还是原创，只要你适应环境就可以。

在生物进化的过程中，也发生着这样的现象。一些物种在变异过程中，产生了一些有优势的性状；而另一些没有这些基因的物种，可能会模仿这个优势性状的行为，最后也生存了下来！

看到在环境变化中取得优势的行为后，你可以选择跟进。事实上，多数情况下，抓住一个趋势并不需要你是第一个看见的，你只要是第一批跟进的，就能够享受到变革的红利。比如：20 世纪八九十年代的下海潮、经商潮其实持续了很多年；QQ 当年模仿了 ICQ（国外一款聊天软件）；乔布斯够牛了吧，他的图形界面模仿了施乐；画家里最有模仿力的可能要数毕加索了。艺术圈里流行这么一个传说：曾经有段时间，只要毕加索一出现，画家们就赶紧将自己的作品藏起来，因为毕加索一看到就会抄袭人家的作品。其实，模仿也是管理学上说的对标。当然，模仿也是有层次的，真正的模仿是理解"为什么"，看到模仿的本质，而不仅仅是表象，这才是后期超越的关键。

不过我发现，你能模仿的成功，往往是和你在一个能力层级的人的成功，因为你们影响资源和适应环境的能力基本相似。你去模仿马云的策略，那基本上是天方夜谭；可是模仿你朋友圈里的"尖子生"，却能给你很多启发。

所以，重要的不是你知道多少，而是你能采取行动改变多少。


## 总　结

在变化的环境里，行动的跟进常常是迟缓的，我们会在新的环境中"与鬼共舞"。因此，我们应该构建信息优势，让自己及时看到环境的变化。

但是，知道和做到是两码事。正确的方法论（精益创业）和模仿同级别最优秀人的做法，能够让你在没有冒险基因的情况下，更好地把知道变为行动。

# 系统思考

## 为什么最高效的方法总是反直觉？

每天，电视屏幕、网站首页、手机微信都会告诉我们新事件：有人回收死虾做虾仁、今日股市暴跌了、魏则西被可恶的百度和莆田系医院害死了……各种各样的新事件，源源不断地吸引着我们的注意力，调动着我们的情绪。我们关注魏则西事件，微信上便疯传各种百度害人、"莆田系"危险的文章，以满足我们的好奇心，让我们宣泄不满的情绪。

然而，这些事情了解得再多，也很难让我们有更深刻的认识：我们这种理解世界的方式，既不能增强预见性，也看不到其内在的原因。唯一能起到的作用，是帮我们打发碎片化的时间，增加一个茶余饭后的谈资，让我们站在道德高地彰显自己的正义感。

事实上，这些事情都是这个世界运行的巨大复杂系统呈现出来的可见部分；而真正起作用的，往往不是这些能够看到的表象。

就像一个黑社会的运作系统——在外面收保护费、打打杀杀的一定只是马仔，而真正起决定作用的，甚至不是黑社会的老大，而是黑社会存在的各种社会要素的依存关系。

可是，路人看到一个马仔欺负小姑娘，最直接的反应是这个马仔人太坏了，一定要除之而后快。而这种追求正义感的情绪发泄，一旦在互联网上传播，就会激发起更大规模的情绪传播。所以《乌合之众》中提到，群体是无法思考的。那么，我们怎样才能看到系统背后的秘密？

## 思考"关系"，而非"人"和"事物"

现代物理学的一个重要知识点就是，部分的性质通常来说不是最重要的，最重要的是它们的组织，它们组合起来的模式和形式，也就是各个部分之间的关系。

石墨与钻石由相同的碳元素构成，只是碳元素的组织方式不同，展现出来的性质就截然不同。这就像这个世界上每天发生的形形色色的事情，看起来千变万化，但这些复杂变化的背后，可能是简单的规则。正如道家说的："道生一，一生二，二生三，三生万物。"

我们习以为常的思维方式认为，社会之所以复杂，是因为人是复杂的。百度没良心，"莆田系"发不义之财，你看谷歌不作恶多好；与我们这届善良人民相对照的是，这届企业素质不好啊。人们大量转发的文章，基本在说两件事情：百度太可恶，为了利益没有道德底线；莆田系医院太可怕，背后黑幕多。

这些分析不是没有启发。只是，如果把问题最后都归结到人的品性和黑幕上，恐怕对我们理解现在、预见未来没什么帮助。让我们先抛开这些道德批判与黑幕进行分析：如果没有道德缺陷和背后黑幕，还会不会发生这样的事情？一件事情是否发生，到底是什么决定的呢？

从系统思考的角度讨论这个问题的话，有两个假设很重要：

一是系统结构决定"部分"的行为。系统中的事情之所以发生，主要是系统的结构和各部分之间的关系决定的。理解百度、"莆田系"的行为，不应该仅仅停留在这个系统"部分"的性质，更要看它们互动的结构，结构决定行为。

二是系统不是简单的线性因果关系，而是回路网络关系。简单的线性因果关系是说：因为百度、"莆田系"坏，所以导致严重后果，进而我们要抵制、消灭它们。系统的回路网络关系，是指每一件事情都不是简单的因果关系，相反，系统中的每件事情都相互影响，因就是果，果就是因。如果要跳出简单的因果关系，进行更深入的系统思考，关键突破口是：从事物的互动"关系"入手，而非从"事物"本身入手！

让我们对魏则西事件做一个最简单的关系分析。从最小的系统来看，这件事情至少涉及魏则西（用户）、百度、医院三个部分，他们之间发生关系的方式大致是这样的：

1. A（百度）推荐 B（医院）给 C（用户）。

2. 用户群体 C 看到 B 的概率，影响着 B 的业务成交量。

3. B 成交量越大，就越愿意支付推荐费用给 A。

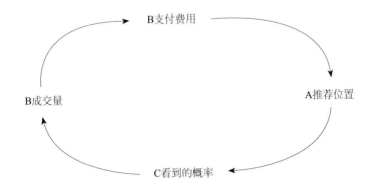

这个系统模型非常简单，它揭示了百度具有的"中介推荐"性质。魏则西事件可以用一句话总结：中介 A，把不合格的 B，推荐给了 C，造成 C 的损失。百度作为中介 A，向用户 C 推荐了有问题的 B，是不是就说明百度太可恶了呢？

让我们看看在类似系统下，其他中介公司表现如何。说到中介，我第一个想到的是链家。百度一搜，原来链家（A），也会把被查封的房屋（B），推荐给购房者（C），导致购房者利益受损。

其实除了链家这样直观的中介，像携程这样的网站，本质上也是个中介。人们在致电 / 搜索目的地酒店时，客服 / 网站会优先推荐酒店，其推荐依据是什么？

　　竞价排名。你没有看错，携程在优先给客户推荐酒店时，也是用竞价排名的方式：给的钱多，就优先推荐。这一次，携程（A），把不靠谱的酒店（B），推荐给了消费者（C）。

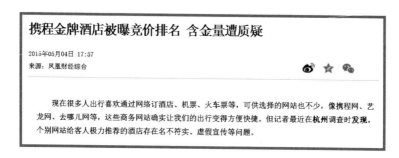

　　如果就人性善恶的标准而言，百度、链家、携程等企业都是昧着良心的恶人，可苦了我们这些善良的人了。可是，让我们仔细想想：就算是没道德的人，也会考虑如何赚更多的钱。对 A 而言，它应当明白为 C 提供优质服务，是系统能够持续正向反馈运作的关键。可为什么它会杀鸡取卵，损害 C 的利益呢？

# 系统反馈的秘密

北京早上的交通拥堵实在让人烦心。于是，我在京东第三方卖家那里买了一辆便携自行车。收到车的时候，我发现车上不仅少了一些重要零件，而且，那明显是一辆二手车。

这让我很不满意，于是我联系客服，要求换货。很快，京东取回了自行车，又补发了一辆。这次是一辆新车，但配件中却少了一个运动水壶。于是，我在京东上详细描述了购物的过程，顺手还给了一个 2 星的差评。第二天，自行车经销商给我打来电话，非常客气地向我道歉。

隔了两天，我收到了补寄来的水壶。出乎意料的是，不仅有水壶，居然还有升级版的自行车车座、随车指南针、夜间手电等配件。看来经销商为了表达诚意，赠送了额外的礼品。之后，我又接到了经销商的电话，请求我把差评删除。

我的这次经历，除了后果严重性不一样，本质上和魏则西事件是一样的——我们都在第三方的推荐下，购买了不合格的服务。

不过，这两件事情有一个明显的差异：企业 B 的处理方式不同。是因为这家自行车企业的道德水平更高、更关心消费者吗？或许有这样的因素吧。但是，从系统思考的角度看，百度和京东两个系统之间有一个重要的差别：反馈机制。

在京东的系统里，消费者 C 可以对 B 的产品 / 服务质量进行即时、公开的评价，而评价的结果会对潜在用户 C 产生影响——

B 的广告效果不仅取决于 A 的推荐，还有 C 的评价。因此，B 为了利益最大化，是有动力对服务质量进行改进的。

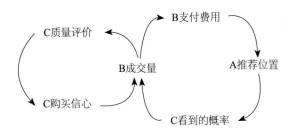

而在百度的案例里，用户对医院服务的评价既缺乏有效的反馈渠道，也没有公开的评价体系。最后，魏则西的反馈是在这个系统之外的"知乎"上进行的。因此，在百度的系统里，用户 C 的反馈有一个极大的延迟，大到出了人命。

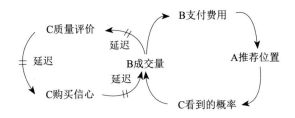

在一个系统中，当信息的反馈有时滞时，很容易让系统中的其他部分产生"没什么问题"的假象，进而让系统产生错误的扭曲。

就魏则西事件而言，由于用户对医院的评价基本没有渠道反馈，所以，百度无法得知自己推荐的医院有什么问题。百度所能看到的只是关键词的竞价价格。既然在百度看来推荐谁都一样，那么就遵循市场经济原则，推荐出价高的人就好了。

直到有一天，百度突然发现，自己一夜之间成了众矢之的。百度也觉得很冤枉："我审查他们的资质证件了啊，医院骗人我也管不了啊。你们不能指责我啊……"

系统的时滞让我们无法对自己行为的结果做出正确的评估。一次粉尘颗粒的排放，似乎对我们的环境并没有什么影响。直到有一天突然雾霾笼罩世界，就像百度突然发现自己成了众矢之的，我们才发现原来过去行为的结果一直在那里，它会在未来连本带利地反馈回来。时滞，是系统思考中非常关键的概念。系统的关键常常被时滞带来的假象隐藏起来。

## 系统思考：找到关键解

系统思考的一个迷人之处在于：我们可以通过系统模型分析，找到系统关键解，实现四两拨千斤的效果。所谓系统关键解，是指一个系统中的特定位置——对其施加一个小小的变化，就能导致系统行为发生显著的变化。

比如，美国国立卫生研究院曾经做过一个研究，他们帮助1 600位有肥胖问题的人减肥。两组人减肥的方法一样，只是其中一组被要求必须记录自己的饮食，只是记录下来就行，不用再做任何事情。

结果，令人惊讶的事情发生了：在实验到第六个月的时候，那些每天做饮食记录的人比其他人多减了一倍的体重。饮食记录，是这个系统的一个关键解。在一个不起眼的环节采取行动，能够带来整个系统结果的巨大变化。

即使没有听说过系统关键解，我们也会在处理问题时凭借直觉判断，寻找解决问题的关键点。多数情况下，我们的答案看似有效，但往往只是"症状解"：摁下去葫芦，未来会浮起瓢。

美国美铝集团曾经面临着市场规模和利润不断下降的问题。如何提高美铝的经营业绩，提升公司的利润呢？人们期待着新首席执行官提出提升产品竞争力、降低成本、开发新品等振兴企业的策略。

然而，美铝公司新上任的首席执行官保罗·奥尼尔给出的解决方案让人大跌眼镜。他提出解决问题的突破口是：减少公司生产的安全问题。当投资者们确信这位首席执行官面对美铝这个烂摊子，要做的事是提高生产安全性的时候，很多人冲向电话亭，打电话给经纪人："快卖掉美铝股票，他们这里来了个疯子！"

但结果证明，奥尼尔就职不到一年的时间，美铝就取得了空前的利润。为什么提高赢利能力的答案是减少企业的安全问题？这看似难以理解，然而复杂系统的特征之一便是"违反直觉"。在纷繁复杂的表象背后，那个真正起作用的关键解可能让我们难以想象。

类似魏则西事件里中介的"善恶""道德"问题，我们从系统思考方式出发，会发现或许建立及时、公开的反馈系统是一个可以尝试的关键解。而美铝的奥尼尔也是在理解了公司背后的运作系统后才做出了惊人的决定：提高生产安全性→停工减少、次品减少→成本降低、质量提高、产量激增、浪费减少→增强竞争力→更多收入。

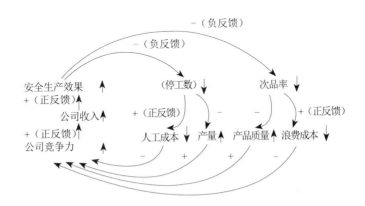

可为什么人们最初听到一个经营收入不佳的公司要增加安全投入时，第一反应是不可思议呢？

推动系统的关键解运作，刚开始，往往会让系统的情况更糟糕。我们会习惯性地按照采取的行动和之后的结果来评价事情的好坏。如果公司经营困难，那么要采取的行动就是增加收入；而提升安全性，是一件花钱而没有收入的事情。所以，人们会觉得，这个时候在安全性上花钱很难理解。

然而，能从关系入手思考问题、了解系统背后结构的人知道一个秘密——最有效的解决方案里，行动的原因和结果在时空上并非紧密联系。

我们习惯用简单的因果关系理解世界。当因和果在系统中有延迟时，我们就很难看到背后的运作规律。

## 培养系统思考的能力

在临界知识中，系统思考是能够将其他临界知识串联起来组合应用的工具。培养系统思考的能力，是构建自己深刻洞察力的一个重要方式。我们应该时刻提醒自己：这个世界不是只有简单的因果关系，理解事物最重要的方式是对事物之间的关系进行思考。这样，我们才能在芸芸众生中形成自己的独立见解。

多数人只能看到事件本身，在 what 层面做出反应；少部分人能够总结出事件的规律、模式（how），从而预见未来；而只有极少数人能够探求系统运作背后的结构——理解了系统运作的 why，就有可能设计整个系统。

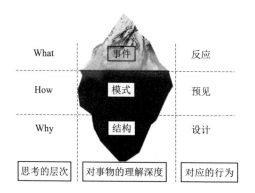

事实上，系统思考是一种与我们的直觉思考不同的思考方式。它是整体、动态、连续地思考问题的思维模式，是在复杂动态系统中以简驭繁的智慧。

那我们如何能够具备这种能力？这里推荐几本重要的书：彼得·圣吉的《第五项修炼》、德内拉·梅多斯①的《系统之美》和丹尼斯·舍伍德的《系统思考》。

其实，读完这几本书我们也无法学会系统思考，掌握系统思考的关键在于尝试去应用这种思考方式。就像前文案例所进行的系统思考，答案未必正确；但是用这样的方式去思考，本身就会让我们看到更深层的可能原因。

就我个人经验而言，在训练系统思考能力时有几个线索值得注意。

1. **关注"关系"而非"事物"**。我们在思考事情的时候，会不由自主地以个体身份来思考和行动。但是，系统背后有超越个人的力量在影响着世界的运作。养成从分析关系和事物彼此间的影响入手的习惯，是培养系统思考习惯非常重要的一步。

2. **分析系统结构，也可以从历史情况入手**。除了分析现状的关系，从历史资料中找到系统行为和时间之间的变化趋势，也是帮助我们理解系统运作的重要线索。重要的是研究历史的"过程"，而不是历史的"快照"。比如，关于雾霾到底是怎么形成的，

---

① 德内拉·梅多斯是彼得·圣吉的老师，也是畅销书《增长的极限》的作者。

我们有无数个假设的答案和方法，但是从历史的数据入手，研究雾霾和时间的关系，是一个可能的尝试方向。

3. **独立思考，快速试错，观察系统的结果**。我们的思考方式很容易被我们看到的文章、新闻报道无声无息地左右。如果你希望构建自己独立思考的能力，就要区分观点（假设）和事实，要观察真实发生的状况，而不是听别人的解释。当你分析了事物间的关系，研究了历史的演变情况，你往往会得出一些假设的结论。这时如果你能用这些结论做一些测试，观察系统的结果究竟如何，你对系统的理解可能会更加深刻。

4. **系统关键解有时在信息制高点**。要想让一个小区的家庭节约用电，除了让居委会大妈贴出"珍惜能源，节约用电"的标语，还有没有更有效的方式？荷兰的一个住宅开发商在给小区房屋安装电表的时候，因为工程原因，一部分房屋的电表安装在了地下室，一部分房屋的电表安装在了门口前厅。在没有其他区别的情况下，电表在门口的家庭用电量比电表在地下室的家庭低了30%。差别仅仅在于电表是否容易被人看到！

这个例子给我两个启发：及时反馈，对系统的行为有很大的影响；有时候你成功，不是因为你努力，只是你幸运地处在正确的位置。

# 二八法则

## 人脉的三个价值

斯坦福大学曾经的一项调查发现：一个人赚的钱 12.5% 来自知识，87.5% 来自关系。这个结论是否普适，我无从考证；但良好的人际关系能够成为我们成就事业的助推剂，这一点是普遍的经验共识。可是我们熟悉、不熟悉的朋友那么多，究竟怎样才能提高人脉管理的效率呢？

在此，我们借人脉管理这个话题，谈一谈二八法则。二八法则，看似熟悉又简单，大多数人却很少会主动去运用。这就像英文单词中的"prefer"（更喜欢）：大多数人看到它都知道是什么意思，可自己说英语时很少想到用这个词。

不过，还是让我们先从人脉这个话题谈起吧。如果把人脉当作资源进行管理，二八法则就会起作用：20% 的人脉给你带来 80% 的价值。那么，你的人脉中，那 20% 是谁？是你最亲密的人吗？是最有钱的人吗？还是地位最高的人？

人脉对我们的价值主要体现在三个方面：第一，情感，提供情感慰藉；第二，信息，提供信息情报；第三，能力，分享资源与能力。

我们这里讨论的人脉管理，主要是针对后两点而言的——管理信息获取的效率和能力分享的概率。

## 人际关系的"结构洞"

先说如何提高人脉的信息获取效率。美国芝加哥大学有一名社会学教授叫罗纳德·博特，他曾经做过一个研究——人际互动关系如何更高效。在《结构洞》一书中，他提出了一个概念：结构洞。先看看作者的定义：

> 结构洞是指两个关系人之间的非重复关系。结构洞是一个缓冲器，相当于电线线路中的绝缘器。彼此之间存在结构洞的两个关系人向网络贡献的利益是可累加的，而非重叠的。

看不懂吧？没关系，我们换个容易理解的说法：在人脉关系里，如果你不认识 A，你的所有朋友也不认识 A，A 和他的所有朋友也不认识你，你和 A 之间就存在着一个结构洞。比如你和奥巴马的关系，你不认识奥巴马，奥巴马也不认识你（你一定要说你认识奥巴马，我也没办法……），你所有的朋友都没有奥巴马的手机号，奥巴马的朋友也不认识你。简言之，你和奥巴马之间没关系。那么，你俩之间就存在着一个结构洞。

事实上，朋友可以分为两种。第一种，就包括像你的大学同学、亲戚朋友这样的人。你们聊的东西差不多，认识的人也差不多，他的朋友也有很多是你的朋友。这种朋友关系被称为重复关系。另一种关系是，你和这个人活在不同的圈子里，彼此的朋友也不一样，你通过他能够认识另一个陌生圈子的各种新朋友。这种朋友关系被称为非重复关系。

我们和第二种类型的朋友之间，存在着结构洞。比如，我是做景区规划设计的，我的圈子可能主要是设计圈和旅游圈。这时候，我朋友中属于媒体圈、律师圈、医生圈的人，就和我的人际关系存在着结构洞。

结构洞把我们的人际关系当作一个网络系统来看待。比如，如果你的朋友圈中都是彼此熟悉的人，那么你的人际关系网络大概是这个样子的：

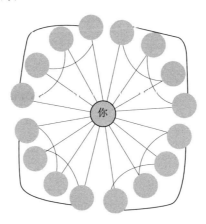

在这个关系网络里，大家的信息获取和交换渠道比较类似。那么从系统的角度看，你接收到的信息就会存在大量的冗余。因而，你在这个人脉网络中获取信息的效率就会降低。

如果要让你的人脉网络关系形成更大的信息优势，你就要在你的朋友圈中尽可能多地增加"非重复关系人"。换句话说，你需要增加与你现有朋友圈关系背景不同的新朋友。这样做之后，你的人脉网络结构就会得到优化。新的结构大概是这个样子的：

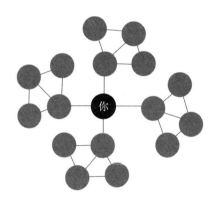

在这个网络结构下，你可以通过管理和你存在着结构洞的非重复关系人（人脉中心），拥有不同渠道的信息来源。从信息效率的角度看，你人脉关系中 20% 的非重复关系人在获取信息方面发挥着 80% 的作用。

这个结论和另一位美国社会学家马克·格兰诺维特提出的"弱关系"有着异曲同工之妙。格兰诺维特曾经写过一本书，叫《找工作》。书中提到，他的一项研究发现：人们通过弱关系找到工作的次数，远远大于通过强关系找到工作的次数。

所谓强关系，是你的亲朋好友、熟识的人，这些人往往会和你拥有相似的生活经历、相似的背景、相似的人脉圈。相反，弱关系是那些可能只有一面之缘、很久都没有联系的人，他们带来差异化信息的可能性要大得多。

用结构洞的视角看，我们和弱关系之间更容易拥有结构洞。如果我们能不断打造和拥有结构洞，就能极大提高获取信息的效率，从而让自己占据信息获取的优势。要知道，在这个世界上，信息和财富一样，从来不会均匀地传播。


## 人脉蜂窝：从串联到并联

管理不同圈子的人脉中心，自然能够提高人脉网络的信息效率。但是，这里面也存在一个问题：因为你和你的人脉中心处于不同圈子，所以你们才能为彼此提供新信息；但正因为你们圈子不同，保持与维护关系的必要联系也比较欠缺。如果我们不能和关键的人脉中心保持好的互动关系，又怎么能有及时的信息优势呢？

一个解决思路是：打造人脉蜂窝。什么是人脉蜂窝？举个例子：你认识 5 个人，分别是 A、B、C、D、E，但是 A、B、C、D、E 是彼此不认识的，那么你就是这个网络的中心。

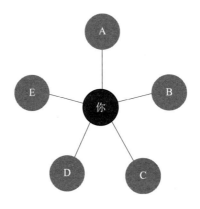

　　而同样是这 5 个人，如果你介绍 A、B、C、D、E 彼此认识，就形成了像蜂窝一样互相联系的网络关系。这个关系结构就是人脉蜂窝结构。

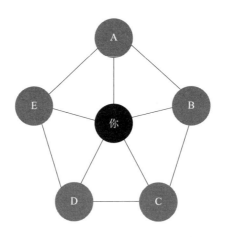

　　在前一个孤立模式下，你和朋友之间是单线关系，你的人际网络就像一个串联网络：一旦中间一个环节断开，这条线路就走

不通了。而在蜂窝模式下，你的朋友们彼此认识、互相交流，你的人际网络就像一个并联网络：即使有一些环节出了问题，整个系统仍然有很多渠道可以正常运作。而且，A、B、C、D、E之间碰撞出来的新想法和新联系，也会因为你们彼此熟悉，能够很快传到你这里来，增加你的新信息。

我们可以看到，此前我提到打造结构洞、关注弱关系，是为增加获取新信息的渠道和可能性；而蜂窝理论，注重的是把你的非重复关系人、你的重要弱关系，主动地建立成强关系。

过去，我们的强关系之所以不能提供新的机会，是因为我们的强关系是通过血缘、同学、同事形成的，后来没有再进行主动的更新与拓展；而将不同朋友圈的人脉中心发展为密切联系的强关系，就能让人脉既发挥信息优势，又发挥情感支持的作用。

富兰克林早在21岁的时候，就连接不同领域的人员组成了一个组织：共读社。在这里，大家以读书和分享为纽带建立联系，同时又在各自的领域发展成长。很多年以后，这个组织变得非常有影响力，成员互相支持、帮助，有的人成为测量局局长，有的人成为州法官，而富兰克林本人更是成为与华盛顿同享声誉的领袖人物。

很多人会把人脉当作自己的私人财产，有一些资源关系不愿意分享给别人，生怕告诉了别人，就会影响自己。其实，朋友就是要相互成就、互相支持。真正的人脉，应该是能促成连接、促成信息交流的。

我们应当明白：不要把所谓的渠道当作最重要的信息，而是要学会利用这个渠道，提升整个网络的信息质量和新信息敏感度。

说到这里，我想起前几年有一篇文章很流行，叫作《圈子不同，不必强融》。刻意地融入和自己本性、价值观不符的圈子是无意义的。你要做的不是去各种圈子毫无头绪地认识各种人，而是从认可你、志趣相投的人里，发现和整合各自圈子的资源。

## 人脉价值：分享资源与能力

通过人脉中心连接结构洞，更多的是从人脉价值的信息获取层面讨论。怎样才能和朋友们分享彼此的资源和能力呢？

网上有句话："你认识谁不重要，重要的是谁认识你。"这话也不尽然。事实上谁认识你也不重要，重要的是谁愿意帮助你。就算你拥有了一万个弱关系，但是没有人愿意帮助你，那这些关系也是没有用的。这就涉及如何与人脉建立深度关系的问题。

很多人热衷于参加各种沙龙、论坛交换名片，然后在朋友圈留个言、点个赞什么的。但是这么做，基本上没有效果。翻翻通讯录，你的朋友圈里一定也有这样的朋友。平心而论，你会主动和他分享你的资源和能力吗？那么怎样才能把只有一面之缘的弱关系，转变成能够分享能力的强关系呢？

有一个重要的环节，是大多数人都会忽略的，那就是和弱关系进行 1 对 1 的深入交流。要想把网友转变成生产力，你就必须花专门的时间和他们沟通。

当然，你不能和所有的人都深入交流，但你可以找对你重要的、不同圈子的人脉中心，与他们交流沟通，在彼此间建立信任，进行深入了解。信任，是构建能力交换的基础。

只要见面沟通就能实现这一目标吗？我们和别人建立信任关系，当然会受到多方因素的影响；但是彼此深入了解，显然是重要的基础。

能够成为好朋友，最核心的是价值观的认同。人品好，才是真的好，最后才是沟通的技巧。否则你天天说"正如我一个非常好的朋友，美国前总统克林顿说的"，反而会被别人当作"装家"。真诚，永远是你赢得别人信任的好伙伴。没有什么道路可以通往真诚，真诚本身就是道路。

当然，在满足上述条件之后，还有两个方法能够帮助你和对方更快地建立信任。

### 方法一：自我暴露

所谓"自我暴露"，是指和别人分享你的一些小秘密，或者分享一些不会在公开场合谈论的话题。

我第一次深刻感受到这个方法的威力，是在大约 2011 年。当时，我报名参加了一个心理学主题的工作坊。刚开始，参加沙龙的人彼此并不熟悉；可是，在每周一次的工作坊里坚持四五次后，我们十几个人的关系变得特别亲密——大家仿佛认识了很多年，彼此给予信任和支持，这种感受太神奇了！

为什么我们和同事、客户在一起工作很长时间，也不会有特别亲密、彼此仿佛相知多年的感受？就算是我们生活中认识三四年的朋友，大多数也并不会与我们有这样的信任感。是什么原因让十多个陌生人在仅仅相处四五天后就发生了这样的改变？

我发现，一个重要的原因是工作坊的导师有意识地促进和引导学员进行自我暴露。在工作坊中，我们都会分享过去的经历，甚至自己童年的感受，与大家分享曾经遇到的挫折、内心的恐惧等。这些话题，如果没有这个工作坊，我们可能永远不会和别人说起——至少不会和陌生人说起。而在工作坊中，每个人都被鼓励进行这样的分享。

分享之后，大家就对彼此知根知底：了解你的童年经历，了解你的痛苦和喜悦，所以能更好地理解现在的你为什么是现在的你。当我们对别人的行为有可预期的感受时，我们自然会对其产生信任感。

这段经历让我意识到，自我暴露对于我们和别人快速建立信任非常有效。

### 方法二：做一个给予者

己所不欲，勿施于人。要想同别人分享能力，首先我们必须愿意分享自己的能力。如果只想索取，你最终将会被整个网络所排斥。这其实是一个基本的心理学原理，叫作互惠原理。用中国古话说，就是："将欲取之，必固予之。"关于这一点，西奥迪尼的心理学经典著作《影响力》有着深入的剖析。

其实，我们大多数人都知道这个道理，但是往往做不到有给予者的心态，或者想要做，却觉得自己没什么可以给予的——

尤其是当我们期望能够和比我们地位更高、影响力更大的人进行交往时。

但事实上，即使我们的地位比别人低很多，我们能给予别人的东西也比自己意识到的多。在《没有权威的影响力》（*Influence without Authority*）一书中，作者艾伦·科恩（Allan Cohen）指出：

> 大多数人思维过于狭窄，太看重金钱、社会关系、技术、信息等显性资源，却忽略了感恩、认可和声誉等隐性利益。

你对别人真诚地感恩，也能够让对方收获很大的价值。大家最熟悉的场景应该是在公司聚餐的时候，下属在众人面前真诚地感谢上司的帮助和指导，这既让上司感到有面子，也表达了自己的感谢。拍马屁和感恩的区别在于，一个是虚构、扭曲事实，一个是真诚描述事实。所以，如果你能理解他人的价值和独特性，你的认同和赞扬对别人也是很有意义的。

当然，做一个给予者不仅仅这么简单。我的好友张大志近期翻译出版了一本人脉管理的书，名字就叫《给予者》。如果你对这个话题感兴趣，可以看看这本书。在这本书中，作者提到作为一个给予者，在和朋友沟通的过程中，有三个黄金问题必须要问。

第一个是：我怎样才能帮到你？主动地去询问别人自己怎么做可以帮助他，这就是一个给予者的心态与行动。

第二个是：你能给我什么建议吗？我们主动向别人寻求建议

和帮助，既认可了别人的价值，也为自己带来创造新机会的可能性。

第三个是：你觉得这件事情还应当再去咨询谁？通过这个问题，可以获取新的人脉线索。有朋友帮你介绍朋友，沟通起来信任成本更低。

所以，当我们花时间和重要人脉进行深入的一对一交流，坚持做一个给予者，真诚待人并主动分享自己的能力时，我们就能够和我们的人脉圈共享资源和能力。

## 人脉管理与二八法则

回到本节开头的问题：我们人脉圈中那 20% 的关键人脉是谁？我的答案是：和我们拥有差异资源的人脉。

不过我想讨论的不是这个具体的答案，而是为什么在很多领域都会出现二八定律。比如，20% 的人拥有 80% 的钱，20% 的客户带来 80% 的利润，20% 的品牌占有 80% 的市场……

为什么？为什么这个世界不是五五分，而是二八分？甚至在一个池塘里面，即使刚开始你投入大小差不多的鱼苗，最后也会出现大鱼占 20%，小鱼占 80% 的结果。

要理解这个神秘的现象，就要理解我们这个世界是一个相互影响的系统。只有用系统思考的视角来看，这些神秘现象背后才有合理的答案。二八法则只是一个结果的表象，真正推动这个结果的关键是系统正反馈。

在我们这个世界的系统中，初始条件都很相似，但一些因素的效果会不断叠加，产生累积的正反馈效应（复利效应），最终，整个系统就会出现不平等的分布结果。比如前面提到的鱼塘中鱼的体形大小的案例：为什么最开始投入几乎大小相同的鱼苗，最后没有形成平均大小的分布，而是二八大小的分布呢？

原来，虽然刚开始投入的鱼苗看起来差不多，但是有一些体形稍微大一点儿、有力一点儿的鱼苗，因为拥有更大的推进力和比较大的嘴，便形成了小小的优势。而这样的优势产生的效果会累加，最终导致鱼苗大小的二八分布。

在人脉管理中，我们拥有更多跨领域的重要人脉，就能够调动更多的资源解决问题；有了更强的解决问题的能力，就有更多的人愿意与你合作，从而形成正反馈。在一个复杂的系统中，初始条件的细微差别都会带来结果的巨大差异。

美国物理学家约瑟夫·福特曾说过："上帝和整个宇宙玩骰子，但是这些骰子是被动了手脚的。"在结果的分布上，这些骰子常常倾向于幂律分布，呈现出二八定律的样子。理解这一点，对我们意义重大：我们能够通过提前分析系统中哪些因素可能持续累积正反馈，最终影响资源分布的结果，从而未雨绸缪，提前进行准备工作。等到未来的某一天，只注意到结果的人会对你说："当初你真是走了狗屎运了。"你一笑就好。

# 安全空间

## 99 个成功抵不过一个失败

"泰坦尼克号"撞到了冰山，1 500 多人葬身海底。之所以会死这么多人，除了碰到冰山运气实在不好，还有一个重要原因：船上没有足够的救生艇。如果有足够的救生艇，罗斯和杰克的人生会是另一个样子。可是当时人们认为，"泰坦尼克号"是永不沉没的豪华巨轮，所有设备都是全新的，怎么可能用到救生艇呢？

然而，历史用鲜血告诉我们：再稳固的系统，如果没有预留足够的安全空间，都可能导致无法挽回的巨大损失。

有一个夜晚，我从办公室离开的时候已经 11 点多了。这个点儿，路上车辆已经很少，尤其是在这条单行道上。我一边开车一边听着歌曲，脑子里想着明天的工作。突然，对面冲过来一辆逆行的汽车，刺眼的远光灯让我不由得眯起了眼。我下意识地一脚急刹车。伴随着"吱——"的刹车声，强烈的远光灯从我车旁一闪而过。

什么是安全空间？简单地说，就是为了保证系统的正常运作，或者是在极端情况下，为了不造成无法挽回的结果，所做的准备。很难想象，在无人的街道上，一条单行道上，怎么就偏偏在我驶过的时候出现一辆疾驶的逆行车？可是生活就是这样，小概率事件必然发生。

我是幸运的，避开了对面逆行疾驶的车辆，要不然你就看不到这些文字了。万一相撞，后果难以预料。

为了减轻类似这样的小概率事件造成的严重后果，所有的汽车都会设置安全带和安全气囊——当然，安全带能够起作用的前提是你要系着安全带。

我们生活中很多事情背后，都有一个预防小概率事件的备份系统。比如：汽车后备厢有一个备用轮胎；电梯如果绳索断了，有一个紧急制动的安全钳会起作用；等等。

你是不是觉得，这都是些习以为常的事情，没什么了不起？可是，这个看似浅显的道理，却是我们在生活中最容易忽略的。

你有没有临到交稿或演讲了，却发现唯一的 Word 文件或 PPT 文件打不开的经历？你有没有看到过身边的人生了重病，却没有保险，因此跪地求救，发起募捐？如果你或你家里的赚钱主力突然失业了，没有了工资，你的家庭生活会受到多大影响？如果你上班的时候家里失火了，一切付之一炬，你能微笑着在废墟前留影吗？

如果你有类似的经历或者担心，你就懂得安全空间是多么重要了。即使我们做对了 99% 的事情，但只要 1% 的事情搞砸，造成的损失也会放大 10 000 倍，因为在一个系统中，不同的事情对结果的影响是不均衡的。这种影响力的分布是符合幂律分布的：那些偶然的、意外的小概率事件的结果，往往造成致命的后果。而安全空间，就是人类在无数次犯错之后总结出来的对小概率事件的应对之道。

2010 年，沃伦·巴菲特和查理·芒格来中国的时候，央视《对话》节目采访两人。节目中，查理·芒格发言不多，但其中有一句话是：

> "安全空间"这个概念是由一位很聪明的人在经历人生许多挫折后建立起来的，它非常有创造性。（他说的聪明人，自然是指巴菲特的老师格雷厄姆。）

既然安全空间如此重要，那如何建立一个有效的安全空间呢？

## 冗余备份

建立安全空间，最常用的办法就是构建冗余备份。

### 一、完整备份

构建冗余备份最简单的办法就是"再来一瓶"。我们有两个眼睛、两个耳朵、两个鼻孔、两个肾脏……除了美观的原因，它们也互为备份。你的毕业论文，除了电脑里那一份，U 盘、邮箱和网盘里应该各有一份。这些都是完整的冗余备份。

不过，安全和成本、效率往往不可兼得。不是所有的场合都有条件复制一个完整的方案，因为越安全就意味着越浪费。有时候为了安全，进行完整备份的成本是无法承受的。

怎么办？

### 二、关键节点备份

人们想出了退而求其次的办法：不备份整个系统，而是备份最关键的部分。

飞机上的关键部分，如全数字电传操作和液压系统，会被一式三份地进行备份，专业术语叫三重模块冗余（TMR）。在三个替补部件全部发生故障前，系统能够一直保持正常运转。

微信在春节这样的流量高峰期，对服务器的响应能力需求是平时的几十倍。如果依靠新增服务器来保证系统像平时一样流畅，姑且不说耗资惊人，就算能够花得起这钱，那也是巨大的浪费——平时根本不需要这么大的处理能力。

那怎么办？腾讯采取的策略是，优先保证核心功能的运行。比如，在高峰期，一定要确保发红包的数据准确，因为把钱弄错可是大问题。这个时候，微信系统在文字消息上的数据准确性可能会降低。如果资源不够，微信甚至对文字消息的时间顺序都不去校检——这意味着，你先收到的信息可能是对方较晚发送的。但是，为了给核心功能留下足够的安全空间，同时又要尽可能降低成本，这样的牺牲也是可以接受的。

再如，如果你有一辆特斯拉电动汽车，那么当你的仪表盘显示汽车电量为零时，实际上电池里面还有 10% 的电量。这部分电量是用户不能使用的。这是为了保证在极端情况下（如你的汽车没电了，又好多天不充电），电池不会过度放电，影响车的安全和性能。

创造优先保证系统核心功能的安全空间，是人们在安全和成本效率之间寻求平衡的通常做法。比如：公司的核心部门一定要设置储备干部，以防止业务风险；如果你的主要资产是你的房子，那么你就应该为你的房产买一份保险。

这些关键环节的安全空间，能够避免你在极端情况下的尴尬。通过冗余备份来构建安全空间，除完整备份和关键环节备份外，我们还有另一种备份方法：解决方案备份。

### 三、解决方案备份——Plan B

所谓解决方案备份，就是我们常说的 B 计划（plan B）。我们不一定需要对原来的系统进行备份，只要在极端情况发生时，我们有一个能够实现同一个目标的解决方案就可以。

发生火灾时，消防通道便是电梯的 plan B；战争时期，高速公路便是机场跑道的 plan B。我们的职业生涯，也需要一个 plan B。LinkedIn（领英）和 PayPal（贝宝）的创始人霍夫曼有一个非常著名的 ABZ 理论。他认为，你在任何时候都要有三个计划：ABZ 计划。

A 计划，是你目前能够长期从事，并且值得持续投入的工作，例如你现在的工作。

B 计划，是在 A 计划之外，你应该给自己创造的新职业机会。万一 A 计划有问题，你可以有应对的方案。

Z 计划，是用来应对最糟糕状况的备用计划，即假如有一天，你倒霉透顶，你的 A 计划和 B 计划都失败或失效了，你应该有一个可以保证自己生存的计划。比如，存足够的钱，这样即使在半年没工作的情况下，生活质量也不会下降。

霍夫曼的 ABZ 计划里，B 计划就是一个备用的解决方案，就像有了电梯仍然需要楼梯一样。而 Z 计划是我们的关键系统备份：留下足够的钱，保证系统核心功能正常运作。

我们往往不愿意面对或承认最糟糕的情况会发生，但是，只有为最糟糕的情况提前做打算和准备，才能真正减少和避免最糟糕的情况发生。

上面所有的内容，都是通过构建一个冗余备份来创造安全空间：冗余的系统、冗余的关键功能、冗余的解决方案。然而，只要是构建冗余，就需要额外的资本和投入。如果资本不够或者不想投入这些资本，我们还能创造安全空间吗？ 答案是，能。

## 冗余的反面：精简

万物阴阳相生。创造安全空间，除了冗余的办法，还可以通过精简来获得。这是为什么呢？

冗余的思路是：如果一个小概率事件发生的结果很危险，那么就需要有一个预案来避免这个糟糕的结果。

而概率论告诉我们：生活其实是一系列排列组合的计算。要获得最大的胜算，聪明的办法就是"只在有胜算的情况下出手"。我们通过减少做决策的次数提高决策胜率，也能够创建安全空间。这就好比如果你不希望路过河边时淹死，你可以通过带救生衣来应对这一情况，也可以通过减少去河边的次数，只选择在风和日丽且有救生员在身边的情况下去河边。

这一思路早在《孙子兵法》里就被精辟地提出了："胜兵先胜而后求战，败兵先战而后求胜。""胜兵先胜而后求战"，是指真正优秀的指挥官，是确保已经可以胜利了，才出手求战。"先胜后战"便是指有了足够的胜算，就有了足够的安全空间，这时候再行动才正确。不懂战争的人，是先出来打仗，期望在打的过程中赢得战争。

如何确保"先胜后战"？巴菲特曾经精辟又通俗地解释道："以4角的价格买价值1元的东西。"中间相差的6角，就是你的安全空间。

听起来很简单，只在确保有胜算的情况下才做出决策。可你真的懂了吗，又能做到吗？

## 简单的法则最难坚持

2007年年底，正是A股疯狂的时候。我的好朋友A一直对股市赚钱半信半疑，所以一直都没有投入股市。可是这时候他有点儿按捺不住了。隔壁的大妈当时把棺材本儿拿出来投资的时候，他还劝人家要小心。可是现在大妈已经赚了 20 多万，他反而成了"愚蠢的守旧派"。

自己真的落伍了？小 A 开始研究股市。这时候所有人都告诉他：股市虽然有点儿泡沫，但是一定不会下跌，因为政府不让。为什么？2008 年奥运会，要保持国际形象，不能让股市大跌；我们比起美国股市还差很多，现在才 5 000 点，我们国家这么多人，至少要到 10 000 点才合理……

所有人都赚钱了，所有人都告诉他自己是股神，如何会选股，如何轻松赚了 100 万。小 A 心动了，拿出存折去开户了。

我们知道只在确保有胜算的情况下才做出决策。可是，当连隔壁二狗都在赚钱，你还傻傻地待在原地时，你能坚持得住吗？这个时候连二狗都赚钱了，难道不是有胜算的时候吗？

这就是问题所在：我们判断一件事情是否值得做，往往是听"所有人"的意见，而不是靠自己独立思考和分析。而当你思考的结果是导致自己错过巨大机会时，你的懊恼、沮丧会让自己更加怀疑先前的决定。

现在，你成为人群中的一员。终于，你也赚到了股市的钱。你开始认为自己也是股神，只不过自己发现得有点儿晚，直到股市暴跌的突然来临。

永远不要仅仅通过别人是否赚了大钱，来判断这件事情是否值得做。而我们大多数人的做法，却往往正是这样的。为什么不能这么做？市场经济不就是哪里赚钱多，哪里吸引资源投入吗？不，赚钱和赚钱是不一样的。你必须考虑赚钱背后承担的风险。同样是赚 100 万元，贩毒和创业做 IT（信息技术）公司完全不一样。前者的风险是掉脑袋，而后者大不了从头再来。考试作弊拿到高分你也不要羡慕——成就背后的代价，可能毁掉你一生。

然而，在一帆风顺的时候进行风险控制，是一件看起来很傻的事情，因为得不到验证，所以风险控制的价值得不到认可。正如巴菲特所说："同样赚到 100 万，一个是承担低风险，一个是承担高风险。"但是市场平稳的时候，没人知道风险有多大。除非潮水退去，否则无从分辨谁在裸泳。

所以，如果你要坚持只在有胜算的时候做决策，就要有能力在受到高风险、高回报的诱惑时保持冷静。


## 靠等待赚钱

如果我们采取"只在有胜算的情况下出手"的策略，那么由于出手条件非常苛刻，可以出手的机会就很少：你要过滤掉太多虽然可能会成功，但是没有十足把握的机会。不过，你却能极大地避免风险。

从结果上看，你似乎在"靠等待赚钱"。正如查理·芒格所说："尝试做成千上万的小事很难。但试着把几件事做好，就会有好的结果。少数几个好的决策在长期能带来成功。"我不介意在很长的时间里没有任何事情发生。

靠等待赚钱，并不意味着你在等待期间无所事事。你要做的是避免犯错，这是很重要的工作。要做到避免犯错，查理·芒格说有两点很重要。一是要花很多时间思考。查理·芒格和巴菲特的日程非常宽松，把大量时间用来思考。你考虑得越周全，犯错的机会就越小。二是要避免让自己同时处理多个任务。大多数人在追求成功的道路上认为自己还不够忙，可是越忙越容易出错。而出错会打断投资的复利效应，这样的代价非常不划算。

和耐心一样重要的是勇气。你一旦发现机会，就要全力以赴。就像守株待兔的猎人，当等待的机会终于到来时，必须给出致命一击。

而我们在多数情况下，做决定的时候不果敢，投入的时候不坚决，做判断的时候不独立，看到别人赚钱的时候不甘心。上述任何一点，都违背构建安全空间的原则。增加系统的冗余备份和提升决策的质量，是创造安全空间的两大途径。

此外，《黑天鹅》的作者尼古拉斯·塔勒布在《反脆弱》一书里提出了第三条路径——构建反脆弱的安全空间。


## 构建反脆弱的安全空间


我们前面的思路大致分成两种：冗余——当系统发生极端情况时，有备份来抵御严重影响；精简——减少有风险的决策，提高成功率，减少甚至消除极端情况的发生。

而《反脆弱》提出了全新的思路：不是对系统的结果进行应对，而是直接改变系统的性质。

在这个世界上，有些系统是很脆弱的。这里的脆弱，是指遇到极端情况之后会造成巨大的损失。比如一个玻璃球，摔到地上就会粉身碎骨。

而有些系统是强韧的。这里的强韧，是指遇到极端情况后能够自动恢复。比如一个塑胶球，摔到地上之后很快就会恢复原样。

而有些系统是反脆弱的。反脆弱是指遇到极端情况之后反而能够获得更大的益处。比如，一个雪球摔到雪地里反而会越滚越大。

因此，我们如果想增加安全空间，不需要纠结地预测什么时候发生极端事件，如何减少极端事件的发生，而是应想办法加强系统的反脆弱性。一个罕见的严重事件带来的影响，远远大于较小冲击的累积影响。比如，在山上走，不幸被一块 100 斤的大石头砸中，必然造成重度伤残；但如果是偶尔有块 1 斤的石头砸到你，就算来了 100 下，那也会轻松得多。

因此，我们可以把一个要承担极端严重后果的系统，变为一个持续承受小冲击的系统。比如，中央集权的系统，一旦遭遇严重权力挑战，就会分崩离析；而一个分权式的系统遭到权力挑战，能够自我修复，甚至强化系统。一个按照商业计划书来创业的团队，一旦遇到未预料的事件，便满盘皆输；而一个快速试错、精益创业的团队，遇到未预料的事件时，不仅有能力应对，还可能将其发展为新机会。

更重要的是，塔勒布提出，我们可以通过利用事物的非线性规律来应对各种始料未及的事情。所谓"非线性"，就是原因和结果之间的关系不是平均分布，而是不成比例地放大或缩小。比如，你花 100 元买火灾险，一旦发生火灾，赔偿的金额远大于投入。利用这种非对称性，我们便能用很小的成本改变系统性质。这便是塔勒布提出的通过提升系统反脆弱的能力，降低系统对安全空间的要求。这便成为我们管理安全空间的第三种思路。关于这部分内容，如果你感兴趣可以阅读原书，或者在"成甲"公众号中回复"反脆弱"，直达《成甲说书之反脆弱》。


# 总　结


1.由于幂律分布定律，小概率事件会造成极端严重的后果。

2. 为了避免此前的努力付之一炬，我们应该构建安全空间，保证复利效应持续起作用。

3.为了构建安全空间，我们可以从三个思路出发：

（1）设计冗余备份，保证系统正常运作。

（2）提高决策质量，减少极端事件的发生概率。

（3）提升系统的反脆弱性，增强系统对极端事件的应对能力。

# 临界知识的综合应用

前面讲了一些具体的临界知识。但是，大多数情况下，我们不能只靠单独的一种临界知识解决问题，而是要把各种知识综合起来，协同应用，发挥共振效应。

要做到这一点，其实并不难——只要你对问题的实质理解透彻，并且了解相关的临界知识，那么解决方案就是显而易见的。不过，所谓会者不难，难者不会。要想和刚入门的人讨论这个问题非常不容易，这就好比高中生给小学生讲把加减乘除和函数计算结合起来一样，高中生觉得很简单，小学生却觉得很难。

所以，写这个话题是吃力不讨好的，因为查理·芒格就曾经专门对这个话题发表过一次演讲，题目叫作"关于现实思维的现实思考"。结果这场演讲"极其失败"，大多数人不知道芒格在说些什么，甚至"人们将演讲稿仔细读过两遍之后还觉得很费解"。从演讲角度来看，那次演讲是失败的。但芒格说，这种情况存在"微妙的教育意义"。

我想，这种"微妙的教育意义"在某种程度上讲，应该是指大多数人没有具备用基本的重要规律来解决现实问题的能力。所以，即使你把《九阴真经》的招数全部综合起来演示一遍，外行也看不懂。90多岁的芒格都没有做到的事情，我——还在人生经验都不算丰富的阶段——要讨论这部分问题就更加无疑是蚍蜉撼大树了。但我最后还是在反复研读中，从查理·芒格的这篇演讲里获得了很大的启发。因此，至少对愿意在这个领域投入时间的人而言，对这个问题的讨论是有意义的。

　　此外，我自然不能和芒格大师相提并论。但是正因为我也在学习和成长的过程中，所以我对这些方法的理解和应用，或许更容易让大家感同身受。

　　关于这个话题，查理·芒格讲的是一个虚拟的主题：如何白手起家，赚取高达2万亿美元的财富？我不太擅长讲虚构的故事，那就讲一讲我在自己真实生活中的真实应用吧。

　　我面临的问题是：如何把《成甲说书》节目打造成一个成功的品牌？

## 临界知识一：黄金思维圈

　　如果你像我一样，人生第一次做音频节目，那么在怀着忐忑而好奇的心情，坐在罗辑思维的会议室里，等待与负责我节目的主编见面时，你一定也很兴奋。

握手、寒暄之后，主编大人便给我提供了很多专业的意见："我们要给用户提供真正有价值的干货，要从以下三点注意……你听一听××的音频节目，学习一下他的节目是怎么制作的；我们的音频节目不要片头片尾；刚才你的语气要更加活泼一些……"对我而言，这一切显得那么新鲜而又熟悉：在面对每一个新领域的时候，都有很多新知识要学习。我的手在奋笔疾书记录着这些要点，可我的大脑却在思考另一件事情：所有的新事情背后都有旧规律，这里的规律是什么？

主编大人的专业意见当然重要，我也要好好学习弥补这些知识。但是，要保证《成甲说书》的持续发展，这些内容是最重要的吗？当然不是，否则所有播音节目的主持人就都可以成功转型了。那什么是最重要的呢？记得我们的黄金思维圈吗？你遇到每一件事情，首先问"为什么"——《成甲说书》节目为什么会存在？你为什么要做这件事情？

一个节目能够长期存在，一定受两方面因素的影响：

一是作为节目内容的生产者，我必须有热情长期投入其中，这样节目才能长期存在。可我的热情在哪里？是做节目吗？不是，我不喜欢做节目，节目只是形式，是 what 层面的表象。我喜欢的是节目背后承载的某种价值。我必须找到我的热情和节目价值之间的连接。

二是节目能长期存在的另一个关键是用户的认可。市场不埋单，节目不存在。《成甲说书》节目持续制作的理由，一定超越了仅实现个人利益诉求的成就感。关于这一点，我从《精力管理》

这本书中得到了巨大启发。而心理学的知识告诉我们，人在做决定时，更容易受到金钱、名誉、地位等眼前的外部激励诱惑。追求这些外部激励，可以让我在短期内动力十足；但是时间一久，就出现激励的"挤出效应"了。也就是说，一旦没有了外部激励，或者这些激励看起来不再那么有吸引力之后，我的热情和动力就会大幅下降。如果我找不到热爱和坚持的理由，那么节目还没开始，就注定会失败。

所以，找到自己的热情和天赋非常重要。（关于如何找到自己的天赋，可以参看第二章的内容。）

我过去在第九课堂进行分享，在公司激励团队，以及写这本书的原因，都是我特别享受把有价值的知识和观点分享、传播出去并帮助别人的过程。可能对别人而言，这是一件很麻烦的事情，可是，对我而言，"好为人师"就是我投入热情的动力所在。所以，我想明白了，我做节目的底层动力是：喜欢激励和帮助别人带来的成就感。《成甲说书》不是音频说书节目，而是借助这么一个载体去享受我热爱分享和帮助别人的乐趣。

想明白这件事情后，我如释重负，终于可以在各种类似"赶紧加入内容创业的这一波""把自己打造成网红啊"的声音中，安静地聆听自己的内心。

热点永远追不完，风口也是给有准备的人的，那些都是 what 层面的表象。你真正的优势不是去追那些 what，而是问自己 why。

## 临界知识二：系统思考

知道了自己为什么存在，就解决了系统底层的动力问题，就像在茫茫大海中的航船发现了远方的明灯。不过在具体实施中，还是有千头万绪的事情，究竟从何入手？面对复杂系统，首先要以终为始地问终点：《成甲说书》的目标是什么？

仔细想了想，我的基本诉求有两个。一是，我有一个创业经营了6年的公司，当时处于快速发展期。所以，我在说书节目上的时间投入，不能影响到公司业务的发展。二是，《成甲说书》对我而言是一个将兴趣发展为新事业的潜在机会。如果能够形成一个细分领域的品牌，那么这就会增加我未来的发展中发生正面黑天鹅事件的概率。

所以，《成甲说书》的经营目标，就是成为细分领域的知名品牌。至于收入多少则不是主要影响因素。那么，如何实现这一目标？这就要用系统思考的方式来分析。

从目标入手，假设"成甲说书"成为有影响力的品牌，那么它就会影响用户的重复购买率。购买率影响销量，销量决定了节目在"得到"众多音频节目中的排名，而销量排名决定了节目被平台推荐曝光的次数，曝光量又会影响品牌知名度。决定品牌形象的还有品牌美誉度，美誉度是和节目质量有关的。同时，节目的发布频率也影响到曝光量，而节目质量和节目频率都和内容生产能力相关。

所以，我对实现自己细分品牌的目标，就形成了如下的系统思考：

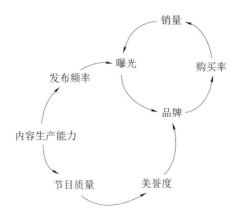

这张图帮助我在众多复杂的事情中，找到了整个系统的瓶颈和推动因素，即关键解：提升内容生产能力。

这是我要极力突破的重点。在这张系统图中，对其他因素我能够产生的影响很少，只有这个因素是我可以掌控的。这一分析，还需要结合对"得到"平台的战略分析来综合考虑，即对"得到"而言，什么样的节目或者作者是其发展所需要的。

通过研究，我对"得到"的发展有如下假设：

1．"得到"是内容生产和分发的平台，而从其口号"好好学习，天天想上"可以推断，其核心价值围绕学习知识展开，即帮助用户节约时间，提升学习效率。

2．如果上一个假设是正确的，那么优质内容的稳定生产就很重要。如果作者不能持续地生产优质节目，那么对一个长期运营的平台而言，内容制作的边际成本就很高。

3．而一个能够持续生产高质量内容的作者，罗辑思维是有可能帮助其把他打造成为一个小 IP 的，因为这样能够规避罗辑思维作为一个公司一直依靠罗胖这个唯一大 IP 埋下的巨大经营风险和潜在成长瓶颈。而众多小 IP 一旦打造成功，一方面能增加公司收入的多元化与可持续性，另一方面也能为很多新业务的发展带来新的可能性。

所以，我对自己品牌战略的分析有了进一步的深入思考。我要做的细分品牌应该是：学习方法。

为什么细分在这个品牌？

第一，我在这方面积累时间久，这是我的兴趣所在。我保持每月十多本书的阅读量，已经 6 年时间，曾经在第九课堂上开设过学员平均评分高达 9.95 的"个人知识管理"课程，并且也在撰写自己的关于知识管理的书。所以，在这个领域，我的认知深度和实践经验是有质量保证的。

第二，"得到"是一个知识生产和分发的品牌，我聚焦到学习方法这个主题上，极大地避免了可能因后期"得到"业务调整，对和主题关系不太密切的子系列（比如美食、音乐等）的调整而受影响的可能。当然，现在看来，"得到"是不会调整这些板块的，但是未来谁知道呢？不过，除非"得到"的定位不是学习了，否则我的子品牌是支持"得到"的长期战略的。

第三，目前市场上没有鲜明的学习方法的子品牌。虽然有新东方这样的教育机构品牌，但是学习方法还是一个零散、没有品牌的市场。所以，这是我选择这个方向的第三个原因。

有了上面的系统思考分析，结合自己在"得到"这个生态系统的生态位分析，我找到了接下来制作节目的抓手：成为学习方法的领先品牌。分析到这一步，我做《成甲说书》这个节目的关键问题，突然从如何学习制作高质量的音频节目，变成了如何在时间很少的情况下，持续、稳定地生产优质内容。

## 临界知识三：二八法则

目标找到了，问题也就来了。我在最开始录制前几期节目时总结出一个规律：一期说书节目，从阅读到提炼核心观点，到整理成说书思路，再到录制初稿，如果录制不好还要反复重录，到录制节目终稿，几乎要 4 天时间才能完成。

这样的时间长度会极大影响我公司的业务，是我不可能持续承受的工作时间。我算了一下，若想不影响我公司的业务发展，我每周最多只能拿出 10 个小时来准备，也就是每周出差在飞机上的 6~8 个小时和周末挤出来的 2~4 个小时。

一个是 4 天，一个是 10 个小时，差距实在是太大了！

其实，这是大多数人在工作中会遇到的一种情况：时间紧，任务重。在这种情况下，我们往往通过加班熬夜或者增加人手来完成工作。但是，对于《成甲说书》这个需要长期、持续、稳定生产的工作，这个解决方案就不可行了。那怎么办？

这种资源有限，却要实现高绩效问题的突破口，就是二八定律。20% 的核心工作，决定 80% 的业绩成果。我们知道：工作时间 × 工作效率 = 工作成果。

此前，我们加班和加人手的解决方案，主要是通过增加绝对工作时间投入来增加工作成果。但对《成甲说书》而言，时间有限这一约束条件是不能改变的，所以我唯一能够改变的就是工作效率。

可是如何提高工作效率呢？

这就要改变我们认识工作的视角。我们过去认为，工作是各个步骤和流程组合的结果，完成工作就是保证质量地完成整个流程。这个认识本身并没有问题，但是把视角放得再深入一些，我们会发现，任何一项复杂工作，其中的每个流程对于最终成果的价值贡献是不一样的。换句话说，任何一项工作，都有高产值环节和低产值环节。提高效率的关键，就是找到高产值环节，并集中精力保证它的质量，而把低产值的环节外包出去。

所以，解决《成甲说书》持续高质量生产问题的关键，借助二八法则就变成了找到《成甲说书》节目制作中创造核心价值的环节。要找到核心价值环节，无非是两步：第一步，把工作流程进行分解；第二步，找到最影响说书质量的环节。

在《成甲说书》的准备过程中，我发现最最关键的核心价值在于，这本书本质上在解决什么问题，它为什么会有这样的解决方案。

怎样把解决方案以轻松、易懂又深刻的方式展示出来？

想明白这件事情，我就开始大幅度改造我的说书准备流程，把它拆分成十多道工序。我严格控制上面的核心价值环节，其他环节就交给更合适的外包人员完成。这样，我真正投入准备说书节目的时间，从原来的 4 天左右减少为 5~6 个小时。而有趣的是，节目质量不但没有下降，反而因为我有更充足的时间关注最关键的价值生产环节，得到了进一步提高。

## 临界知识四：复利模型

我利用黄金思维圈、系统思考和二八法则这几种临界知识进行思考后，就基本解决了《成甲说书》实现创造品牌这一目标的方法路径问题。可以说，节目的生存之虞已经没有了。那么，我自然就要考虑更进一步的事情：如何让《成甲说书》的价值最大化？

我投入《成甲说书》的每一分钟，都是我生命中不可挽回的时间。如何让我投入时间的付出持续地产生价值，而不是简单地生产一期节目，只有一期节目的影响力呢？换句话说，如何让我为每期《成甲说书》付出的努力持续地产生价值？

这个时候，复利模型就派上用场了。此前我们提到过，复利的本质是做事情 A 本身的结果，能够促进更大的 A' 发生。

公式是：$A' = A(1+ 利率)^n$

其中利率，就是用户重复购买率，取决于产品质量和口碑分享。我们前面分析过了。另一个因素 $n$，也就是节目的生命周期。如果一期节目当期卖得很好，但很快生命周期就结束了，那么在未来它就无法发挥复利效应。

换句话说，我要让每一期的《成甲说书》节目都能够提升口碑、让人们之后购买新节目，如果一期节目本身也能历久弥新地吸引新用户购买，那么我们就能最大化地发挥复利效应了。

为了让我现在录制的节目在未来仍然能够销售，我以终为始地构想了这样的场景：假如有一期节目是 2016 年 1 月录制的，那么 100 年以后，也就是 2116 年 1 月的时候，人们为什么还要买它？

时间跨度 100 年，虽然听起来有些夸张，"得到"那时还存在都是小概率事件，但是这个思考方式让我找到了关键点，那就是我制作的节目内容，其主题必须是不随时间流逝而使价值消逝的。比如《影响力》《自控力》，可能过 100 年人们还会关心，现在的研究结论仍会对后人有启发，这就是经典著作的价值。当然，不可能我选择的所有说书内容都能管用 100 年，但是有一点却是明确的，那就是不追热点，关注经典。

同时，还有一个重要因素影响复利效应的发挥，那就是初始资本。就像存钱理财，从 1 000 元起步和 100 万元起步，复利效应的差别是惊人的。所以，要加速复利效应，就必须加大前期的用户数。增加早期用户数，是每个互联网创业人都头疼的事情。

不过对我而言，最重要的策略是学习罗胖。学习什么呢？"抱大腿"策略。在最早期，罗胖节目的重要策略是依托优酷视频平台这条"大腿"，借助网站导流来增加用户数。这个策略比那些建立自己的网站、做自媒体的人的方法聪明得多：这一方面帮助优酷解决了自制内容的问题，另一方面也极大地增加了自己的曝光度。这个场景和《成甲说书》的场景几乎一模一样。只不过，今天罗辑思维成了"大腿"，《成甲说书》就要借助这个平台来提升影响力。

所以，在复利效应的指导下，对于建立自己的学习方法品牌，我确定了以经典内容为主的选题策略。

## 临界知识五：冗余备份

前面的分析，就是我对《成甲说书》利用临界知识进行产品策略分析的过程。但是对于任何一个系统而言，都可能出现各种小概率的意外事件。那么，要保证《成甲说书》系统在遇到意外情况时仍然能保证关键环节的运作，就需要借助冗余备份这项临界知识了。

前面我提到，整个产品最关键的环节是稳定、高质量的产出。而稳定产出的最大变量有两个：我可能会遇到各种情况占用自己的时间、精力，从而影响节目；我的外包团队掉链子——比如生病、回家结婚、孩子手骨折要回家照顾孩子等等（孩子手骨折这个例子之所以放在这里，是因为这件事情真实地发生了……）。

所以，我用冗余策略来解决这个问题：采用双外包团队。我有两个团队在帮我准备相关外包内容，这样，如果他们每周都能够正常生产，我就会积累下当下用不完的方案。而且，万一一个团队的工作质量不达标，被我"毙"掉，也不会有大的影响。

有了双外包帮我做准备，我就能够提前多生产一些节目，初步实现即使有意外情况导致两个月不能生产，节目也能正常运营的目标。而且，有了冗余的产量，我就可以优中选优，这对提升节目质量、提高用户口碑、增加品牌影响力，都有积极的作用。

以上梳理的几点内容，大致是我思考节目策略时用到的临界知识。诚然，任何一个问题都没有标准答案。而且这个世界足够复杂，各个因素又彼此相互联系，我用上述知识来指导我思考和提出策略，也不能保证一定成功。但是，如果没有这些思考的工具和策略，我要应对的意外情况就要多得多。

正所谓，预见性策略不能预见所有事情，但是只要它能在重要而可预见的事情上给你帮助，你就已经获得了巨大的优势。

# 认知优势的未来

这是最好的时代，这也是最坏的时代。

我们处于中国百年来最强盛的时期。随着互联网的普及，人们在享受受教育的权利方面也得到了极大的解放。可以说，获取学习资讯这件事情变得越来越简单。

然而，从学习本身而言，却呈现出了两个极端：一方面是享受学习之易，另一方面要忍受学习之难。学习之易在于获取高质量的学习环境越来越便捷。姑且不说"得到"把自己定位为知识运营商，用顶级的人才以极其低廉的价格服务用户，就是免费的产品也有 TED、云课堂、慕课等，资源取之不尽。

在红红火火、热热闹闹的教育创业的背后，是学习之难的冰冷阴影。深度的认知和学习，往往需要耐得住寂寞，下得去苦功夫。然而，我们随处可见的"秘籍"与"真知灼见"像速成的兴奋剂诱惑着人们。更轻松、更快捷的学习环境，"培养"了一批人貌似深刻的肤浅。

昨日之大师、今日之大师和未来之大师都不可能只要进入藏经阁中再出来便成真身。没有十年寒窗，难得宝剑出鞘。然而，今日之大师又和往昔不同。过去，认知能力和知识的渊博，更多是给大师带来学术高度或者社会名誉。而在今天，你的深刻见解和见识能够轻易地为你带来更大的世俗意义上的成功。比如于丹讲《论语》。过去你《论语》研究得再好，也不过是学术圈子的权威，而现在你可以成为家喻户晓的明星。再如李叫兽，纵然年轻，只要在细分领域里有令人信服的见解，也可以取得相当不错的成就。

我们看到，越来越多的人通过自己认知能力的优势获得了更多的世俗利益。然而，我们也要看到硬币的另一面。随着移动互联网的普及，交易成本不断下降，顶级人才的溢价越来越高，而普通人才的生存条件却在恶化。比如有了罗辑思维用顶级人才给你提供极其便宜的服务，你还会听你们县城里的学者讲座吗？这个时代，顶级的油画是史无前例地贵了，而那些还说得过去的油画越来越不值钱。

这样的趋势说明了什么？如果安于做那长尾的80%，或许生存的绝对条件在提高，但是相对生存差距在加大。好在这股力量才刚刚开始，认知优势形成的竞争优势也刚刚拉开序幕。事实上，继学历优势、关系优势之后，认知优势将成为中国越来越融入世界、市场化竞争越来越普及之后的新的机遇红利。

换句话说，在这种充分的商业竞争中，具备商业底层认知方法论的人才将在竞争中脱颖而出。中国的商业竞争引入越来越多有哲学思考、深度独立分析判断的商业人才，对中国的国家发展亦是大的幸事。我想，如果现在有一批具备这种强大学习能力、掌握底层思考方法和能探究深度商业价值的人才，那么在未来5~10年他们必将成为中国新的商业中坚强的力量。

古人云："修身，齐家，治国，平天下。"这是士大夫阶层的人生理想。而今天受高等教育的人才的价值，不仅仅是一个文凭学历的符号，更多的是在商业战场上驰骋，用眼光和判断力以及道德和哲学高度实现世俗和理想人生的价值。我相信，在这一波认知变革的浪潮中，定会涌现出一批新的精英，为中国的下一波发展浪潮打下坚实的基础。

站在这个高度来思考今天我的这本书，就可以发现，它只是前进路上的第一步。在培养拥有认知战略优势和掌握商业底层方法论人才的路上，我们才刚刚起步。未来，我也会继续实践，尝试在这股浪潮中做一些自己力所能及的事情。

2016 年 10 月 23 日 于北京

# 推荐阅读书单

**书中提及的重要书籍**

[1] 查理·芒格，《穷查理宝典》，上海：上海人民出版社，2010年。

[2] 彼得·圣吉，《第五项修炼》，北京：中信出版社，2009年。

[3] 德内拉·梅多斯，《系统之美》，杭州：浙江人民出版社，2012年。

[4] 丹尼斯·舍伍德，《系统思考》，北京：机械工业出版社，2007年。

[5] 罗伯特·西奥迪尼，《影响力》，沈阳：万卷出版公司，2010年。

[6] 乔希·维茨金，《学习之道》，北京：中国青年出版社，2011年。

[7] 史蒂芬·柯维，《高效能人士的七个习惯》，北京：中国青年出版社，2013年。

[8] 阿图·葛文德，《清单革命》，杭州：浙江人民出版社，2012年。

[9] 保罗·拉克哈特，《一个数学家的叹息》，台北：经济新潮社，2013年。

[10] 纳西姆·尼古拉斯·塔勒布，《黑天鹅》，北京：中信出版社，2011年。

[11] 纳西姆·尼古拉斯·塔勒布，《随机漫步的傻瓜》，北京：中信出版社，2012年。

[12] 纳西姆·尼古拉斯·塔勒布，《反脆弱》，北京：中信出版社，2014年。

[13] 顾准，《顾准日记》，北京：经济日报出版社，1997年。

[14] 佐藤传，《晨间日记的奇迹》，佛山：南海出版公司，2009年。

[15] 布兰佳·约翰逊，《一分钟经理人》，佛山：南海出版公司，2015年。

[16] 克莱顿·克里斯坦森，《创新者的窘境》，北京：中信出版社，2010年。

[17] 古斯塔夫·勒庞，《乌合之众》，北京：新世界出版社，2011年。

[18] 罗纳德·伯特，《结构洞：竞争的社会结构》，上海：格致出版社，2008年。

[19] 马克·格兰诺维特，《找工作》，上海：格致出版社，2008年。

[20] 朱迪·罗宾奈特，《给予者》，北京：中国人民大学出版社，2016年。

[21] 马尔科姆·格拉德威尔，《引爆点》，北京：中信出版社，2009年。

[22] 马尔科姆·格拉德威尔，《异类》，北京：中信出版社，2014年。

[23] 马尔科姆·格拉德威尔，《眨眼之间》，北京：中信出版社，2011年。

[24] 大前研一，《思考的技术》，北京：中信出版社，2010年。

[25] 丹尼尔·戈尔曼，《情商》，北京：中信出版社，2010 年。

[26] J.C. 卡尔森，《像间谍一样思考》，北京：中信出版社，2013 年。

[27] 吉姆·洛尔、托尼·施瓦茨，《精力管理》，北京：中信出版社，2013 年。

[28] 凯利·麦格尼格尔，《自控力》，北京：文化发展出版社，2012 年。

[29] 格雷戈·麦吉沃恩，《精要主义》，杭州：浙江人民出版社，2016 年。

[30] 戴维·艾伦，《搞定》，北京：中信出版社，2010 年。

[31] Cohen, Allan R./Bradford, David L., *Influence without Authority*, John Wiley & Sons Inc., 2005.

**升级版推荐书目**

在《好好学习》（第 1 版）出版后的 5 年里，也有很多好书对我帮助很大，在这里分享给大家：

[1] 李录，《文明、现代化、价值投资与中国》，北京：中信出版社，2020 年。

我的《好好学习》和《好好思考》两本书深受查理·芒格的《穷查理宝典》影响，而芒格的合伙人李录先生的这本书又给了我更深入拓展学习的启迪，让我受益良多。

[2] 稻盛和夫，《心：稻盛和夫的一生嘱托》，北京：人民邮电出版社，2020 年。

这本书是稻盛和夫先生一生的嘱托、对人生意义的理解、对心的重要性深入浅出的交代，我时不时也会翻阅这本书。

[3] 张宏杰，《曾国藩传》，北京：民主与建设出版社，2019 年。

我的反思习惯、学习中"结硬寨，打呆仗"的理念，很受曾国藩的影响。张宏杰老师对曾国藩的研究非常深入，常有独到的见解，我自然要积极向张老师学习。在和张宏杰老师的私下接触中，我更能感受他的真诚与用心，这让我受益良多。

[4] 古典，《拆掉思维里的墙》，北京：中信出版社，2021 年。

[5] 古典，《跃迁》，北京：中信出版社，2017 年。

古典老师的这两本书都是非常经典的作品，不过，他这个人更经典——每每和古典老师交流，都会给我很大的启发，在我心里，他是超温暖的古少侠。

[6] 华杉，《华杉讲透〈孙子兵法〉》，南京：江苏文艺出版社，2016 年。

华杉老师对儒家经典的理解很深入，并且他本人也在努力践行，他的解读，每每会给我会心启发，令我受益良多。

[7] 申克·阿伦斯，《卡片笔记写作法》，北京：人民邮电出版社，2021 年。

这本书详细介绍了把卡片作为洞察工作的方法，书中的思想给我的启迪很大，这本书也是我在社群中推荐大家共学的书。顺便说一下，国内的笔记工具 flomo 就是用这个理念创作的，非常好用。flomo 的创始人是我的好朋友，加入"万物皆可盘我心"社群，可以获赠 flomo 60 天的会员。

# 致　谢

整理过去 7 年的知识管理心得，耗费一年心血反复修改，终于完成了这本书。

首先，要感谢我的爱人赖乂嘉。在无数个加班写书的夜里和本应一家团聚的周末，你却在独自照看 1 岁的儿子。为了让我能够不受打扰地安心写书，你每次都把要缠我的儿子从我身边哄走，还悄悄帮我关上门。那一刻，我的内心充满感动。

感谢我的父母。在我成长的路上，是爸爸妈妈一路的支持和包容，我才有信心不断挑战自我。我会永远记得爸爸妈妈告诉我的话：无论外面有多大的困难，家永远是最温暖的港湾。每次想起这句话，我就充满动力。当然，还要感谢我的弟弟张成翼同学，比起小时候，这次我写书的过程中你没带来任何麻烦。

我也必须感谢我的岳父岳母，这倒不是因为感谢了我父母，为了家庭稳定而搞平衡，相反，我是发自内心感谢你们的付出。每当我爱人也要出差无法照顾家庭的时候，岳父岳母总会从重庆不辞劳苦跑到北京，给我们分忧解难。我知道你们在北京人生地不熟，待着很无聊，但是每次你们都义无反顾地支持我们，谢谢你们。

我还要感谢我的儿子成岸驰。小家伙的可爱、一声声的"爸爸"，让我深切感受到作为一个父亲的骄傲与责任——其中一个重要责任就是把这本书写好。

此外，我还要感谢我的姥姥。从小到大，陪我最多的就是姥姥。可惜姥姥没能够看到这本书的完成，也没有看到她的重外孙——我无比遗憾。如果姥姥在天有灵，看到这本书的出版，一定会感到欣慰。

总之，没有家人的支持，就没有这本书的完成。

此外，这本书出版，追根溯源，第一个要感谢的人便是我的大哥——徐金琪老师。是徐哥鼓励我、说服我写这本书。认识徐哥的时候，他还在中央电视台担任记者组组长。那时他给我印象最深刻的是，陈可辛导演的电影《亲爱的》剧本故事来源就是徐哥的采访报道。后来接触久了，徐哥让我印象最深刻的地方变成了他的真诚与坚持。尤其是他后来勇敢地辞去央视的职务，自己创业建立了多角度联盟事业，让我特别佩服。徐哥的这种勇气给我很多启示，也给我很多勇气。没有徐哥的支持，我就没有出版这本书的想法。

此外，还要感谢在这本书写作过程中就参与众筹和内测支持的 300 多位朋友。你们的支持、鼓励，以及时不时提醒我交稿时间的催促，都是我写书的重要动力。每个支持者的名字，我都附在文后，你们每个人都对我很重要。

我还必须感谢罗辑思维的战友们。我在写这本书的时候，同时也在罗辑思维制作《成甲说书》节目。和你们合作说书节目的过程，给了我很多启发和灵感，让这本书内容更丰满；同时，由于有幸在"得到"做节目，让更多人关注这本书，这也给了我更大的写书动力。

而与罗辑思维的合作，首先要感谢小马宋老师。小马宋老师是我人生中的贵人，你的真诚、内心平静、真实地做自己的方式，深深地影响了我。我推荐本书读者都去看看小马宋老师的公众号"小马宋"，你们一定会和我有相同的感受。而且，我是在小马宋老师的推荐下，才有机会认识"得到"App首席执行官脱不花娘娘、罗振宇老师以及一帮极其优秀的同事。比如，罗辑思维副总裁曾捷老师，每次和您沟通节目的改进办法，您都能给我非常专业的指导，而这种启发都被我嫁接到这本书的写作中了。

还有我的节目主编（现已担任罗辑思维副总裁）、最贴心的"女汉子"、一个人活成一支队伍的孙筱颖，她是我最要感谢的战友。找到一个能和自己默契配合的编辑极其困难，往往需要运气。而上天非常眷顾我，让我有如此的幸运和筱颖做搭档。我常常感慨：如果没有筱颖，就没有《成甲说书》。筱颖无论是在做人还是专业判断方面，都让我敬佩和认可，我愿意一直做你的合作者。

此外，给我每期节目做支持的熊琴美女，以及二叔李国刚老师、阿醒老师、张厚老师等极其优秀的朋友，谢谢你们，和你们的合作是我辛苦写书过程中最开心的事情。

　　在本书编辑的过程中，感谢《哪有没时间这回事》一书的作者、我的好友纪元老师推荐我认识安洁老师，安洁老师给本书内容提出了很多宝贵的意见和建议。而我的"无敌"搭档、十点读书创始人燕恬，我更是感激不尽。你不仅给我的书提出很宝贵的意见，还给我的公众号提出了很多审美要求，拉高了我的审美水平。是你让我有机会接触中国最棒的出版社中信出版社，还能有机会认识中信出版社领导朱虹老师，超级专业、认真负责的编辑石北燕老师。和你们第一次见面就是长达 6 个小时的愉快沟通，我现在都记忆犹新。没有石北燕老师，就没有今天这本书的样子。看到过本书内测版的读者，一定对本书的质量改进印象深刻，而这个改变的功劳几乎全都可以记在石北燕老师和朱虹老师身上。如果还有没做好的地方，肯定都是我的问题。

　　在本书写作的过程中，三节课创始人、我的价值观共振好友黄有璨兄弟给我提供了很多的精神支持，他的新书《运营之光》给我很多启发。学习领域达人战隼老师、简书学习达人彭小六老师、幸福进化俱乐部创始人易仁永澄老师、《给予者》译者张大志老师、《首席内容官》译者孙庆磊大哥都帮我推荐此书，对于你们的信任，我不胜感激。

　　我要感谢我敬爱的研究生导师、我的业务合伙人乌恩老师，您的支持和教导让我受益匪浅。还有北京京都风景生态旅游规划设计院的全体同事，我这本书的绝大部分内容都是在和你们一起战斗的日夜中的碰撞、激发与启发中产生的，没有你们就没有这本书的内容灵感。

我还要感谢肖立环、付月、韩林娟在本书编辑和出版过程中付出的努力。尤其是肖立环，你承担了本书前期写作中几乎全部的编辑、校订工作，你的细心负责让我特别放心。没有你和大家的支持，这本书可能到现在也无法完成。此外，"神笔马良"段京坤帮我绘制了书中漫画，王滨帮我处理了若干图件，是你们的努力，让本书增色不少。

最后，感谢所有阅读这本书的人，你们是我写作最大的动力。

另附参与众筹和内测朋友的名单。

在本书写作过程中，近 300 位朋友通过众筹、预售、内测等方式给予我支持，他们是：

赞赏支持的朋友：

黄帅、徐金琪、郭文龙、沙秒、杨知卓见、刘晔 – 捷锐猫动漫、李广鹏 Peter、Fu Xin、苗苗、王海洋、刘程伟、XP、玥儿、方小谬、剑寒秋雪、李志清、王淼、Andy、yolanda、Sophia、酷米 kuumimi、肖庄法式、永吉、张庆龙、孙庆磊、黑石 Harry、梅伟平、yoyo、立观行、蒋超、星巴、砺剑、王妍琰、柱子、宋涛、爱命家 – 丛才卜、东、帅丹民、赵立辉、成慧、Jeffery、冰珣、诗然、赵雅敏老师、乔、十三侯、张海良、徐飞明、坚果、照升 John、展展、W–Y、根号八（聂少伟）、大头奇奇、子夜、zheng、牛牛、智诚精石、琳、赵国荣、Begin–hey、李志、徐茹、江涛、刘艳、董春晖、蒋明、春儿、吴洋、Gemini 瑾懿 ๓●●?๓、成智、郑尧矾、雒守华、王彬、清风断梦、志龙、朱、志飞、兴宝 ^_^ 一览众山小、元流、桉、杜宇 9527、大头、卡路李、Shirley、张昊–Eric、剑客、

Daisy、Emma、吴勐、展、Xiaoxia、mitchell、车飞、Ellen Liu、郭勇、马渊洁 Jasmine、韩从菲、牛芳方、陶十一、王佼。

预售支持的朋友：

沈寄程 fox、深海鱼、@张建煌、李伟、老应的书房、会飞的猫、小溪、肉丸子、邓超亚、蔚蓝伽罗、李嘿嘿、Action、书？书！书。、Amadeus、方望友、进品、Fatin、曹金成 netseek、柯金水、微雨独行、衣衣、叶子、袁斌－Mike Yuan、吴金慧 甘肃兰州、透明·源、catherine、王康明、浪、孙中鹏、柳艳霞、骆 KK、张小西不听话、禾、Tony Yong、suango、西北晴空、欧昌沛、reader、Jason Z、志桓、光普桑～、Saμ、柳旗、李持续、何宝晨、Andy、悟空很咸、李传达 –Leo、付斐辉、张铎、小仓、松风水月、a 土土 a、昭昭、中流石、曾昕、阿伟、卓彪仔、虚心实腹、阿芙辉耀、信德赵程新、Foxy–lady、Justin Tang、朱小林、梁凉、张建、夏洛克 小希、当当、Olivia、祺、潘卓、子果冻、学升、月映万川、詩佳、田园星光—贾烁、Joy、tjs 张哲、明心、头有点大、陈诚、李澎湃、江城子、袁冶 yuanyeǒ、包子、Yvsun、上善若水、on the way、熊梓任、居利华 .wx、Kevin、Animals、Adam 徐彦平、利见大人（徐立建）、林成伟、阿福兵哥、锅老湿、Lambert、陈兴瑞、阿牛哥、袁昌宏、Chocolatebaby。

内测支持的朋友：

咖喱羊、Alex 程、刘伟、胡鹏、爱徒步的小猴子、第七星、陈天文、JINGLEE（李晶）、IF、戴言、happy 的老虾米、贵州翁先正、陈智军、Neal、露慢慢（王铭露）、ak1688meng、天生巨猩、

lynn、Sofie、孙英雄、Onyin、007、志愿、乐、．□、艺翔、小亮、清风徐来、叶凯、小邵、贾若、黄植纲、13005685654、蔡明祥、林冬鸿、TOM、捕风捉影、王春林、王小驴、鱼子粥、Ken yu、YY、zhao、孟凡贵、曾美、leon、滚动的财富、blessing。

　　还有极个别的朋友为本书提供了支持，但是未留下联系方式，在此一并谢过。

　　另外还有很多朋友对本书提出了宝贵意见，让本书内容得以进一步完善，他们是：

　　媛媛、张民、夏彼得、虹延、见吾、Danny 游泳教练、小 i、鈊、蓝星、慧、秋月_圭夫人、A0 江杉、袁毅、心伢子．千佑、卢炳锟、菲你莫属、。。。、小金、黑化肥会发灰、♪纸飞机 ⌒ ( ⌒ε⌒ ) ⌒、郑超林、原继东、一花一世界、从来红尘多蹉跎、杨林、湖南李翔、陪着时针转圈圈、Gary、徐仲达。

**成甲的寄语**

能改变行动的信息才是知识，而好的改变案例能够激发更多的好案例。在《好好学习》出版 5 周年之际，我们在"万物皆可盘我心"社群，向《好好学习》的读者征集了大家在实践中的有效学习案例，并精选一部分附在这里，期望能激发你创造属于自己的改变案例。

同时，在这本手册最后，我们为所有行动者准备了"行动者见面礼"，期待和你相遇。

**1** "划小圈"：达成目标的最小关键路径 _____
002

**2** 在关键点上下足够的功夫
005

**3** 音乐生的"划小圈"练声法 _____
009

**4** 绿灯思维：力量训练，从不敢到热爱
012

**5** 跳出工作的"老鼠赛道" _____
015

**6** 如何用划小圈的方法把知识转化为行动？
018

**7** 反思，认识自己，改变人生 —————————————
023

**8** 反思：每天进步一点点
027

**9** "以教为学"让我变成"硬核"程序员 —————————
032

**10** "反思＋以教为学"让我实现人生转折
039

**11** 刻意练习和心理表征 ————————————————
043

**12** 伟大的领导者如何激励行动
047

**13** 学习临界思维之概率论 —————————————————
050

# 1

# "划小圈"：达成目标的
# 最小关键路径

Mountain Tai

· 知识点 ·

**划小圈**

## 我的理解

一句话，划小圈就是达成目标的最小关键路径，也可以理
解为学习一项技能的基本功。

## 对我的启发

通过划小圈，我能够及时识别关键路径，并在每个关键路径进行发力。为什么要划小圈呢？因为人的精力有限，比如阅读，即使我们每天都大量地阅读，书也读不完，所以很多人就逐步去打磨读书方法，从而让自己快速找到书中的核心知识。在《一年顶十年》中，让我印象最深的一句话是："用就是最好的学。"无论我们肉眼看到的内容有多么丰富，带来的愉悦感有多么强烈，如果不进行实际场景的应用并将其转化为肌肉记忆，那么这个知识对我们来说就是无用的。

## 我的行动

首先，我想强调的是划小圈于国家、社会都大有益处。

国家层面：一位伟人在中国的南方画了个小圆，成立了深圳特区，先在这个地区进行政策相关的试验，当发展起来后，再将发展的经验在全国进行大面积的模式复制。那么成立特区就是划小圈——通过在特区让一些政策举措落地，对发现的问题进行持续改进，不断打磨，将这种模式进行优化和迭代。

社会层面：社会问题有很多，通过划小圈，改善人们最关注、最突出的问题才是复杂社会问题的根本解。医疗和教育这两块一直是"两会"的热点话题，对改善民生有着重要的作用。社保制度的完善改善了基层百姓看病难的问题，前段时间对教培行业进行整治也是为了保障教育的公平性。

个人层面，我举两个例子：

1. 因为我念本科的大学是一所非常不起眼的地方二本学校，所以那时候考上一所重点大学的研究生是我的核心目标。我放弃了各种社团活动，偶尔还会逃个课，集中所有的精力准备考研。那时，我就给自己划了小圈。专业课上，我选择了一本指定教材，然后在图书馆疯狂提取核心知识，打通知识阻塞，一本专业书被我翻了至少十遍。当时我借阅了图书馆几乎所有与专业课相关的书（我们学校的图书馆比较小），对书中的核心知识点进行梳理和加工。那段时间的专注投入现在想来其实就是划小圈——我没有从一开始就投入大量的时间进行刷题练习，而是从基础抓起，参考多本书提取核心知识点，并反复打磨。由此我变得越来越自信，最终如愿以偿考上了心目中的理想大学。

2. 在带团队的过程中，我有一项内容没有做好，因此将其作为 2022 年重点改进的工作。那我应该怎么做呢？我对 2021 年的一些案例进行反复分析，找到了一些可以改进的点，但我的内心始终有一个声音：这不是解决问题的根本解。那怎么才能找到真问题？这个时候我就采用第一性原理，回到原点，思考解决问题的几个流程。这些流程为什么存在？从系统动力学的角度看，哪些是关键要素？哪些对系统具有正反馈？通过分析，我很快找到了问题的答案。从原点出发，其实就是让我们聚焦问题，通过划小圈，让真问题浮出水面。

# 2

# 在关键点上下足够的功夫

张成翼

· 知识点 ·

**以慢为快**

不执着于立刻取得结果，不急于迅速获得答案，在正确的道路上前进，虽然当下看来是慢的，但是，你却在更重要的道路上飞速前进。

这是我对于《好好学习》这本书最大的感受，这个想法源于成甲老师在书中提到的一个关键概念——以慢为快。

什么是以慢为快？

## 我的理解

以慢为快并不是说，我们一定要慢，或者说，我们啥事都要慢慢来。

以慢为快的关键是，我们要理解，对于学习这件事，究竟何为重要，什么是我们学习一个新知识、掌握一个新领域、习得一个新技能的关键。

## 对我的启发

我们只要找到这个关键，并且在这个关键点上下足够的功夫，就能起到一种四两拨千斤的效果，用关键领域的慢，提升整体效率的快。

## 我的行动

我在学习写作这件事上，就有这样的经历。

其实在很长一段时间里，我的写作能力都很一般，勉强能做到语句通顺。文辞流畅、表意清晰达不到，引人入胜就更不用说了。

但是，因工作需要，我得训练自己的写作能力。没办法，天大地大不如手里的饭碗大，我只好硬着头皮上了。

最开始，我也读过各种写作类书籍，向很多人请教，想知道有什么好的写作方法，可以让我一步登天。但是，无论哪种方法，我都一知半解，也不得法门，写作能力不仅没有提升，反而因为方法用得太多，还有下降的趋势。

正在我走投无路的时候，我看到了一个对我来说很有价值的学习方法——拆文章。

这个方法是这样的：找到一个你特别认可的作者，再把他所有文章打印出来，按照字、词、句、段、意群的方式来拆解，然后去寻找作者写作的习惯和规律。看一位作者如何在一篇文章里遣词造句、谋篇布局。

比如，一篇文章以何种方式开头，起承转合如何进行，每个段落如何分段，每个句子如何遣词造句，我都要逐字逐句地拆解和理解。

我觉得这个方法听起来还挺有用，就开始实践。

说实话，刚开始并没有效果，并且在很长一段时间里，都没什么效果。

可还是那句话，天大地大不如手里的饭碗大。我确实也没更好的方法了，只能硬着头皮实践下去。

于是我就继续每天一篇地拆下去，刚开始拆解的收获，都是关于文章遣词造句的一些细节认知。

比如，我很喜欢的作者，写文章开篇第一句都是问句，因为问句很容易抓住读者的注意力。

再比如，文章里面尽可能少用"的"，这样会让文章的语句显得更加简练。

还有，写文章尽可能少用"我们"，而多用"我""你"这样的表述，这会让读者更有互动感。

不过，虽然有很多这样那样的收获，但这个方法当时并没有立刻起效，事情也是逐渐发生变化。

在我拆到30天的时候，突然身边的同事对我说："成翼，你的文章最近进步很大，我开始能看得下去了。"

拆到60天的时候，我已经有一两篇文章阅读量过万。

而拆到100天的时候，领导已经认可了我的写作能力，开始把一些稿件交给我独立完成。

这个时候，我再回头看当初别人告诉我的写作方法，才理解这些方法究竟是在讲什么。

我想这就是以慢为快。我在最基本但重要的问题上下苦功，看起来慢，实际上功夫精进得非常快。

而在这个过程中，你需要的不仅仅是一个好方法，还有：

①你在做一件事的过程中，真的有学好这件事的意愿，愿意做好这件事；

②对于做好这件事真正重要的关键，你有着认知，这个时候，这种认知可能是自己获得的，也有可能是别人告诉你的；

③最后，也是最重要的，你要相信在正确的道路上，即使当下看起来你走得很慢，长线来看也是快的。

这大概就是以慢为快吧。

　　　　　　　　　　　　　　　知识就是力量

# 3

# 音乐生的"划小圈"练声法

雨尘

·知识点·

**划小圈**

## 我的理解

刻意练习旨在改变我们思考时的心理结构，其中有非常多关系复杂的影响因素。划小圈就是针对其中的影响因素或构成影响因素的更小单元，进行反复的研究练习，直到知道并能做到在各种情况下毫不费力地使用出来（毫不费力似乎过于理想化了，至少应是有意识地应用）。

## 对我的启发

之前我一直觉得刻意练习中找到更全的要素以及处理要素之间的关系才是最难也是最重要的，但是现在我慢慢发现，划小圈本身也很有门道。我有两个感受：

1. 划小圈一个重要的点在于，这个小圈怎么界定，以及你是不是理解这个小圈是怎么界定的（小圈里的内容和整个大系统之间的关系）。

2. 划小圈本身就是一个刻意练习的小闭环。

## 我的行动

我在声乐练习中走过不少弯路，之前跟着各种教程、老师，按照他们界定的所谓"小圈"，做了非常多诸如"狗喘气""无声弱延音""有声弱延音""闭口音""跳音""哼鸣"等等练习。但是这些技巧可能有点儿用但又不是太有用，至少对当时我歌唱技术的提升来说没什么用。

后来，我很幸运地看到了一个声乐教程，老师将人体比作一件发声乐器，将声乐演唱拆分成三部分：吹响部分（持续给气并保持稳定，腰腹发力控制出气量大小）、琴身 / 通道（从胸到脖颈到头整个通道的稳定通畅，声带闭合发声）、扬声器（口腔的空间和形态）。这种分法打开了我新世界的大门，让我重新构建了声乐演唱中参与的各身体部分的关系。

基于这种认识，我重新划分了能力单元——进气及控制气息输送的能力、通道控制及发声能力、扬声器的空间控制能力。针对这几个能力板块，每个板块都可以进一步通过划小圈进行刻意练习。比如：肋间呼吸就是进气与控制气息输送能力之中的一个小练习（而且它同时也可以应用于普拉提练习中，这应该就算是一个临界知识），跳音练习也是这个板块下的练习；gu 音音阶练习是针对通道控制能力的，主要练习声带的闭合以及胸腔、头腔的稳定过渡；哼鸣练习同样针对通道控制，但更多是找鼻腔和头腔的高位置……

而且其实声乐中的大部分练习是复合练习，就是说这些练习可能不仅仅涉及一种能力（比如发声练习中是不可能不掺杂着气息控制练习的，无法完全分离）。所以当我能清晰地找到这次做这个练习我的侧重点是什么时，我发现，虽然可能一些练习仍然是相同的，但是由于知道它在大系统中的位置，知道我这次练习的侧重点要放在哪儿，我更知道这次练习中我要着重去感受哪部分肌肉的发力，而哪些部分应该是松弛的，更能专注地去感受身体特定部位的各种感觉，更加知道未来我在什么时候要去使用它……这些都对提升我的练习效果有特别大的帮助。

# 4

# 绿灯思维：力量训练，从不敢到热爱

王志旺

·知识点·

**绿灯思维**

## 我的理解

接纳红灯思维，拥抱绿灯思维。

绿灯思维，是指人在遇到不同的观点时，不应排斥或急于反驳，而应积极思考："咦，真有意思，有道理的地方是什么？应如何用来升级我的认知？"

绿灯思维的本质是什么？即区分我和我的观点——我这个人是好的，我的观点是不完美、可进化的。

绿灯思维的深层动机是，自我发展，不断完善。这是一种成长思维，也是广义的批判思维（对自己的观点加以审视和完善，而不只是批判别人）。

红灯思维的表现形式是什么？是反驳或附会。比如："我的方案十分完美，不容置疑。""你这个观点我听过，不就是辩证法吗？"

反驳的本质是防御，怕自己的无知被别人看出来，而深层的动机是被认可、被尊重。

附会的本质是偷懒。找共同点、将观点标签化比较容易，而找不同点、辨别细微差异就比较费脑力。

接纳自己的无知、懒散，保持觉察力（保证睡眠充足、饮食均衡，坚持适量运动、练习冥想），再顺着好奇心、成就感动机，让绿灯思维助我们慢慢成长。


## 对我的启发

业余时间，我喜欢运动。30岁前，我主要热衷于技巧型、耐力型运动，比如羽毛球、轮滑、跑步、游泳等，而对于力量型运动则比较抗拒。这可能是因为我天生偏瘦，不擅长力量型运动，怕被嘲笑——这是典型的红灯思维。

后来，有一件事改变了我。一次打羽毛球打得比较激烈，我一个大步跨出去，膝盖就扭到了，疼得下了场。有经验的球友告诉我，这是力量不足引起的，需要先静养，再加强力量。这时，我的绿灯思维亮起来了。我虚心听取建议，通过游泳恢复，通过深蹲强化腿部力量，通过俯卧撑、引体向上强化上肢力量。从此以后，我打羽毛球不受伤了，力道更足了，最近还喜欢上了力量型高强度间歇训练。

遇到问题的时候，可以提醒自己：该让红灯变绿灯了。


## 我的行动

我们进入一个新领域时，刚开始是"小白"一个，容易有绿灯思维；当有一定基础以后，容易偷懒附会，产生小红灯思维；当小有所成后，容易骄傲，屏蔽不同意见，这是大红灯思维。

我们需提前预判场景，保持觉察力。

警惕小红灯句式："这不就是……吗?"

警惕大红灯句式："不，不，不，我跟你说应该是这样的……"

知识就是力量

# 5

# 跳出工作的"老鼠赛道"

铧仔

**· 知识点 ·**

**跳出**
**"老鼠赛道"**

## 我的理解

老鼠跑圈是怎样的呢?

——看起来很努力,其实是在原地打转。

我们如果陷入了追逐技术效率的陷阱,就会越努力,要学习的新知识却越多，整个人陷进"老鼠赛道"，忙碌却无为。

## 对我的启发

为什么我觉得逃离老鼠赛道很重要呢？

因为老鼠赛道就在我们身边。

前天男朋友和我说，前端的技术知识更新得太快了，各种框架、库、自动化工具层出不穷，要实时更新自己的技术储备，压力很大。这不就是一种老鼠赛道吗？

于是我们往深里讨论：难道就没什么是不变的吗？其实是有的，那就是面向场景（一类问题的集合）的通用解决方案。

我脑筋一转，这不就是"问—思—模"吗？

针对一类相似的问题，积累各种解决思路，根据思路不断丰富自己的"原子技术库"。

他原来的积累方式有点儿自下而上。如果按兴趣点逐个突破，再补充"问—思—模"这种自上而下的学习方式，我相信效果会更好。

我也在交流和思考的过程中，不断警醒自己，不要陷入老鼠赛道。要在学习和沉淀中思考，什么东西的效用周期更长，什么东西的效用周期更短。

如果省略了这一步，直接"蒙头学"，看似勤奋，效果却大打折扣。反而是抽出时间来思考什么是真正重要的，才是以慢为快的快车道。

## 我的行动

从我自己的设计工作来看，研究单个"原子组件"的使用方法可以，但是沉迷于研究各个头部公司对组件的更新发展就没有意思了。

"原子组件"是解决设计问题的最基础的组件。但组件谁都会用，关键还是如何根据功能场景，设计一整套完善的交互流程。

比如，针对版本管理，就有不同的思路——单草稿和多草稿，那么我们就要想清楚不同的产品方向应该使用怎样的交互流程。

积累这样的面向功能场景（一类问题）的解决方案，才是逃离老鼠赛道的方法。

# 6

# 如何用划小圈的方法把
# 知识转化为行动？

子莯青青

·知识点·

**划小圈**

## 我的理解

划小圈的概念出自乔希·维茨金的《学习之道》："要挖掘技能的实质所在，然后有效地压缩技能的外在表现，同时又紧紧围绕技能的内在实质。一段时间之后，广度就会慢慢缩小，而力量则会逐渐增加。这种方法叫作'划小圈'。"

成甲老师在《好好学习》中提到了划小圈在认知提升方面的应用："在培养认知能力这样的思维训练中，划小圈的内容就是我前面提到的对基本概念、临界知识、知识阻塞等关键地方进行反复的探究和思考，直到把这个问题吃透、弄明白。"

## 对我的启发

在成甲老师的"万物皆可盘我心"社群组织的《好好学习》共读活动中，很多参与的伙伴分享了对划小圈这一思维模型的有效使用案例。比如，有伙伴通过划小圈提升了公文写作能力，建立了职场竞争优势，有些伙伴通过划小圈深度钻研教科书，实现了从普通高校考研进入知名大学的跨越。

这引发了我的好奇心——这种学习方法有效的原因是什么呢？

在看大家的实践案例时，我发现，划小圈看似是一个独立的思维模型，但它的实践原理却是多个有效思维模型的融合与交叉应用。例如，划小圈的定义中，第一步就是要挖掘技能知识的实质，把大部分的时间和精力用在上面。这其实也是一种二八法则的运用——把80%甚至更多的力气，放在20%甚至更少的关键节点上。

如何找到这些关键节点呢？这就要用到细分思想。只有把流程进行拆解分析，才能够找到关键的部分。

对关键节点进行反复的探究和思考又是一种以慢为快的思想，借此可以实现对重要核心知识的深刻理解。

这种大量重复练习的过程又是量变到质变这一思维模型的应用。

所以我认为，划小圈这种方法之所以有效，是与这些被广泛证实有效的思维模型密不可分的，它就像是一个由各种高能武器组成的暗箱。

## 我的行动

如果把学习本身当成一项技能，如何用划小圈的方法来提升这项技能呢？

我把学习的过程分成了输入、理解、输出与行动四个步骤，分别进行划小圈练习。

### 1. 输入过程划小圈

拿读书这种输入方式来举例，我以前在读书的时候会想着尽可能多地去掌握书里的知识，但效果却非常不好，常常顾此失彼。现在用划小圈的方法，我会只选择一本书中有限的几个重要知识点来学习。

比如，把《好好学习》中提到的思维模型划小圈，包括绿灯思维、黄金思维圈、复利效应、安全空间等。再比如，把《影

《响力》这本书中的几个原则划小圈，包括互惠、承诺与一致、社会认同、喜好、权威、稀缺等。

## 2. 理解过程划小圈

还是以读书为例，选出来要学习的知识点以后，除了自己尝试进行探究和思考，还有一个重要的步骤，那就是和其他同样对这个知识点感兴趣的人进行共学。因为一个人的视角必然有限，能够触达的相关知识也有限。

和志同道合的伙伴一起学习，可以大大地扩展自己的视角。而且很多问题可能其他人已经研究过了，所以这样做也能够提升学习效率。

另外，向践行者学习，学的是更加鲜活的知识，会更有生命力，自己更容易被激发。所以这也是我理解的共读的价值所在。在《好好学习》的共读活动中，我通过看其他伙伴输出的作业，激发了自己很多想法，获得了启发。我们需要在同一个知识点上，用不同的视角来划小圈。

## 3. 输出过程划小圈

当我们获得了对知识足够深入的理解之后，还需要以教为学地用自己的话把知识输出出去。这还不够，还要把自己的理解放到一个包含高频能量、多样视角的场里去碰撞，从而得到反馈。上一个步骤是我注"六经"，这一个步骤是"六经"注我。

## 4. 行动过程划小圈

最后，要把自己充分理解后的知识进行落地实践。其实在第二步的时候，我们已经被激发出很多自己可以实践的方式。行动的时候，划小圈的重点在于每个时间段内只练习一个知识点或者思维模型，然后还要在不同的领域中践行。

我们在自己学习的过程中，可能很难满足这么多划小圈的条件，所以共读是一种非常好的学习方式。我非常开心能够通过对《好好学习》的共读，用划小圈的概念找到一种有效的学习方式。

知识就是力量

# 7

# 反思，认识自己，改变人生

奥利姆·荷

·知识点·

**反思**

## 我的理解

反思即基于已经发生的事情，从结果和期望之间的差距出发，对事实之上的假设进行检查、分析，找出导致结果和期望之间差异点的原因。后续根据这些原因，再对类似事情的假设进行纠正。

## 对我的启发

~~~~~~~~~~~~~~~~~~

虽然我一直在做反思，但是没有使用相关的框架去做。听了佼佼（社群成员）的分享，我收获匪浅。

整个反思，是一个四步走的过程。

1. 我们需要区分清楚，什么是事实，什么是假设。所有的反思都是基于我们对于假设的反应。搞清事实和假设，才能更好地对事实进行客观陈述，并确认实际情况和期望之间的差异，再对差异部分进行对比分析。

因此，在反思的时候，要问问自己："这是事实还是假设？"

2. 我们要找到核心假设，很多假设是隐性的，并未显性化，所以我们需要仔细地寻找假设。凡是会影响结果的，都是假设。

怎么找到假设？遇事问为什么！多问"是真的么？""前提条件是什么？""在什么情况下不行？"之类的问题。

佼佼给的建议是每天就一件事来进行刻意练习：事实是什么？假设是什么？

3. 定义问题，洞见问题。问题的层次比事实、假设更深入。定义问题，可以让反思更有意义，因为问题可以倒逼自己去寻找更深层次的意义。

4. 落到行动上。所有的假设和方案都需要我们在行动中进行验证。同样，我们反思出来的这些对假设的修改、新的方案能否奏效，能否真正地改变同一类事情的最终结果，都是需要验证的。

知识就是力量

我每次反思都有一些收获，但是真正落到行动上的不多。落到行动上的，的确带来了一些正反馈，所以后续我还需要在这方面再做加强。

## 我的行动

我从 2021 年 9 月开始进行反思，迄今为止快半年了。

在反思之前，由于工作上的一些问题，我被客户批评得非常难受。所以当时，我想是不是有什么好的工具能帮助我摆脱这种困境。

找来找去，我想起了成甲老师推荐的"反思"这个工具。死马当活马医，试试再说。

刚开始时，我的反思基本上都是每天工作的流水账。当然，也有自己对某些事情的反应的反思，尤其是对情绪的觉察。

慢慢地，我发现自己能够平和地面对我在工作、生活中遇到的情绪波动，并且也能够去思考客户、自己、家人的行为，以及背后的原因。

往回看，虽然我没有完全按照反思框架进行反思，但是前后一对比，反思这件事对我的影响还是非常大的。

为什么说非常大？就拿客户要求我做改进的事情作为例子吧。

客户之前由于项目进展不佳，没有达到他的要求，直接批评我："项目管理能力这么差！赶紧回去吧！"当时听到后，我习惯性地就开始辩解，找各种理由，试图说服客户。

可以说，这么做的效果非常差，不仅没有起到正面作用，反而让客户认为我态度差，没有认清自身的问题。

现在，通过一段时间的反思锻炼后，当客户又以其他事情发难，要求我"提升项目经理的管理能力"时，我的反应是直接问客户："具体是哪个项目的管理能力要加强？是什么情况让你这么想？还有什么需要改进的?"

之前是找借口，现在是找问题、设法改进。思维模式截然不同。

现在，所有的客户对我的印象都是"人比较'佛系'，不容易激动，并且态度比较好"。

比起之前，项目组的其他成员也认为我"更喜欢问问题、找根源，并且相比之前，要求没那么急，态度也比以前好很多，骂人、发脾气的时候少了很多"。

可以说，是反思让我有了这么大的变化。在有了这样的收获后，我也想把这个工具推广到整个项目团队，这是我今年想要完成的目标。

说服一个人去做一件事很难，但是只要他内心认可这件事情，做这件事就会水到渠成了。所以，我把小目标定成影响手下的几个项目经理，让他们学会反思。

知识就是力量

# 8

# 反思：每天进步一点点

恰

·知识点·
**反思**

## 我的理解

　　反思是把自己过去的每时每刻如同拍电影一样记录下来，用上帝视角复盘。从中找到闪光点，找到可以优化、值得修正的地方。

　　反思是一个让普通人一点一点成长起来最实用的工具。

## 对我的启发

〰〰〰〰〰〰〰〰〰〰〰〰〰〰〰

2017 年，我研究生毕业，虽然此刻学历有了提升，我却并没有感觉自己有很大的成长。

我一直渴望真正的智慧，能够透过表面看到背后的智慧。

就好比我们是一直生活在海底世界的海豚，我希望有一天自己能够跳出海面，看到大海之外还有一望无际的天空，大海之外还有另外一个世界。

好比柏拉图的洞穴理论：我们身处其中的这个可感世界，都是理念世界不完美的仿制品。

2017 年，我偶然看了《好好学习》，仿佛开悟了，找到了打开智慧之门的钥匙。对我作用最大的是坚持每日反思。那一刻，我意识到了，随手记下的生活记录，还可以对其进行加工和思考。原来，思考之上还有思考。于是我开始了长达 5 年的反思。

我对自己的要求并不高，我只是想每天进步一点点，没有太多的野心和更高的目标。

2017 年至今，我中间也曾几次停下来，但坚持每天进步一点点的信念没有变。

就这样，我一年比一年成长得快。

　　　　　　　　知识就是力量

# 我的行动

〰〰〰〰〰〰〰〰〰〰〰〰

2017 年第一个改变是，我反思了我的工作岗位，于是主动梳理了岗位的内容，利用清单革命，对各项工作做了清单化设计。这个行动来源于《好好学习》这本书里面一个很生动的例子：哪怕是在学校里发海报也有值得优化的路径。这个案例让我明白了一个道理：任何一件事、任何一个人、任何一个岗位，只要你想做，你就能找到可以优化的路径，只要你想要去尝试，你就能从中找到你的自我价值。

从微改进开始做起，我在日常工作中每日践行。

2018 年，我被提拔为副主任，彼时的我，到了一个全新的部门，面对着全新的业务，所有的工作都是下属教我如何做。我一边学习，一边思考进行微改进。

我坚持反思。这部分工作的特殊性（党建 + 纪检）决定了我或许不能有过多的突破，但我可以戴着枷锁跳舞，即使是微改变也可以是一种创新。

于是我开始尝试对传统领域发起创新：设计职业体验项目开放给居民的孩子，让他们免费来医院体验做小医生，还可以到各个岗位学习观摩。

最开始，领导对我的项目不感兴趣。于是我就自费采购了一批仿制的医生服装，带着两个同事发起招募，设计路线、流程，我又做主持，又做摄影师，还要管后勤保障，全程很顺利地做了下来。项目从医院本部一路延伸到社区健康服务中心（相当于社区医院），效果很好，后来还有多个社区医院的负责人联系我开展项目。

其间，我开始尝试用新媒体的表达来呈现传统党建内容，并获得了奖项。我不断地改进我的方法。在带团队的时候，不拘泥于传统的会议形式，用沙龙替代；在传统的培训课程中，我加入互动游戏，像导游一样带大家一起玩；在传统党课上，我带着大家围坐在电子琴和鼓手旁，一起唱歌。

2019 年，我获得了第一个市级奖项，这是我们单位第一次在这个领域获奖。

2020 年，我又获得了两个自主参与的小奖。

2021 年，我持续努力，一口气竟然拿下了 6 个奖项，其中 3 个是省级，1 个是国家级。

这些是我未曾预料的荣誉。

2021 年年底，因为种种原因，我被借调，再次涉足过往从未参与过的领域——急救体系、创伤体系、医疗美容领域、疫情转运等的政策制定。要知道，我是一个学管理专业的人，此前从来没有接触过医疗领域具体专业政策的制定，我也有感到沮丧和挫败的时候，仿佛前面的里程碑被推翻。

重新开始，打碎自己重建，也是反思的力量。我持续记录遇到的困难，记录我如何想办法解决一个个困难，记录我面对的害怕、我突破的快乐、我完成挑战的自信。

在这个过程中，我从一个专业领域"小白"，到能够出台完整、专业的政策方案，明白了把工作当研究做的快乐！

我在医院工作，过去常常被身边的人质疑、评判："你是非医学生，你不专业、不懂，你不学医，你做不了。"

我突破了自己过去在医疗系统里的内在自卑感。即使是非医学生，我也能比真正的医学生做得更好，知识是无法替代真正的思维的。

反思和复利告诉我，我不向外求，我只和自己比较，只要每天进步一点就好。

回头看，这难道不就是复利的力量吗？

我在这个过程中，只是在遵从我的内心，不断地自我优化迭代，成为更好的自己。

在这条不断精进的路上，只要探寻自我，有勇气过属于自己的生活，我们就可以让平凡的生活每日都焕发出光彩。

我保有了我对生活的热情、对梦想的天真、对爱情的纯真。我坚持了我热爱的摄影、热爱的绘画、热爱的读书，我活出了纯粹、丰盛、自在的自己，感恩《好好学习》！

感恩反思！

# 9

# "以教为学"让我变成<br>"硬核"程序员

老姚

·知识点·

**以教为学**

## 我的理解

以教为学，即通过教授他人来达到学习的目的。

这个道理非常简单，我们都听过一句话：教学相长。学有所用，教给他人，这是知识最简单的一种用法。

# 对我的启发

书中说得很清楚，以教为学的具体好处是：

① 因为你要教会他人，所以自己首先需要打通知识阻塞。

② 教会别人的过程就是一个强化记忆和理解的过程。

③ 教给他人之后你会得到反馈，进一步提升自己对相应知识和能力的掌握。

"以教为学"这个学习理念直接影响了我在工作方面的学习。

我是一名程序员，前端工程师。在看《好好学习》之前，我也在一些技术论坛上输出过一些文章，那时我已经知道了技术写作的好处。

当时写文章的原因是什么呢？很简单，就是一些技术文章对一些知识点的讲解和描述，我觉得不如自己理解得透彻。刚开始我只是在一些文章的评论区表达自己的观点，到后来，我想不如干脆自己也写一篇吧，就这样我开启了我的技术写作之旅。

看到《好好学习》讲到以教为学的时候，我一下子恍然大悟："欸，竟然是可以反过来的！"

以前我写文章的思路是什么？我会什么就去写什么。原来，还可以为了把一个道理写好，而在这个过程中把这个道理学明白。

道理真的非常简单。这个道理难道你从来都没想过吗？

也许想过，但看了书中对此理念的介绍，知道了背后的真正价值，了解了成甲老师给出的生动案例，我才觉得自己一下子被点醒了。这让我坚定了起来，以后就要这么做。

就是这么一个简单的思路转变影响了我，也让我变成了同事口中的"硬核"程序员。


## 我的行动

### 1. 写出第一本个人技术书

当时我曾思考过写什么比较好。我发现在前端领域正则表达式对很多程序员都是一个难点，甚至包括一些工作多年的老程序员，而在前端领域又没有这方面的经典著作。虽然我在这方面的知识也是零零散散，不是很系统，不过当时我还是立了一个目标：要就此写一系列文章，把这个点打透。

后来的做法可想而知。怎么去写呢？《好好学习》一书给出了很好的建议：

"分享不能知道多少讲多少，而要为讲清楚这个问题大量查阅资料，购买图书。"

于是，我也找到了正则表达这个领域所有的经典图书。

那一个月里，我业余时间基本上什么都没做，就是看书。我认认真真地通读并实践了一遍，并对这些书做交集找重点，做并集保障全面。看了七八本这方面的书之后，我觉得自己对这个领域理解得很全面了。

接下来我就上网找各种题去做。比如有的提问说："在这种情况下，用正则该怎么实现？"做了近百道题后，我觉得自己算是彻底掌握正则表达式了。

找题去做，一方面能检验自己的知识掌握程度，加深理解，另一方面也能给自己的文章积累案例。

接下来的事情就非常简单了——动笔开始写文章，用自己的语言来表达知识点，用前端语言 JavaScript 给出优秀的案例。从 2017 年 6 月第一篇文章发布之后，我历时一个月将所有文章更新完毕。

因为我一开始就是冲着体系化去写的，最后结集成册变成一本书，反而没那么难。现在《JavaScript 正则表达式迷你书》已在网络免费公开发行。这本书通俗易懂，基本零差评，收到的打赏目前已经接近 2000 元了。

这是我第一次体会到以教为学带来的实际好处。

不是因为我会，才考虑写这么一本书，而是恰恰相反，因为希望通过写书这种方式把这个领域研究透才写书。假如一开始没有"教"的动机在里面，没有自己最后要写文章表达这种成果在前面等着，也许到现在我还不能全面地掌握这项技术。

### 2. 踏上翻译之路

在《JavaScript 正则表达式迷你书》的后记里，我提到："以教为学，不只是写文章和做分享，翻译也是一种方式。"

我平时喜欢看软件技术书，然后我就发现了一个现象：很多作者都是该领域其他著作的译者。

当时我就想，作者是不是因为自己有翻译经历，所以对这个领域理解得更透彻，才更容易写出这个领域的著作。

　　那么翻译是否也是以教为学的一种方式呢？直到 2020 年，我才深深体会到：翻译确实是以教为学。

　　2020 年，我认识了当时前端领域一些比较知名的作者（受益于我之前写的那本书），成立了一个"编程思考者团队"，想一起做些事情，最后讨论来讨论去，我们还是选择翻译一本书。

　　很快，我们就接到了一本书（《斯坦福程序设计入门课》，现已出版）的翻译工作。当时我们觉得这本书只是大一新生教材，比较简单，应该很容易就能翻译出来。直到翻译的时候，我们才发现它的知识量挺大的。在这个过程中，我们译者团队不断感慨，竟然学到了很多东西。

　　大伙都知道，翻译讲究"信、达、雅"。什么最重要呢？是"信"，尤其是对技术类书而言。译者如果对书中的知识理解不透彻，有时候用字面意思翻译出来就会很格格不入。正因如此，你需要把书中的每个知识点都研究得非常透彻。

　　现在，你看看翻译是不是以教为学呢？本来翻译一本书是为了给更多人看的，结果你通过翻译这件事促进了自己的学习。

　　我想通了这个道理之后，就想继续做翻译这件事。2021 年，正好有一个机会要翻译 React Cookbook 这本书，我对 React 框架只能说熟悉，虽然工作中也用，但不能说是精通。一听到可以翻译这方面的书，我顿时和两位伙伴欣然接下了工作，因为这是一个很重要的以教为学的机会。如果没有翻译这件事引领着我，我很难沉下心来专门去研究 React 这项技术。

截至写此文的时候，这本书的译稿已经交稿了。在这个过程中，为了确保我翻译得比较准确，我还特意看了两套教学视频，争取把书中每一个知识点都理解透彻。翻译完后，我觉得自己在这方面又精进了一大步，下一份工作准备冲击前端架构师。

通过这两个案例，我想说明的是以教为学这个理念确实是一个不错的学习方法，对我的影响很大。

写了一本书，翻译了两本书，说出去让人觉得这个程序员有点儿"硬核"，这么做既方便找工作也方便扩大自己的影响力，其实背后就是简简单单的一个思维转变。

对于这个理念，我想再多说几句。

教，大家不要感觉这个词语特别神圣，认为只有老师才能教，而一想到老师就认为得非常厉害才行。

百度一下：什么是"教"呢？

教，即把知识或技能传授给别人。

所以，我理解的"以教为学"的"教"就是分享。

写文章是分享，写书是分享，翻译是分享，做演讲也是分享。

我经常听到那些分享者说，他们在分享的准备过程中，学到了很多。

有时候做分享不需要什么资历。你想解答朋友的一个疑问，为此去研究各种资料，最后分享给朋友，那么你就是在践行以教为学。

《好好学习》中提到了把教学"想象成知识从高势能向低势能转化的过程"。只要你有一处比别人稍微优秀一点点，你就可以把它分享给别人。

其实，哪怕你不比对方优秀，你是不是也可以换一种思路，主动去创造这种势能呢？比如，你觉得，自己和一个朋友在某方面都差不多，就想经常给朋友分享点儿这方面的新东西，为此你每天主动去学一点儿，这是不是也是一种以教为学？

以教为学，有很多人都在践行，你如果还心存疑虑，不妨仔细想想其背后的逻辑是否成立。

知识就是力量

# 10

# "反思＋以教为学"
# 让我实现人生转折

格子很芒

· 知识点 ·

反思＋以教为学

**我的理解**

什么是反思？其实就是对思考过程背后的假设进行研究和验证。我们对一件事做出反应的顺序通常是：事实→大脑解读→假设→行为。所以，区分事实和假设很重要，通过反思我们可以发现思考和知识的误区，更好地提升学习力、思考力和解决问题的能力，并且形成思想的肌肉。

什么是以教为学？就是把教别人的过程当作自己学习的过程。这里面有两个要点：一个是教，一个是学。二者缺一不可，也不可偏重一方。只有如此，才能在这个过程中打通知识阻塞，加深对知识的理解，并从大家的提问交流中获得新的知识和启发。

## 对我的启发

两三年前，我还是一个比较感性、做事做到一半就跑开、逻辑混乱且不太擅长思考的人。而现在，我常被朋友说理性，做事也能看得更远，思考与表达也越来越有逻辑……总之，我在往自己更喜欢的状态成长，回想起来，最感谢的就是这两年的反思和以教为学。

## 我的行动

首先，积极加入学习社群，因为那个时候我的需求非常明确——不想再做"缺心眼"的人，希望能够平衡自己的理性与感性。于是，我每天认真写反思日记。刚开始写反思日记时比较费力，也不太有感触，坚持三五天后，我逐渐获得了更多正反馈，开始乐在其中，也开始被大家看见和认可。

因为从中受益，同时也知道反思如果是一个人做并不那么容易启动，所以后来我积极地担任社群职务，希望用以教为学的方式刻意练习，倒逼自己成长。具体做法如下：

第一，通过写作业分享，以身作则，倒逼自己输出，实现成长。要把自己当成学生，就要先去做作业，打通阻塞，这样我才能带着大家一起思考逻辑。在这个过程中，不要怕遇到新问题，如果遇到，再继续迭代就好。

第二，将反思放到当下的场景中刻意练习。反思需要不断内化，最好的内化方式就是在真实场景中不断练习和迭代，这样才能形成自己的思想肌肉，开始习惯性反思。

比如，有次我评论小伙伴作业的时候被对方攻击了。当时我的第一反应是有点儿丢脸，但是我马上用反思的方式问自己："为什么你会觉得对方在攻击你？他为什么会攻击你？这是事实还是假设？"然后，我决定去找对方好好沟通下，结果对方确实没意识到他是在攻击我，我们不仅开开心心地做了一次沟通，而且这位小伙伴后来也积极练习绿灯思维，从暴脾气变成了可亲可爱的大哥。

第三，练习心力的成长。刚开始当助教时我有些焦虑，毕竟自己不懂的太多了，而且小组里的各路高手也很多，我如何在这个过程中既能帮助大家，又能让自己有所成长呢？

最终，我找到了一个好方法：把自己当成一个学生，和大家一起学习，用分享自己收获的方式去加深对知识点的理解和运用。当小伙伴提出我不懂的问题时，我会直接说："这个我也理解有限，哪位小伙伴可以分享下？"同时，我也会去找高手请教。

第四，通过反思日记连接人生中的良师益友。人和人之间要想有更深的连接，就需要很多共同经历和回忆，也就是借着事儿一起成长。我通过以教为学的方式，和大家一起借着共同学习去探索成长。反思可以帮助我们打开内心，看见彼此背后的需求和恐惧，给予对方更多的理解和包容。

总的来说，"反思＋以教为学"让我越来越清楚我是谁、我要去哪里，也越来越有能力去实现心中所向。同时，不知不觉中，我有了更多接近梦想的路径，比如加入自己喜欢的社群的核心团队等。成为更好的自己正在进行中……

　　　　　　　　　　　　知识就是力量

# 11

# 刻意练习和心理表征

Jerry 杰峰

·知识点·

**刻意练习**

## 我的理解

刻意，表示故意、特意、用上全部心思，刻意练习的英文是 deliberate practice，这不仅仅意味着艰苦努力的反复练习，它的定义其实更贴近"精深练习"，是在明确的目标下通过重复和专注的精细化活动，不断突破现有表现的练习。

心理表征是心理学的一个术语，《刻意练习》作者艾利克森解释道："心理表征是一种与我们大脑正在思考的某个物体、某个观点、某些信息或者任何实物相对应的心理结构，可以是具体的，也可以是抽象的。"高手和专家区别于普通人的地方，就是他们在特定领域掌握了更好、更清晰、更高级的心理表征。比如棋类，普通人只能看到一个个棋子，高手却一眼就能看透棋力和局势。《好好学习》里成甲老师用"元认知"来指代心理表征。

刻意练习是一个不断循环、不断提升的持续过程，从设置具有挑战性的目标并执行，到获取工作或学习的反馈，再到思考达成的效果并重新定义目标。在这个过程中，认知（心理表征）会不断刷新升级，自己的知识和思维逻辑都将持续提升，走向卓越！

## 对我的启发

俗话说勤能补拙，笨鸟先飞，勤奋努力是成功的必要条件。第一次听到"刻意练习"这个概念的时候，我心想这不就是刻苦＋勤奋＋努力嘛。从小到大家长和老师都一直苦口婆心地跟我们说："以后要想出人头地，就一定要勤奋读书。"

后来我看了《好好学习》，了解了"低水平勤奋陷阱"和1万小时天才定律的错误，又看了艾利克森的《刻意练习》，我才明白原来仅靠勤奋，不一定能成为高手。根据艾利克森的理论，刻意练习至少需要包含下面四个特征：

① 具有明确的、具体的目标；

② 专注，全身心投入；

③ 能获得及时的反馈；

④ 努力突破练习者的舒适区，寻求有难度的挑战。


## 我的行动

在学习记忆术和玩魔方上面，我都可以应用刻意练习的方法，提高心理表征 / 元认知。

以前看《最强大脑》节目，我惊叹于记忆力高手们神奇的表现，后来学习了记忆法，我才知道记忆高手们其实经过了长期刻苦训练，熟练掌握了数字记忆编码、画面形象转换、记忆宫殿等技巧，这些就是高手们的记忆力心理表征。现在我也掌握了这些记忆技巧，能轻松背出圆周率小数点后 100 多位、《三十六计》，以及《道德经》81 章！

在玩魔方上，刻意练习也很有帮助。三阶魔方是一种 $3 \times 3 \times 3$ 的立方体结构，由 26 个色块组成，通过旋转，总共有 4325 亿亿种变化！如果不懂窍门和方法，一般人都很难把一个打乱的魔方还原，但速拧高手能在几秒之内把一个三阶魔方还原，甚至还有蒙着眼睛盲拧的比赛。我一开始玩魔方时只会 5 个公式，还原魔方需要 1 分多钟，后来我学习了速拧 CFOP 法的 119 个公式，不断练习，直到手指形成肌肉记忆（高级心理表征），现在速拧三阶魔方已经可以控制在 Sub20（20 秒以内）了。

知识就是力量

# 12

# 伟大的领导者如何激励行动

小白

· 知识点 ·
**黄金思维圈**

## 我的理解

黄金思维圈即先去思考事情背后的价值（why），再想怎么做（how），最后想自然呈现是什么（what）。

## 对我的启发

第一次听到黄金思维圈是在两年前，听完之后我又去听了TED上关于这个概念的演讲。

我们平常遇到问题，就会想怎么解决，这就是线性思维。我们很少会去想为什么要去做，为什么要去解决，也很少考虑自我的底层价值观是什么。

先从 why 开始，颠覆了我的思考模式。我学会在与人沟通前去考虑对方的需求，在分享前考虑我为什么要做这个分享，听众为什么要来听。

## 我的行动

之前做一个活动，大概有 100 人参加，我是那次活动的负责人。筹备团队中的每个人都提了很多意见，如果在以前，我会很恐惧。我是讨好型人格，我希望满足周围朋友的需求，这也是我不担任领导的缘故。而这一次我接这个活动，是希望自己有所突破，而这一次我也做到了。至于怎么做到的，就是运用了黄金思维圈模型。

团队成员给了我很多建议，以前我会全部答应，但又不知道该怎么办。这一次，我问了每个人为什么要提出这样的建议，会去倾听他们背后的需求，以及想要达成的目标。这样，对方就算被拒绝也能理解和接受。

比如，有人提议会议开始前加入每家俱乐部的展示时间。我的第一反应是这是浪费时间，没有任何必要。但如果这么拒绝，他肯定不接受。

因此，沟通的时候，我问他为什么会有这个想法，想达到什么目标。他说想让每家俱乐部都被看见。

我对他说："每一位小区长的开场都会提到各家俱乐部，会有互动并让俱乐部展示其口号，中场休息时也会有会旗展示的大合照，充分满足了俱乐部被看见的需求。如果再单独设置展示时间，则需要额外增加 20 分钟，而会议已经有 4 个半小时了，不宜拉长。

"而且举办这次活动是为了使官员团队清楚自己的角色，了解如何做好官员，收获运营俱乐部的知识（why）。会议时间应多用于知识获取以及圆桌讨论（how），以让他们最后能将经验带回俱乐部，打造好俱乐部（what）。"

最后，他欣然接受了。

通过问 why，明白对方背后的需求和价值观（对方也能感受到被看见），同时用 why 明确整个项目的目标，让拒绝的话没那么难说出口，沟通也就更顺畅了。

这个模型很适合用于沟通，它能让我们不着眼于问题表面，可以看到最终的目标。

也是用这个模型，我突破了自己害怕做领导和与人沟通的障碍。

# 13

# 学习临界思维之概率论

林湫湫

·知识点·

**概率论**

## 我的理解

概率学是研究随机现象数量规律的数学分支。《好好学习》一书中没有给出概率论的明确定义，而是给了读者一个有趣的观点：生活是一个各项条件随机发生的概率分布。

## 对我的启发

概率论不是一种模型，而是一个模型系统。于我个人而言，概率论极其有价值的地方在于它帮助我做了减法：

①概率论告诉我，不要想着中彩票这件事，所以我不会买彩票；

②概率论让我发现，我是个对高风险、高收益事件保持警惕的人，比如，即使有人告诉我有一个在游戏中几乎包我赢钱的方案，我也不敢尝试，因为他也有输的概率；

③我相信天上不会掉馅饼，就算掉馅饼也不会砸到我，同样，灰姑娘遇到王子的故事也不会发生在我身上，我的另一半大概率是与我旗鼓相当的人。

## 我的行动

概率论引申出的几个知识点，对我的帮助很大。

第一，决策树的核心在于概率估算，而估算结果要引入外部视角（书中提到了这一点），但是比较主观的事情，即使引入外部视角也没太大用。在一些有数据、有前车之鉴、有较多客观因素可以衡量的事情上，引入外部视角是可以的，比如选择哪一份工作。至于那种"要不要选这个人"的问题，还是不要用决策树了，毕竟爱因斯坦不还是娶了自己的表姐。

第二，要分清是连续事件还是独立事件并不容易。我的生活中最常见的独立事件是游戏抽卡。

首先，不理性的人以为，抽到 10 次 R 卡（普通卡）了，总该有一个 SSR 卡（稀有卡）了吧，这样他就把抽卡这件事当成了连续事件——赌博、买彩票都是如此。

第二层是，一些自以为聪明的人觉得，每一次抽卡都是独立事件，概率是固定的，前 10 次是 R 卡，那么第 11 次大概率还是张 R 卡——理论上确实如此。

第三层是游戏策划层面，抽卡都有保底机制，而且是不透明的，游戏策划才是制定规则的人，所以每次抽卡并不是独立事件，但也不是完全连续的。这个玩家不知道的保底机制，还经常因为活动和用户反馈有变动——赌博如此，抓娃娃也如此。

有没有第四层呢？虽然乍一看，游戏策划（及其背后的老板）是抽卡"食物链"的顶端，但是打开游戏排行榜你就会发现，真的有人在第四层——"氪金"大佬（热衷于在游戏中充值、消费的玩家），他们用实力碾压了一切概率。

有趣的是，在用博弈次数碾压低概率的时候，"氪金"大佬虽位于"食物链"顶端，但真正获益的，还是制定规则的人。这就引出了下一个话题，即概率论引申出的第三个知识点——概率的变化。

一个小概率事件，做多了是否大概率成功？

如果是概率确定的事，那答案是"是"——普通抽卡就是如此。不过要注意，概率提升的概率经常会骗人，让人看不到小概率事件的概率究竟有多小。

如果是随着次数增多概率会提升的事件，答案也是"是"——腾讯游戏的武器强化就是这样的，身体健康状况的恶化也是如此。

当然，如果是做的次数越多，成功概率越低的事件，答案就是"否"了。

然而，对于大部分普通人来说，衡量重复尝试的成本和成功的收益才是最关键的，毕竟我们普通人的金钱、时间投入都是极其有限的。对于概率稳定的事件，成功所需的次数很好计算，增长型概率事件就不好说了。

关于增长型概率，可说的有很多，比如个人的成长既包含了复利，也包含了增长型概率。这一点对我来说启发很大，所以我开始记录自己的积累，尝试做一些之前没做过的事。

## 行动者见面礼

恭喜行动者们来到这里！我们为你们准备了行动者见面礼：

一是《好好学习》读者交流群，我们期待为同样喜欢这本书的读者们搭建一个交流成长的平台，具体内容可以关注"成甲"公众号，回复"好好学习交流群"了解；

二是为看到这里的朋友们争取了 flomo 笔记 42 天 Pro 会员权益——这也是共创本手册的行动者们零压力启动记录和思考的工具，扫码即可解锁。

　　　　　　　　　　知识就是力量